D E G A S

(1834-1917)

DU MÊME AUTEUR

Paul Cézanne, 8 phototypies 8.50
La Vie et l'Œuvre de Pierre-Auguste Renoir,
    51 lithos et 175 dessins en toile, in-4°, sur vélin 330. «
Renoir, 8 phototypies . . . .   9. «

EN PRÉPARATION :

Les Réincarnations du Père Ubu.
Le Pot de fleurs de la Mère Ubu.
La Vie de sainte Monique.

Degas

ARTISTES D'HIER ET D'AUJOURD'HUI

AMBROISE VOLLARD

DEGAS

(1834-1917)

TRENTE-DEUX PHOTOTYPIES HORS TEXTE

PARIS

LES ÉDITIONS G. CRÈS ET Cie

21, RUE HAUTEFEUILLE

MCMXXIV

DEGAS (1834-1917)

DEGAS. — Je ne veux plus de toi!

LE MODÈLE. — Monsieur Degas, vous m'avez toujours dit que je posais bien!...

DEGAS. — Oui, mais tu es protestante et les protestants et les juifs marchent la main dans la main dans l'affaire Dreyfus!

Voici un autre trait de Degas. Allant chez lui, je croise sous la porte cochère M. L..., israélité notoire qui, m'abordant: «Vous allez chez Degas? Il est là.» Et devant mon air étonné: «Nous ne nous étions plus vus, Degas et moi, depuis l'«Affaire» quand j'ai reçu hier un mot de lui me disant de passer à l'atelier. Il avait appris la mort de ma femme et voulait me dire qu'il me donnerait un portrait d'elle qu'il avait fait autrefois... »

Je trouvai Degas remettant dans un carton un portrait de femme qui me parut très poussé.

— Il faut que j'y donne encore un petit coup...

Moi. — M. L... ne devait pas savoir comment vous remercier...

Degas. — Oui... comme ce serait agréable de donner s'il n'y avait pas les remerciements!...

A ce moment, un garçon de magasin entra avec une corbeille de jouets.

Degas. — Après-demain les enfants de mon ami J... viendront me souhaiter la bonne année. J'ai été en « sondeur » à la

Place Blanche, et voici un premier choix que j'ai fait. Ce soldat est magnifique… Et cette poupée! L'éléphant est pour moi. On m'a affirmé que c'était de la vraie peau… C'est la trompe qui m'a excité; voyez comme elle se relève en tirant l'anneau!

J'étais venu chez Degas pour l'inviter à dîner.

— Certainement, Vollard; seulement, écoutez-moi bien. Il y aura pour moi un plat cuit sans beurre?… Pas de fleurs sur la table, et à sept heures et demie précises… Vous enfermez votre chat, je sais, et personne n'amènera de chiens? Et s'il y a des femmes, elles n'arriveront pas avec les parfums?… Quelles horreurs que toutes ces odeurs!… Quand il y a des choses qui sentent si bon, le pain grillé…

Et même une fine odeur de m..de. Ah!…
très peu de lumières. Mes yeux, mes pauvres yeux!

Degas s'était ‹mis› à ne pas ‹voir›
pour éviter l'obligation de reconnaître les
gens. Seulement, il lui arrivait, après avoir
demandé son nom à un familier de trente
ans: ‹Ah! mes yeux!› d'oublier qu'il ne
‹voyait› pas et de tirer sa montre.

Un jour, dans son atelier, je lui avais
apporté un tableau. Un tout petit morceau de papier s'étant détaché du paquet
que je dépliais, Degas de s'élançer pour
le saisir. Il retrouva le ‹confetti› dans la
rainure du plancher et le jetant dans son
poêle. ‹Je n'aime pas le désordre.›

Dois-je dire, pour mon excuse, qu'il y
avait de tout dans l'atelier de Degas; il
ne voulait pas que l'on touchât à quoi que

ce fût. On trouva hez lui des cahiers de modèles d'écritures et jusqu'à des prospectus.

Mais si Degas ne voulait pas ‹voir›, par contre il voulait entendre, nonobstant une certaine dureté d'oreille; il disait toujours qu'on parlait mal et on perdait le bénéfice de toute une soirée pendant laquelle on s'était observé à articuler chaque mot si, en partant, on disait un peu vivement ‹au revoir›.

Quand Degas, pour échapper aux ‹raseurs›: — ‹Degas, vous viendrez à cette soirée chez Mme X qui chante si bien?...›, ne pouvait pas raisonnablement employer le ‹truc› de ne pas ‹voir›, il répondait: ‹Cela me donne le vertige.›

Je disais un jour à Renoir, qui se plaignait d'être la proie d'un tas de gens:

— Faites comme Degas, dites que cela vous donne le vertige.

— Oui…, fit Renoir, mais si vous croyez qu'on vous lâche comme ça…

Et, abaissant les yeux sur ses pieds qui lui refusaient depuis longtemps tout service :

— Degas, lui, il a des jambes.

Et toutes ces manies, toutes ces réparties de Degas, qui ne trompaient personne, fortifiaient une réputation d'original, voire de tyran, aux yeux de gens qui trouvent tout naturel d'imposer à un vieillard de «traîner» dans des expositions de peinture, de dîner à des neuf heures du soir, d'absorber des plats avec des sauces à la farine et enfin de manger sur une table qui semble un éventaire de fleuriste, parce que cela se fait ainsi dans le «grand monde».

*
*   *

Degas me disait un jour: ‹Je me souviens d'un dîner chez un monsieur Lambert,
un marchand de soieries. Il avait dit à
Guillemet qui était un ami de la maison:
‹Voilà trente louis, toi qui vas dans les
ateliers, tâche de me faire faire une bonne
affaire.› Guillemet alla droit chez Corot, et sortant les trente louis: ‹Est-ce
que vous voudriez donner quelque chose
pour mon ami Lambert?› — ‹Il est géné-
reux votre ami› dit Corot. ‹Trente louis
d'un coup! Je vais lui donner quelque
chose de bien...›

Moi. — Aujourd'hui, si on allait chez le
moins cher des ‹jeunes maîtres› avec
trente louis en poche...

Degas. — Guillemet emporta deux Corot. Lambert, confiant, les trouva très beaux et demanda à Guillemet s'il ne pourrait pas amener Corot à dîner chez lui pour fêter les cadres en or qu'il mettrait aux tableaux. Corot accepta, mais, ajouta-t-il, ‹on sait mon heure: six heures.› Et moi quand je dis sept heures et demie... J'avais été invité aussi; on nous avait prévenus qu'il y aurait une surprise au dessert. Et après qu'on eut mangé une glace aux framboises, la porte au fond de la salle s'ouvrit et on vit entrer deux petits ‹rats› du Théâtre de l'Opéra dont Lambert était un abonné. Elles exécutèrent quelques pas et, ensuite, venant vers Corot, lui mirent sur la tête une couronne de roses. Corot les prit sur ses genoux et les embrassa. Pendant qu'elles dansaient, j'ai fait un croquis. A huit heures, suivant son habitude, Corot se

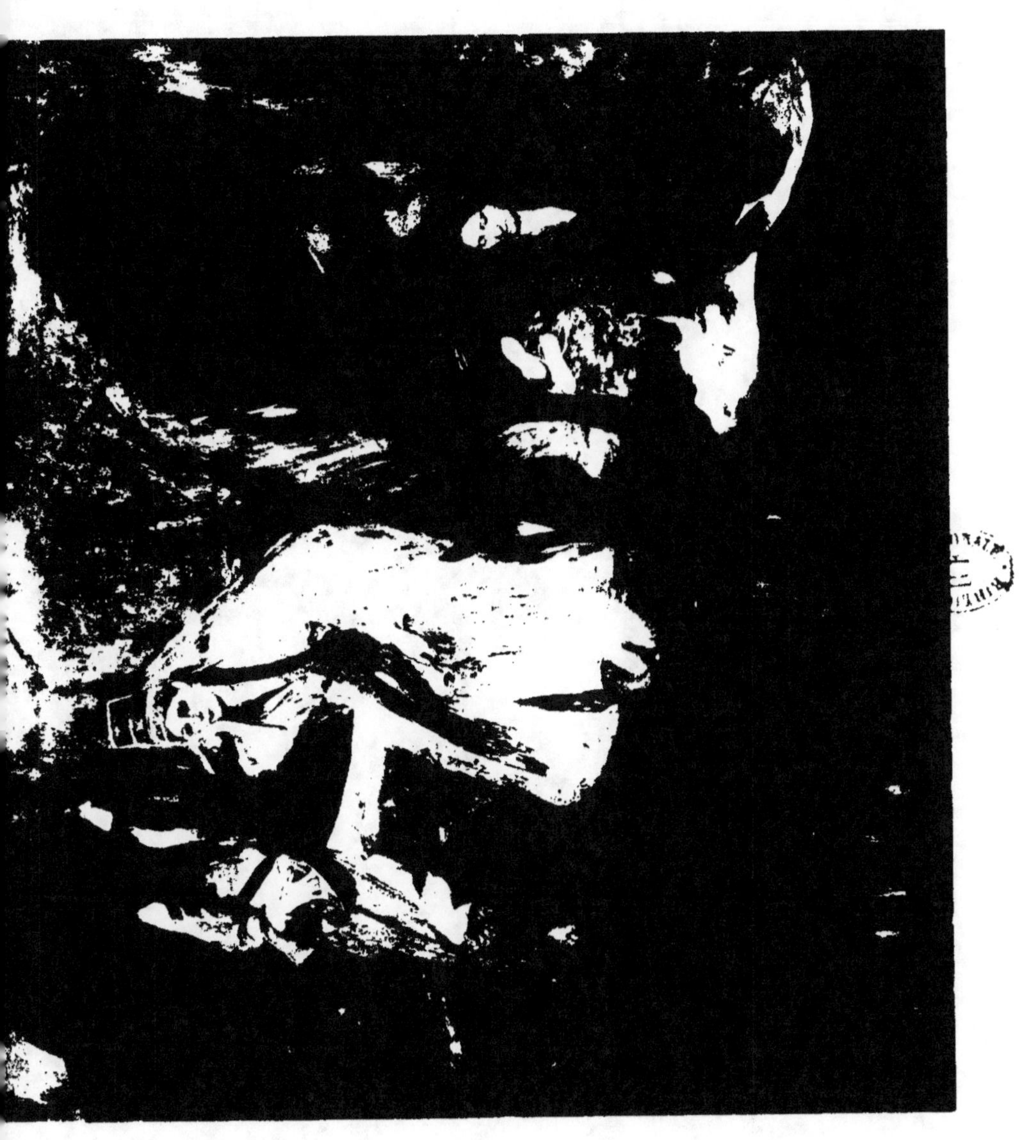

retira pour aller se coucher. Moi, j'allai chez l'imprimeur Cadart et je mis mon croquis sur cuivre. C'est bien agréable d'avoir sa soirée après dîner... Enfin puisqu'aujourd'hui on ne peut pas dîner avant des sept heures et demie...

J'expliquai à Degas que l'on en était venu à dîner de plus en plus tard, parce que chaque dame croyait qu'elle manquerait son entrée si elle n'arrivait pas la dernière. Et je hasardai quelques considérations sur les femmes et sur la mode. Degas me prit le bras: ‹Je vous en prie, Vollard, ne dites pas de mal de la mode. Vous êtes-vous jamais demandé ce qui arriverait s'il n'y avait pas la mode? A quoi les femmes passeraient leur temps? De quoi parleraient-elles? Ce que la vie deviendrait impossible pour les hommes! C'est-à-dire que si les femmes voulaient s'évader des règles de la mode — heureusement qu'il n'y a pas de danger — il faudrait que le gouvernement y mit bon ordre. »

C'est que personne plus que Degas ne croyait à la nécessité d'une espèce de discipline dans tous les actes de la vie, besoin qui semble ridicule aujourd'hui... Mais Degas se flattait d'être d'une autre époque, une époque où il y avait de l'ordre dans le monde, une époque où chacun se tenait à sa place. C'est ainsi qu'il se jugeait légitimement offensé si quelqu'un, sans y être invité, lui tendait la main avec un « Bonjour Maître ! » Et on s'étonnait quand il sortait ses griffes !

Une seule fois, Degas resta coi. S'étant rencontré avec le peintre-douanier Rousseau, celui-ci candidement :

— Eh bien, monsieur Degas, ça va-t-il, la vente, comme vous voulez?...

*
* *

Degas était une après-midi à mon magasin lorsque Mirbeau entra. Il tenait en laisse son chien, le fameux Dingo (¹). Je m'attendais à un échange de traits d'esprit entre Mirbeau et Degas, mais celui-là était comme gêné par cette espèce de domination que Degas exerçait autour de lui; Degas, de son côté, se tenait sur la réserve. De part et d'autre, quelque mots à peine. Tout à coup Dingo, profitant d'un moment d'inattention de son maître, tira sur sa laisse et, s'étant échappé, monta l'escalier de l'entresol.

(¹) Voir *Dingo*, par Mirbeau (Editeur Fasquelle).

Mirbeau n'était pas sans montrer de l'inquiétude :

— Comment faire pour le rattraper?... Il va me mordre...

Et devant mon air étonné :

— Le dingo, sitôt qu'il ne se sent plus tenu par son maître, dans un endroit qu'il ne connait pas, redevient sauvage. J'ai lu une nouvelle là-dessus : Un homme allait à cheval dans la pampa tenant en laisse un dingo ; le cavalier étant tombé, le chien se jeta sur lui et l'étrangla... Et ce poulailler en cœur de chêne que mon chien a brisé comme un fêtu de paille... (¹) Et le mouton d'Irène (¹) dévoré tout vivant... »

Je me rappelai soudain que la bonne était à l'entresol, je la voyais déjà se débat-

____

(¹) Voir *Dingo*, par Mirbeau (Editeur Fasquelle).

tant sous le dingo, quand elle parut tenant le chien:

— Cette bête était tout effrayée de se trouver seule...

— N'est-ce pas qu'il est beau mon Dingo, fit Mirbeau à Degas?

Degas eut un petit rire qui voulait être aimable. Un silence se fit.

Je me mis à raconter à Mirbeau un tour qu'un notaire venait de jouer à son client. Mirbeau se leva tout effrayé: Les notaires font ça?... Et moi qui ai des fonds dans une étude!... Excusez-moi, je m'en vais.

Moi. — Vous avez dit vous-même que dans votre *Dingo* vous dénonciez les crimes des notaires...

Mirbeau (*avec un geste agacé*). — Si quand on écrit, il fallait...

Degas était déjà parti. Mirbeau en me quittant: ‹Il avait l'air content, Degas, de me revoir.›

Lorsque je revis Degas, je prononçai le nom de Mirbeau.

— Mirbeau? fit Degas, je l'ai connu il y a bien longtemps, je ne le reconnaîtrais pas… Il écrit, n'est-ce pas?…

Mais ce n'était pas á dire que Degas fût insensible à toute littérature. Pendant qu'il déjeunait, sa vieille bonne Zoé lui lisait la *Libre Parole,* celle du temps de Drumont. Degas reprochait seulement à Zoé de lire sans accent. En plus de la *Libre Parole,* Degas prenait le *Figaro* du lundi, qu'il collectionnait pour les dessins de Forain.

*
* *

La vie de Degas était réglée comme un papier de musique; c'était l'atelier du matin au soir. Quand ça venait bien, il fredonnait quelque chose, généralement un air ancien; on entendait sur le palier des bouts de chansons:

> Sans chien et sans houlette
> J'aimerais mieux garder cent moutons dans un pré
> Qu'une fillette
> Dont le cœur a parlé.

Il arrivait à Degas de blaguer ses modèles: «Tu es un cas très rare, tu as les fesses en forme de poire, comme la Joconde», disait-il à une petite, qui, au comble de l'orgueil, allait partout montrer ses fesses.

Mais s'il se laissait aller à l'atelier à un langage familier, Degas, par ontre, ne pas-

sait pas à ses modèles la plus légère in-
carlade.

Un jour, l'une d'elles (un modèle auquel
Degas tenait beucoup) ayant protesté pendant qu'elle posait : « Ça mon nez, monsieur
Degas ? Je n'ai jamais eu le nez fait comme
ça ! » Le modèle fut mis dehors incontinent,
ses vêtements jetés derrière elle. Ce fut
sur le palier qu'elle se rhabilla.

*
*   *

De temps à autre, Degas invitait un
ami à dîner.

— Vous mangerez de la confiture
d'oranges de Zoé.

Et Zoé, qui n'ignorait pas combien ses
confitures étaient prisées, abusait de la
situation. La première fois que j'allai chez

Degas — c'était à l'heure du déjeuner qu'on pouvait le plus facilement le voir — voilà que le peintre, avec une voix un peu rude :

— Zoé, ce soir j'aurai quelqu'un à dîner.

— Non, Monsieur, vous irez au restaurant avec votre ami ; ce soir, je ne veux pas de vous.

La figure de Degas s'était faite sévère ; avec sa réputation de méchant homme, je me disais : «Il va battre Zoé ! »

Celle-ci continuait sans s'émouvoir :

— Aujourd'hui je fais mes confitures, je ne veux pas être dérangée !...

— Bon, bon, se borna à faire Degas.

Et quand Zoé eut passé dans la cuisine :

Moi. — Vous savez, monsieur Degas, qu'on vous croit méchant ?

DEGAS. — Je veux qu'on me croit méchant !

MOI. — Mais vous êtes bon ?

DEGAS. — Je ne veux pas être bon !

Zoé avait apporté le saladier. Degas faisait lui-même la salade ; le dosage de l'huile était un rite. Cette fois, l'huilier était vide.

— Et cette huile ? fait Degas.

— J'y vais, Monsieur, le marchand est à côté.

Zoé revint un quart d'heure après.

DEGAS. — Passez-moi donc l'huile.

Alors Zoé :

— J'y retourne, Monsieur. C'est le vinaigre que j'avais pris.

Degas ne broncha pas ; et quand la bonne fut sortie :

— Pauvre Zoé !

— Et avant Zoé? demandai-je.

DEGAS. — Avant Zoé, j'avais Sabine. Elle aussi savait très bien faire la confiture d'oranges.

C'est à Sabine que Degas avait dit un jour: ‹J'aurai des amis qui viendront passer la soirée, il faudra avoir des choses à boire.›

Donc Sabine, ce soir-là, en plus de la camomille traditionnelle de son maître, avait préparé une autre boisson.

Qu'est-ce que vous nous donnez-là, Sabine? finit par s'informer un des invités.

Alors Sabine:

— N'est-ce pas que c'est bon? Monsieur m'avait dit qu'il fallait faire quelque chose de bien, j'ai été acheter de la boisson au marchand de coco et je l'ai fait chauffer avec du sucre.

Evidemment, les soirées de Degas ne ressemblaient pas à celle qu'organisa un jour en son honneur la baronne de Cl. T... Comme, au départ, un valet appelait : « Les gens du prince de G...! Les gens de l'ambassade d'Angleterre...! Les gens de... »

— Mais, dit une dame, qui n'ignorait pas quel personnage important était Degas, on oublie les gens de monsieur Degas !

— Les gens de monsieur Degas, fit le peintre, c'est Zoé. Elle dort depuis huit heures.

*
* *

C'est presque un lieu commun, la « haine » de Degas pour la femme. Personne, au contraire, n'a autant aimé la femme, mais une

Degas

espèce de pudeur où il y avait comme de la peur l'éloignait des femmes; c'est ce côté «janséniste» de sa nature qui explique cette sorte de cruauté qu'il mettait à représenter la femme occupée aux soins de sa toilette intime.

Un autre lieu commun quand on parle de Degas, la «rosserie» de ses mots. On n'a pas voulu voir le côté «sensible» de sa nature.

Une maman grondait sa petite fille qui avait fait des fautes d'orthographe dans sa page d'écriture.

Et comme l'enfant disait:

— Qu'est-ce que cela peut faire, des fautes d'orthographe?

— Comment, qu'est-ce que cela peut faire? Cela fait beaucoup; n'est-ce pas, monsieur Degas, que c'est très vilain une petite fille qui fait des fautes d'ortho-graphe?

— Très vilain! approuva Degas.

Puis, comme la mère s'éloignait, Degas à l'enfant:

— Qu'est-ce que tu aimerais mieux, savoir mettre l'orthographe et ne pas avoir de crème, ou bien faire des fautes d'orthographe et avoir de la crème?

LA PETITE ÉCOLIÈRE *(sans hésitation)*. — J'aime mieux faire des fautes d'ortho-graphe et avoir la crème!

— Eh bien! dit Degas, moi aussi.

Une fois, à dîner chez des amis, Degas avait raconté une histoire des temps passés à Jean-Loup Forain, le fils du peintre.

Et comme l'enfant émerveillé: ‹Etiez-vous là, monsieur Degas?

— Non, répartit Degas, mais ma nourrice, qui m'a raconté cette histoire, m'a assuré qu'elle y était.

Combien ce Degas-là, le vrai Degas, est différent du terrible homme que la légende représente détestant les enfants à l'égal des chiens, des chats et des fleurs, et comme un enfant tapait sa fourchette sur son assiette, s'écriant avec une telle brusquerie: «Qu'est-ce que c'est que ça?» que l'enfant épouvanté, le visage devenu tout blanc, vomissait son déjeuner à travers la table.

Cette bonhomie qui était le fond de la nature de Degas, il la conservait en toute circonstance. Un soir, en traversant le parc Monceau pour aller dîner chez M. Rouart, il se prend les pieds dans les fils de fer qui entourent les pelouses et un passant s'étant indigné: «Ces fils de fer qu'on met là tout exprès pour faire tomber les promeneurs...» «Non, fait Degas, c'est pour arrêter les gens qui vont déposer des statues sur les pelouses.»

*
* *

Les cas exceptés où l'on attaquait devant Degas l'ordre des choses établies, ou la peinture, ses mots les plus méchants n'allaint pas au-delà de cette répartie à Bonnat qui lui faisait voir un tableau d'un de ses élèves représentant un guerrier qui tirait de l'arc.

— Comme il vise bien, n'est-ce pas, Degas?

— Oui, il vise une médaille.

Ou encore ce mot à un critique d'art, M. S...; un jour que tous les deux nous ac-

compagnions Degas au Salon. ‹Voyons, mon ami, le bleu n'est pas dans l'encrier, il est dans le tube.›

Nous étions arrivés au Salon. M. S..., conduisit Degas devant un portrait de *Femme avec des fleurs à son corsage.*

Et Degas: — Il a beaucoup de talent, Fantin-Latour, mais je parierais qu'il n'a jamais vu de fleurs au corsage d'une femme.

Degas ne manquait pas une occasion de proclamer que Carrière était un grand peintre. Cette fois-là, en passant la revue des toiles exposées, et devant les Carrière que lui faisait admirer le critique d'art:

— Je ne vois pas assez clair aujourd'hui.

Degas s'arrêtait devant chaque tableau. Au bout d'un instant:

— Et dire que pas un de tous ces peintres ne s'est jamais demandé ce qu'il fallait
faire en peinture !

LE CRITIQUE D'ART. — Qu'est-ce
qu'il faut faire?

DEGAS. — Si je le savais, il y a longtemps que je l'aurais fait. J'ai passé toute
ma vie à «essayer».

Tout à coup:

— Monsieur Degas !

C'était Vibert, le peintre bien connu des
Cardinaux.

— Il faut que vous veniez voir notre
exposition d'aquarelles !

Ici Vibert loucha sur le vieux macfar-
lane de Degas.

— Vous trouverez peut-être nos cadres, nos tapis, un peu riches, mais, enfin,
la peinture, n'est-ce pas un objet de luxe?

— La vôtre, riposta Degas. La nôtre, c'est des objets de première nécessité.

*
*   *

Je me rappelle une promenade avec Degas sur les grands boulevards. Partout des devantures crevant de camelote dorée…

DEGAS. — Avant l'affaire Dreyfus, on ne connaissait pas cela; vous verrez qu'on en arrivera à pleurer d'attendrissement devant un magasin avec des parapluies en montre. Tenez, cette boutique de parapluies, justement, a quelque chose de bien français, je vais entrer là acheter une canne.

Nous entrons, et l'on présente à Degas deux cannes de même bois et de même monture; l'une avait en plus le manche orné d'un soutaché de cuir. C'était la moins chère.

DEGAS *(au marchand)*. — Pourquoi la canne où vous avez le cuir en moins est-elle la plus chère?... Elle est de meilleur goût que l'autre...

LE MARCHAND. — Monsieur, le bon goût se paie.

Degas sortit tout rêveur.

—Qu'est-ce qui nous tirera de là? Nous sommes dans la maison à l'envers. C'est comme l'autre jour, je vois la petite fille d'un de mes amis armée d'une boîte à couleurs. Mettre de pareils outils dans les mains d'un enfant!

*
*   *

Un jour que j'étais avec Degas rue de
la Chaussée d'Antin, en passant devant
un grand magasin : ‹Je vous quitte, dis-je
à Degas, je vais acheter un jouet…›
Avec sa méfiance des Juifs, toujours en
éveil :

— Comment, dans un magasin de juifs?
Alors que vous avez à deux pas un autre
grand magasin, des catholiques qui vont
vous vendre de la marchandise honnête et
à meilleur marché…?

Et sous l'œil de Degas je me dirigeai
chez les catholiques; je demande une locomotive à vapeur.

— C'est une spécialité, nous devons la
faire venir de chez le fabricant, ça fera
quinze jours.

— Et devant un geste que j'esquissais :

— Je sais bien, continua l'employé, que

c'est dans neuf jours le premier de l'an, mais ce n'est pas moi qui ai établi les délais de livraisons du Chemin de fer.

Je ne donne pas la commande et je passe à tout hasard au magasin des Juifs. On me dit aussi qu'il faut faire venir la locomotive de chez le fabricant. ‹D'ordinaire nous demandons quinze jours, mais comme ça arriverait après le premier de l'an, nous nous arrangerons pour faire venir par grande vitesse.›

Quelques temps après, je retrouve Degas dans un salon. Dès qu'il m'aperçut:

— Sans moi, l'autre jour, Vollard se faisait voler chez des Juifs!

*
* *

On parlait devant Degas de la révolution de 1848.

— Vous étiez bien jeune alors, monsieur Degas, dit quelqu'un.

Alors Degas:

— Je me rappelle surtout un fait que
nous a rapporté mon père, comme il ren-
trait à la maison un des jours d'émeute.
Des gens tiraient sur la troupe. Un passant
s'approche d'un homme qui n'arrivait pas
à toucher son but; il lui prend le fusil des
mains, vise un soldat qui tombe et comme
il rendait l'arme à son propriétaire, celui-
ci eut un geste comme pour lui dire:
« Continuez, vous vous en servez si bien. »
Et l'autre: « Non, ce n'est pas dans mes
opinions. »

Degas se plaisait à ces récits du passé.

Comme on discutait de l'embarras dans

lequel avait été mis un galant homme qui, se trouvant avec deux dames, l'une d'elles :

— Si un danger de mort se présentait et que vous ne puissiez sauver que l'une de nous deux?...

Alors Degas :

— Mme de Staël était un jour en barque sur le lac Léman avec Mme de Récamier et Benjamin Constant, quand un des rameurs : « Ce nuage à l'horizon nous annonce un gros temps. »

« Dites, Benjamin, fit Mme de Staël, si nous faisions naufrage, qui de nous deux sauveriez-vous? »

Et Benjamin Constant à Mme de Staël : « Vous, vous devez savoir nager. »

*
*   *

Etant un jour avec Degas, nous croisons M. Michel L..., un peintre que Degas connaissait de longue date. Degas détourna la tête.

— Croiriez-vous, nous avions fait un échange de toiles et j'ai retrouvé la mienne chez un marchand. Le lendemain, je lui ai rapporté la sienne.

Moi. — Qu'est-ce qu'il a bien pu dire pour expliquer cette vente? Ce n'est pas le besoin, un homme qui achète des Watteau!

Degas. — Je n'ai pas cherché à le voir, j'ai posé la toile à sa porte près de la boîte à lait.

Un autre des amis de Degas, le peintre D..., avait reçu de lui un pastel en cadeau. Un jour, il le vend. Se trouvant plus tard nez à nez avec Degas, qui, pour ce fait, ne voulait plus le voir, l'autre se lance dans des explications :

— Vous savez, Degas, j'ai eu beaucoup de dépenses, j'ai marié ma fille ...

Alors Degas :

— Je ne sais pas, Monsieur, pourquoi vous me racontez vos histoires de famille ! Je ne vous connais pas, moi !

*

* *

On a souvent fait grief à Degas de sa « dureté » envers les autres.

« Si je n'étais pas comme je suis avec les gens, disait-il, je n'aurais plus une minute à moi pour travailler. Mais, par nature, je suis timide, je dois toujours me forcer... »

Cette idée d'un Degas devant faire violence à sa timidité dans ses rapports avec ses semblables est bien faite pour étonner le public. Dans une lettre écrite à un de ses amis, Degas a dévoilé son état d'âme:

. . . .

«Ici je vais vous demander pardon
«d'une chose qui revient souvent dans
«votre conversation et plus encore dans
«votre pensée, c'est d'avoir été au cours
«de nos longs rapports d'art, ou d'avoir
«semblé être *dur* avec vous. Je l'étais sin-
«gulièrement pour moi-même, vous devez
«bien vous le rappeler puisque vous avez
«été amené à me le reprocher et à vous
«étonner de ce que j'avais si peu de con-
«fiance en moi. J'étais ou je semblais dur
«avec tout le monde, par une sorte d'en-
«traînement à la brutalité qui me venait
«de mon doute et de ma mauvaise humeur.

«Je me sentais si mal fait, si mal outillé,
« si mou, pendant qu'il me semblait que
« mes *calculs* d'art étaient si justes. Je bou-
« dais contre tout le monde et contre moi.
« Je vous demande bien pardon si, sous le
« prétexte de ce damné art, j'ai blessé votre
« très noble et très intelligent esprit, peut-
« être même votre cœur. »

. . . .

*

*   *

— Monsieur, dit un jour Zoé, il est
venu, pendant que vous n'étiez pas là,
M. L...

DEGAS. — L..., il est trop laid pour
que je ne m'en méfie pas. Zoé, ne le laissez
pas entrer quand il reviendra. Il faut que
je l'interroge avant.

Quand L… fut revenu, Zoé le fit attendre dehors, et Degas, entr'ouvrant la porte :
«Etes-vous pour Dreyfus?»

Dois-je dire que, sitôt affirmée sa foi
nationaliste, L… fut admis à entrer. Degas
lui demanda des nouvelles de sa santé, s'informa de sa femme, de sa fille…

Et l'on vient parler de l'insociabilité de
Degas!

Mais que dire du «toupet» du public
dans ses rapports avec les artistes? Ces
gens qui, reçus chez un peintre, se mettent
à ouvrir les cartons, à prendre les toiles
en main…

Il va sans dire que Zoé ne laissait
pénétrer personne dans des pièces où
étaient pêle-mêle tableaux et cartons bour-
rés de dessins.

Et les visiteurs, ne pouvant forcer la

consigne de l'appartement n'osaient-ils pas monter à l'atelier !

Un jour que j'y étais allé prendre un tableau — il faisait un temps exceptionnellement favorable à peindre — voilà qu'on entend sonner ; c'était quelqu'un qui venait présenter ses souhaits de bonne année, et demandait s'il ne pourrait pas faire monter un ami resté en bas dans la voiture...

— Pas à cette heure, répond Degas, mais à une heure et demie de l'après-midi, avant que je ne commence à travailler, ou quand il fait nuit !

Une fois l'autre parti :

— Moi aussi, monsieur Degas, je pourrai vous amener des personnes à ces heures-là ?

— Si vous voulez, Vollard.

Un amateur m'avait dit depuis longtemps combien il serait heureux de voir
l'atelier de Degas. Fort de l'autorisation
du peintre:

— Je vais vous conduire chez Degas.

L'autre ne se tenait pas de joie:

— Vous permettez, je vais « apporter »
un ami avec moi.

Je n'osai pas dire non, lorsque arriva
encore quelqu'un. Mis au courant de la
visite projetée:

— J'irais volontiers avec vous.

Devant mon air gêné:

— Je connais très bien Degas.

Cela faisait déjà quatre; l'un des visiteurs amena sa femme, un autre deux amis,
si bien que nous étions sept en arrivant
chez le peintre.

Degas venait de se lever de table;

j'entrai le premier, les autres restèrent sur le palier. Quand je lui eus annoncé les visites, il ouvrait déjà la bouche pour m'«attraper», mais l'homme si courtois qu'était Degas ne voulut pas laisser attendre à sa porte; il me dit seulement en allant ouvrir:

— Je passerai à votre magasin après ma séance, j'aurai à vous parler.

Je dois à la vérité de dire que le premier contact de Degas avec ses «hôtes» fut plutôt froid, mais je détournai de nous sa mauvaise humeur en disant que nous avions vu, en passant, une exposition de «plein air» chez Durand-Ruel.

— Ne me parlez pas des impressionnistes, s'écria Degas, il faudrait les...

Et, prenant une canne des mains de l'une des personnes présentes, il mit en joue.

Mais relevant tout de suite vers le plafond son fusil de bois qui se trouvait viser le portrait de M. Leblanc :

— Un peu plus, j'allais fusiller Ingres !...

Un des visiteurs. — Monsieur Degas, à cette exposition chez Durand-Ruel, il y a aussi des tableaux de Monet?

Degas. — J'y ai même rencontré Monet, je lui ai dit: «Je m'en vais, tous ces reflets d'eau me font mal aux yeux...» Et il me semblait que c'était plein decourants d'air; un peu plus je relevais le col de mon veston.

Moi. — On avait dit que vous étiez mal avec Monet?

— Oui, fit Degas, depuis l'«Affaire»... Je me suis remis avec lui pour la circonstance.

Un autre des visiteurs. — Cependant, monsieur Degas, quand vous peignez une composition en plein air, cette *Plage* chez M. Rouart?

Degas. — C'est bien simple, j'ai étendu mon gilet de flanelle par terre dans l'atelier, j'ai assis mon modèle dessus… Voyons, l'air qu'on respire dans un tableau, ce n'est pas la même chose que l'air qu'on respire dehors !

Lorsque nous quittâmes Degas je n'étais pas très rassuré; cette visite qu'il m'avait annoncée ne me disait rien qui vaille; aussi cherchai-je à le gagner. Je mis en montre dans mon magasin *La petite fille au canapé bleu* de Mary Cassatt dont Degas, comme on sait, aimait tant le talent. A la première exposition d'impressionnistes il avait demandé à Mlle Cassatt de faire un échange de la toile qu'elle avait exposée contre le plus beau de ses «nus».

Degas affectionnait particulièrement *La petite fille au canapé bleu,* car ce tableau avait été peint sous ses yeux et il n'avait pas ménagé ses conseils pour la «mise en page».

Degas était le plus précieux des conseilleurs.

Gervex me racontait que pendant qu'il peignait sa *Leçon d'anatomie,* Degas lui dit:

— Mais ce carabin qui prend des notes quand le professeur parle, où as-tu vu cela? Il roule une cigarette.

Et ce fut le succès du tableau.

De même, quand Gervex fit son *Rolla,* Degas étant venu voir le tableau, dit au peintre:

— Il faut qu'on comprenne que «ta»

femme n'est pas un modèle. Où est la robe qu'elle a quittée? Mets donc un corset par terre!

La toile fut refusée au Salon pour inconvenance.

— Tu vois, dit Degas à Gervex, on a compris que c'est une femme qui se déshabille.

*
* *

Degas ne manqua pas de me faire la visite dont il m'avait «menacé» quelques instants auparavant. Comme je m'y attendais, en arrivant à mon magasin, il s'arrêta devant le Cassatt:

— Elle a tellement de talent!... Je me souviens quand nous avons fondé ensemble *Le jour et la nuit*... (1) Ce que j'étais pris

____

(1) Revue d'art moderne disparue aussitôt née

par la gravure! Tous ces essais que j'ai faits... Avec le cuivre on obtient des choses extraordinaires! Mais personne ne veut vous aider!

Moi. — Monsieur Degas, la moindre eau-forte de vous...

Degas. — C'était autrefois que cela m'intéressait, quand les gens n'en voulaient pas.

Les yeux de Degas s'étaient portés sur une toile de Gauguin.

— Pauvre Gauguin! Sur son île, là-bas, il doit penser tout le temps à la rue Laffitte. Je lui avais conseillé d'aller à la Nouvelle-Orléans, mais il trouvait que c'était trop civilisé. Il lui faut des gens avec des fleurs sur la tête et un anneau dans le nez... Moi, quand j'ai seulement quitté mon atelier depuis deux jours...

Moi. — Vous connaissez la Nouvelle-Orléans?

Degas. — J'y ai fait un voyage. J'ai des parents là-bas. (Degas se mit à rire.) Je pense à un nègre qui était sur la propriété de ma famille, un nègre qui s'appelait Fontenelle. Croyez-vous qu'on lui avait collé un beau nom à cet animal-là? Et il n'était pas encore content! Lorsqu'on entendit le coup de canon qui annonçait la suppression de l'esclavage, «Fontenelle» prit sa course vers la ville où il se fit imprimer des cartes de visite portant le nouveau nom qu'il avait pris:

CHARLES BRUTUS,
Homme de couleur libre.

Et puis, bien entendu, le nouvel homme

libre se hâta de retourner chez son maître pour ne pas manquer l'heure de la soupe.

Degas avait posé la main sur le bec de cane de la porte. Au moment de sortir, il se retourna : « C'est curieux, j'avais quelque chose à vous dire... » Je me gardai bien de lui faire souvenir que ce « quelque chose » c'était d'avoir amené tous ces gens à son atelier.

* * *

Une personne faisait de Degas tout ce qu'elle voulait, la fille d'un de ses amis, Mlle Louise Braquaval. « Loulou, la terrible Loulou », comme il disait.

Degas, un jour, à Abbeville, avait aperçu un peintre devant sa toile au milieu d'un marché. S'approchant :

— Vous êtes le peintre des «intimités de plein air» ...

C'était M. Braquaval.

La famille Braquaval passait la belle saison à Saint-Valéry-sur-Somme. Je me rencontrai un jour chez eux avec Degas. Je me rappelle que Degas avait entrepris de photographier la lune, mais elle «bougeait».

Degas aimait venir surprendre les Braquaval à Saint-Valéry. Il arrivait généralement dans le courant de la journée et repartait le lendemain.

Un jour qu'il faisait un temps épouvantable :

«Vite, près du feu, dit-on à Degas, en attendant qu'on chauffe votre chambre.»

Comme la pluie redoublait :

— Ce ne serait pas prudent à moi de

rester, il fait trop mauvais; mon médecin m'a recommandé de me méfier des grippes de province.

Une autre fois (Degas avait près de quatre-vingts ans), à Saint-Valéry, pendant l'hiver, les épaules couvertes d'un châle, emmitouflé dans son cache-nez, tout frileux, s'étant engagé sur le pont de la rivière, il s'appuyait à la balustrade qui fléchissait, regardant l'eau couler. Et devant l'émoi qu'on montra:

— Oh! je sais nager.

Ce qui plaisait surtout à Degas à Saint-Valéry, c'était d'être moins exposé qu'à Paris à s'entendre appeler «maître». Mais il devait trouver qu'en province on n'était tout de même pas assez «au courant».

En passant devant un chapelier, Degas

avait aperçu dans la vitrine une magnifique casquette à trois ponts. S'arrëtant:

— Il faut que je me paie cette casquette-là.

Il entre, et comme on attendait une troupe qui devait donner *Cyrano de Bergerac,* le marchand aimablement:

— Je vois ce que c'est, Monsieur, c'est vous qui faites *Cyrano.*

Un journaliste de province ne devait pas faire une méprise moins forte. Degas étant allé voir les Ingres à Montauban et ayant emmené le sculpteur Bartholomé avec lui, un journal du lieu n'annonça-t-il pas: « Nous avons dans nos murs le plus grand sculpteur de Paris; il est accompagné d'un de ses amis, M. Degas, un peintre montmartrois. »

*
*   *

J'ai eu le grand plaisir de dîner quelquefois à Paris avec Degas chez les Braquaval dans leur si agréable demeure du
quai de la Tournelle.

Mlle Louise Braquaval adorait les bêtes,
toutes les bêtes, et Degas n'en pouvait
souffrir aucune; les chiens surtout le met-
taient hors de lui.

Avant l'arrivée de Degas, on enfermait
les animaux. Si on oubliait de le faire, on
entendait tout à coup, dans l'antichambre,
des coups de parapluie, suivis de cris de
chiens; tout le monde s'écriait alors:
« Voilà Degas! » Mais, au milieu du repas,
« Loulou » était tellement tourmentée de
ses bêtes qu'elle faisait signe à la bonne
de les lâcher, puis feignait de les gronder;
mais la réprimande n'avait jamais de suite
et Degas était bien forcé d'admirer le chat

persan et d'accepter les caresses des chiens.

On a vu qu'une chose déplaisait à Degas, au moins autant que les chiens et les chats : les fleurs sur la table en mangeant.

Un soir qu'il devait dîner chez les Forain, une petite cousine de la maîtresse de la maison avait cru ‹avantager› la table avec un bouquet de roses.

Degas va dans la salle à manger avant le dîner, voit le bouquet, l'enlève de la table et, allant droit devant lui à travers les pièces, ne s'arrête qu'au gros mur de la maison. Il dépose par terre le bouquet...

— Ah! mon Dieu, et mon bouquet?

C'était la cousine qui revenait. Elle cherche partout, finit par retrouver le bouquet et le remet à sa place.

Degas, entrant dans la salle à manger au bras de la maîtresse de la maison et retrouvant ‹ses› fleurs, plante là tout le monde . . . On court après lui, on le rattrape, et il ne fallut rien moins qu'une amitié de toujours avec les Forain pour que le «vieux serpent» (Degas acceptait d'être ainsi appelé par Mme Forain) consentît à revenir.

*

*   *

Quand Degas eut dépassé soixante-dix ans, le médecin s'avisa de trouver que l'air de l'atelier ne valait rien pour lui.

— Il faut vous forcer à sortir, et puis cela vous distraira.

— Mais, mon ami, si cela m'ennuie, moi, de me distraire?

N'importe, la Faculté avait parlé. Degas décida de prendre l'air deux ou trois heures par jour, et ce qu'il appelait prendre l'air c'était monter dans l'intérieur de l'omnibus le plus proche, et, arrivé au point terminus, sauter dans un autre omnibus et puis dans un troisième ...

On peut penser, étant connue l'antipathie de Degas pour les fleurs, à quel point ces sorties en omnibus lui étaient désagréables les dimanches en été, avec cette ‹rage› des Parisiens de rapporter des bouquets de la campagne. Degas faisait ces jours-là sa ‹promenade hygiénique› au milieu de touffes de lilas et de roses.

Il me disait un jour le bien-être qu'il avait éprouvé d'une promenade en voiture découverte à la campagne, le bon air qu'on respire.

— Monsieur Degas, ne pus-je m'em-pêcher de dire, pourquoi n'avez-vous pas votre voiture?

Il me regarda avec une stupéfaction où l'on pouvait voir un peu de colère:

— Moi, acheter une voiture! Vous vou-lez qu'un artiste aille en équipage!...

*
*   *

Avec la difficulté que Degas avait à quitter son atelier, je ne fus pas peu sur-pris quand il m'annonça qu'il allait passer une quinzaine de jours à la Queue-en-Brie, chez son ami, M. Henri Rouart.

— Cela va me faire faire quelques pay-sages. Vous viendrez me voir?

Je ne manquai pas de me rendre à cette invitation.

Lorsque je fus à la Queue, sur les indications du jardinier de M. Rouart, j'arrivai à un pavillon et sur le pas de la porte je vis un vieil homme avec un pantalon de toile, un chapeau de paille et d'épaisses lunettes. Personne n'aurait pu se douter que c'était là le « terrible » Degas.

— J'ai assez été dehors, me dit-il; il reste un moment avant le déjeuner, je vais travailler un peu.

Comme j'esquissais un mouvement de retraite :

— Oh! vous pouvez venir, je ne fais que du paysage.

Je le suivis dans un petit atelier qu'il s'était arrangé, et le dos tourné à la fenêtre il commença un de ces extraordinaires « effets de nature » dont Pis-

saro disait: «Ce sacré Degas, il vous en bouche un coin même avec les paysages».

Je n'en restai pas moins un peu étonné de cette façon de faire du paysage en chambre.

Alors Degas: de temps en temps, en voyage, je mets le nez à la portière du wagon. Et, sans même sortir de chez soi, avec une soupe aux herbes et trois vieux pinceaux piqués dedans, est-ce qu'on n'aurait pas de quoi faire tous les paysages du monde? C'est comme mon ami Zakarian, avec une noix, un grain de raisin et un couteau, il en a pour travailler pendant vingt ans en changeant seulement son couteau de place ... Et Rouart qui faisait l'autre jour une aquarelle au bord d'un précipice! Voyons, la peinture, ce n'est pas du sport !

Moi. — Monsieur Degas, en passant boulevard de Clichy, j'ai vu dans l'air, au bout d'un crochet, un cheval qu'une corde tirait dans un atelier de peintre.

Degas avait pris sur une tablette un petit cheval de bois:

— Lorsque je reviens du champ de courses, voilà mes modèles; comment pourrait-on faire tourner comme on veut dans la lumière des chevaux vrais?

Moi. — Si les impressionnistes vous entendaient, monsieur Degas?

Degas, avec un geste brusque:

— Vous savez ce que je pense des peintres qui travaillent sur les grands chemins, c'est-à-dire que si j'étais le gouvernement, j'aurais une brigade de gendarmerie pour surveiller les gens qui font du paysage sur nature ... Oh! je ne veux la mort de personne, j'accepterais bien encore qu'on mît du petit plomb pour commencer.

Moi. — Mais Renoir ne peint-il pas en plein air?

Degas. — Renoir, ce n'est pas la même chose; il peut faire tout ce qu'il veut. Vous avez déjà vu un chat qui joue avec des pelotes de laine ... Je vous montrerai un Renoir que j'ai à l'atelier à Paris; il y a là une acidité de tons ...

Degas devint subitement rêveur:

— Renoir, on ne se voit plus! ([1])

([1]) On a dit que Renoir ne s'accommodait pas de l'art de Degas. Or, un jour, comme je rencontrai Renoir sur les boulevards devant une affiche de Lautrec:

Moi. — J'ai entendu opposer Lautrec à Degas? ...

Renoir. — Quelle plaisanterie! Lautrec a dessiné de bien jolies affiches, mais de là ... Tenez, ils ont fait tous les deux des femmes de b..del; mais il y a un monde qui les sépare. Lautrec a fait une femme de

Au même instant, Zoé annonçait une visite. C'était une dame qui venait de

b..del; chez Degas, c'est l'esprit de la femme de b..del, c'est toutes les femmes de b..del réunies en une seule. Et puis, celles de Lautrec sont vicieuses; celles de Degas, jamais. Vous connaissez *La Fête de la Patronne* et tant d'autres scènes du même genre.

Quand on peint un b..del, c'est souvent pornographique, mais toujours d'une tristesse désespérante. Il n'y a que Degas pour donner à un tel sujet un air de réjouissance en même temps que l'allure d'un bas-relief égyptien. Ce côté quasi religieux et si chaste, qui rend son œuvre tellement haute, grandit encore quand il touche à la fille.

Moi. — Je voyais, un jour, à une vitrine de l'avenue de l'Opéra une *Femme au tub* de Degas, et, planté devant, un passant qui devait être un peintre, car avec son pouce, il traçait dans l'air un dessin imaginaire. J'entendis ces mots : «Un ventre de femme comme ça, c'est aussi important que le *Sermon sur la Montagne*.»

Renoir. — Votre homme devait être un littérateur. Un peintre ne s'exprime pas de la sorte.

Moi. — En même temps passait un maçon. Il s'arrête, lui aussi, devant le nu : «N ... de D ...! je ne voudrais pas coucher avec cette gonzesse-là.»

Renoir. — Le maçon avait raison. L'art, ce n'est pas de la «rigolade».

Paris, pensant qu'il était plus facile
«d'avoir» Degas à la campagne. Elle

Moi. — Avez-vous eu occasion de voir Degas faire
ses eaux-fortes ?

Renoir. — J'allais quelquefois avec lui chez Cadard,
généralement après le dîner. Degas prenait une plaque
et «sortait» ses admirables impressions. Je n'ose dire
eau-forte, pour ne pas me faire «engueuler». Les spé-
cialistes sont toujours à vous répéter que c'est fait à la
diable et par un ignorant des règles primordiales de
l'aqua-forte, mais comme c'est beau !

Moi. — Je vous avais toujours entendu dire qu'il
fallait posséder son métier à fond.

Renoir. — Oui, mais je ne vous parle pas du
métier d'en..leur de mouches des graveurs modernes.
Parmi les plus belles eaux-fortes de Rembrandt, il y
en a qui ont l'air d'être faites avec un bout de bois ou
la pointe d'un clou. Pouvez-vous dire que Rembrandt
ne savait pas son métier ? Bien au contraire, c'est parce
qu'il le possédait à fond, et qu'il savait tout le prix du
travail de la main, qu'on ne trouve pas, s'interposant
entre la pensée de l'artiste et l'exécution, tous ces outils
qui font ressembler l'atelier du graveur moderne à un
cabinet de dentiste.

Moi. — Et le Degas peintre ?

Renoir. — Je viens de voir à une vitrine un dessin
de Degas, un simple trait au fusain, dans un cadre

arrivait avec une recommandation d'un
des vieux amis du peintre, M. de V.....

---

d'or à tuer tout. Mais ce que ça se tenait ! Je n'ai jamais imaginé un plus beau dessin de peintre !

MOI. — Je veux dire, quand Degas emploie la couleur?

RENOIR. — Lorsqu'on voit ses pastels !... Quand on pense qu'avec une matière si désagréable à manier, il a pu retrouver le ton des fresques ! Lorsqu'il a fait son extraordinaire exposition, en 85, chez Durand-Ruel, j'étais en plein dans mes recherches à rendre des fresques avec la peinture à l'huile. Vous pensez si j'étais «épaté» de ce que je voyais là !

MOI. — C'est justement du Degas peintre à l'huile...
Mais Renoir : «Regardez donc, Vollard !»
Nous étions arrivés place de l'Opéra. Me désignant la *Danse de Carpeaux* :

— Mais c'est en parfait était ! Qui donc m'avait dit que ce groupe tombait en ruines ? Remarquez que je ne veux aucun mal à Carpeaux, mais j'aime bien que chaque chose soit à sa place. Que l'on entoure cette sculpture de soins et de vénération, comme tout le monde le réclame, je n'y vois aucun inconvénient, mais à condition qu'on transporte ailleurs ces femmes ivres... La danse que l'on enseigne à l'Opéra a une tradition, c'est quelque chose de noble, ce n'est pas un cancan ... Et on a la chance de vivre à une époque où il existe un sculpteur capable de rivaliser avec les anciens ...

— Maître !...

— Pourquoi Maître? dit Degas, avec cette brusquerie feinte des gens timides.

La dame, sans se démonter, et comme si elle annonçait une nouvelle à laquelle Degas dût être sensible:

MOI. — Mais Rodin vient d'avoir la commande d'un «Penseur». Et le *Victor Hugo?* Et la *Porte de l'Enfer?*...

RENOIR. — Qui donc vous parle de Rodin? Je vous dis le premier sculpteur. Voyons, c'est Degas! J'ai vu de lui un bas-relief qu'il laissait tomber en poussière, c'était beau comme l'antique. Et cette danseuse, en cire... Il y avait là une bouche, une simple indication, mais quel dessin! Malheureusement, à force de s'entendre dire: «Mais vous avez oublié de faire la bouche!»

C'était ce serin de... Je ne peux décidément trouver aucun nom, aujourd'hui... Cet ami de Degas qui fait des femmes nues qui ont l'air d'être moulées sur nature et qui doivent l'être sûrement... Enfin, d'être tellement embêté pour cette bouche, il l'a faite: c'était plus ça! Avez-vous vu l'extraordinaire buste de Zandomeneghi! Degas prétendait toujours qu'il n'était pas terminé, pour avoir un prétexte à le cacher...

— Mon fils fait de la peinture et tellement ‹sincère› devant la nature ...

— Et quel âge a votre fils, Madame?

— Bientôt quinze ans.

— Si jeune et déjà sincère devant la
nature! éclata Degas. Eh bien! Madame,
il est perdu ...

Et quand la dame s'en fut allée dans
l'état de stupéfaction que l'on devine:

Moi. — Mais, monsieur Degas, pour
apprendre son métier de peintre?...

Degas. — Il faut copier et recopier les
maîtres, et ce n'est qu'après avoir donné
toutes les preuves d'un bon copiste qu'il
pourra raisonnablement vous être permis
de faire un radis d'après nature. Est-ce que
Ingres ...

Moi. — Vous avez connu Ingres?

Degas. — J'ai été chez lui une fois.

Je lui avais été recommandé par un de ses
amis. Je n'ai pas besoin de vous dire dans
quel état j'étais!... Vois Ingres! Et voilà
qu'au moment où je le quitte, il est pris
d'un éblouissement. Je fus assez heureux
pour le recevoir dans mes bras.

Moi. — Ingres ne travaillait jamais
dehors, mais Manet ne se mit-il pas à
faire du plein air?

Degas *(agacé)*. — Ne prononcez plus
ce mot de ‹plein air› devant moi. Pauvre
Manet! Avoir peint le *Maximilien,* le *Christ
aux Anges,* et tout ce qu'il a fait jusqu'en
1875, et puis lâcher son magnifique ‹jus
de pruneaux› pour faire le *Linge!*...

Moi. — Comment se fait-il que même
le *Christ aux Anges* n'ait pas trouvé grâce
devant Courbet?

Degas. — Oui, je sais, Courbet disait

que n'ayant jamais vu d'anges il ne pouvait savoir s'ils avaient un derrière et au
surplus qu'étant donné leur taille, ce
n'étaient pas les ailes que leur avait mises
Manet qui pouvaient les porter. Mais je
me f... de tout ça; il y a dans ce *Christ
aux Anges* un dessin! Et cette transparence
de pâte. Ah! le cochon!

*

*   *

Degas n'a jamais attaché aucun prix à
l'argent. On connaît ce mot de lui:

‹De mon temps on n'arrivait pas.›

Et dans la voix perçait comme un regret
que ce temps fût passé.

Au sortir d'une vente où une enchère
sensationnelle avait été portée sur une de
ses toiles:

— Cela vous change, monsieur Degas, du temps où vous vendiez un chef-d'œuvre cent francs, disait quelqu'un.

Degas *(brusquement)*. — Pourquoi chef-d'œuvre?... Si vous saviez comme je regrette ce temps-là! J'étais peut-être déjà le cheval de course sur lequel on misait, mais du moins, je ne le savais pas... Et si mes ‹articles› se mettent à se vendre des prix pareils, qu'est ce que ça va être pour les Delacroix et les Ingres? Je ne vais plus pouvoir m'en payer!

Moi. — Monsieur Degas, cela vous serait si facile d'avoir tout l'argent que vous voudriez! Vous n'auriez qu'à entr'ouvrir vos cartons.

Degas. — Vous savez combien cela m'embête de vendre, et que j'espère toujours arriver à faire mieux.

C'est cette perpétuelle recherche qui explique tous les calques que Degas faisait de ses dessins, ce qui faisait dire au public: «Degas se répète.» Le papier calque servait seulement au peintre de moyen pour se corriger; ces corrections, Degas les faisait en recommençant son nouveau dessin en dehors du premier trait. Ainsi, de corrections en corrections, il arrivait qu'un nu, pas plus grand que la main, était conduit jusqu'à la grandeur nature pour être en fin de compte abandonné.

On connaît le mot de Degas à Manet:

— J'arriverai à l'Institut avant vous, Manet.

Et comme Manet riait:

— Oui, Monsieur! Par le dessin.

Et que dire de l'extraordinaire ton

les pastels de Degas? Le peintre B...
m'avait dit un jour:

— Vous qui connaissez Degas, pourriez-
vous lui demander où il achète ses pastels?
Ma femme croit qu'il a un truc pour obtenir ce ton à la fois mat et éclatant.

Etant allé à quelque temps de là chez
Degas, je le trouvai des crayons de pastel
à la main:

— Quel sacré travail pour enlever la
couleur des pastels; je suis là à les laver,
à les relaver, à les mettre au soleil...

Moi *(désignant un pastel sur un chevalet).*
— Mais alors, ces danseuses qui sont
aussi brillantes que des fleurs?...

Degas. — Comment j'obtiens ça? Avec
le ton «mort», parbleu!...

*
*   *

Degas m'avait dit à plusieurs reprises :
« Vollard, il faut se marier. Vous ne savez
pas ce que c'est que la solitude quand on
vieillit.

Je racontai un jour à Degas une petite
réjouissance à laquelle j'avais été invité en
l'honneur de la fête d'un grand-père. Eh
bien ! on se mit à table à neuf heures passées. On avait oublié de faire au grand-
père sa panade, de sorte que le vieillard
mourait de faim devant un homard à
l'américaine et du foie gras...

DEGAS. — Neuf heures passées !... Et il
y avait des fleurs sur la table, j'en met-
trais ma main au feu !

MOI. — Sur toute la nappe des œillets
piqués debout. On avait reconstitué la décoration florale d'un dîner décrit par Paul
Bourget. Et une des petites filles :

— Comme c'est le jour de ta fête, grand-père, je vais te donner à tenir mes deux petits chiens...

— Oui, fit Degas, mais je crois qu'on pourrait encore davantage s'habituer aux chiens, et, tenez, même aux fleurs sur la table en mangeant, qu'à la solitude... Toujours penser à la mort!...

— Mais vous-même alors, monsieur Degas, osai-je lui demander, pourquoi ne vous êtes-vous pas marié?

— Oh! moi! ça n'est pas la même chose. J'avais trop peur, quand j'aurais fait un tableau, d'entendre ma femme me dire : « C'est bien joli ce que tu as fait là. »

*
*   *

J'ai déjà parlé de la répugnance que Degas avait à laisser sortir la moindre chose de son atelier, avec cette espérance toujours d'arriver à faire mieux. Une autre de ses préoccupations était que l'on changeât ses œuvres de cadre.

Lorsqu'il se laissait aller à se séparer de l'un de ses «articles», comme il disait, c'était tout encadré, ou, s'il se fiait à ce point à l'acheteur qu'il lui remît l'objet sans cadre, il ne manquait pas de recommander : «Allez chez Lézin (l'encadreur à qui Degas faisait confiance), je passerai choisir l'encadrement.»

Il affectionnait pour le passe-partout de ses dessins l'ancien papier d'emballage des pains de sucre d'un si beau bleu et faisait isoler le dessin du passe-partout par un blanc d'un demi-centimètre de

largeur. Il disait toujours: ‹Pas de biseau creux qui coupe le sujet.› Quant à ses cadres, l'un de ses modèles favoris était le cadre ‹crête de coq› aux découpures imitant, comme son nom l'indique, la crête d'un coq et dont il avait dessiné le profil.

C'était lui aussi qui cherchait le ton de ses cadres, se servant des mêmes couleurs que l'on emploie pour peindre les chaises de jardin. Whistler plaisantait Degas: ‹Vos cadres de jardin...›

On peut juger de la colère de Degas si ‹l'amateur›, croyant augmenter la valeur de l'œuvre, substituait à un encadrement cherché avec tant d'amour, une bordure en or. C'était alors la brouille. Degas rendait l'argent et remportait le tableau.

Une fois, entre autres, invité à dîner chez un de ses vieux amis, il ne dépassa pas l'antichambre, ayant aperçu dès l'entrée un de ses tableaux dans un cadre d'or. Degas avait décroché le tableau. Avec une pièce de deux sous, il souleva les pointes qui retenaient au cadre la toile et l'emporta sous son bras.

— Où donc est Degas? s'informa la maîtresse de la maison. C'est bien lui qui est entré tout à l'heure?

On ne le revit plus jamais.

— Fiez-vous donc aux amis! disait Degas.

Et «l'ami» qui s'imaginait que le peintre ne trouvait pas le cadre assez riche:

— Un cadre de cinq cents francs! Qu'est-ce qu'il lui faut donc à Degas?

— Avec M. Rouart au moins, disais-je à Degas, vous êtes sûr que vos tableaux ne changeront pas de cadre.

DEGAS. — Mais il n'y a pas seulement que la question du cadre ! Avant que je laisse sortir quelque chose de l'atelier…

Et M. Rouart, qui n'ignorait pas cette conscience du peintre à vouloir toujours ‹reprendre› un détail dans ses œuvres, même les plus travaillées, avait jugé prudent d'attacher ses fameuses *danseuses* par une chaîne au mur.

— Dites donc, Rouart, il y a là ce pied … Avec une toute petite retouche…

Mais l'autre n'avait nulle inquiétude, sûr de la solidité de la chaîne.

*
* *

Degas avait horreur de la science.

— On ne saura jamais, aimait-il à répéter, tout le mal que la chimie a fait à la peinture.

Voyez cette toile, comme la couleur a craqué; qu'est-ce qu'ils ont bien pu encore avoir fourré là-dedans?

Mais, cette fois, il dut se rendre compte que c'était à lui-même qu'il devait s'en prendre pour avoir peint sur une préparation à la céruse, trop fraîche.

Un autre de ses soucis était la composition du papier sur lequel il faisait ses pastels; sauf que, par sa méthode même de travail (les calques sur calques) ses pastels se trouvaient le plus souvent faits sur papier à calquer. «Une fois collés par Lézin, sur un solide bristol...»

Et la question des fixatifs! Il ne voulait d'aucun des fixatifs que l'on trouve dans le commerce; il leur reprochait de laisser un luisant et aussi de «manger» la couleur. Le fixatif dont il se servait était

composé spécialement pour lui par son ami Chialiva, un peintre de moutons, Italien de naissance, à qui la postérité devra une juste reconnaissance du fait d'avoir aidé à la conservation des Degas. Ajoutons que Chialiva mourut sans avoir livré son secret. Il était d'autant plus nécessaire pour Degas d'avoir un bon fixatif, que ses pastels étant ‹repris› longuement, et devant être fixés avant chaque reprise, il importait d'obtenir une parfaite adhérence entre toutes les couches de couleurs.

*
*   *

On parlait un jour, devant Degas, de la peinture à fresque.

— Ca été le rêve de toute ma vie de

peindre des murs; mais les gens sont trop à la merci d'un bail...

Et même si l'amateur avait son hôtel à lui, Degas se serait méfié qu'une fois la peinture exécutée on la fit transporter sur toile, et, en route chez le marchand.

— Ah, si je pouvais être certain que ma peinture ne monterait pas! Enfin!...

Degas disait aussi que s'il s'était laissé aller à son goût propre, il ne serait pas sorti du noir et du blanc: ‹Mais quand on a tout le monde sur le dos pour vous demander de la couleur!...›

Et, de fait, quand on voit combien pleinement il pouvait se réaliser avec un simple bout de charbon!

A Renoir qui revenait de peindre un portrait à Munich, je demandais ce qui l'avait le plus frappé chez son amateur.

— Il m'est resté dans l'œil un Nu de Degas, un fusain, on ne voyait que cela dans
la pièce, c'était comme un morceau du Par-
thénon.

*
*　　*

J'arrivais un jour comme Degas rangeait
une toile en train :

— On n'en sort pas, avec cette sacrée
peinture à l'huile ! Quelle est la toile idéale ?
Forte, demi-forte, fine ? Et la préparation ?
De la céruse ou de la colle ? Une couche,
deux couches, trois couches ?...

La préparation au minium des anciens
le préoccupait également. Et quand il
s'était bien battu avec sa toile, retournant
à ses pastels :

— Je ne toucherai jamais plus à des
pinceaux !

Puis, comme attiré par tant de difficultés, il revenait à la peinture à l'huile.
Je lui disais un jour :

— Le peintre Y... s'est écrié devant
moi : «Enfin, j'ai trouvé ma manière!»

DEGAS. — Heureusement que moi, je
n'ai pas trouvé ma manière; ce que je
m'embêterais !

*
* *

Quelqu'un que Degas craignait, pour
le moins, autant que le marchand de
couleurs, c'était le rentoileur de tableaux.
Un seul trouvait grâce devant lui : Chapuis,
le Chapuis de la rue Crétet.

Degas était tout ce qu'il y avait de plus
hostile au coup de fer que, dans l'opération
du rentoilage, on donne à la toile pour

la rendre bien unie. Le seul rentoilage qui lui allât était le rentoilage à «l'italienne», parce qu'il n'y a pas de coup de fer.

Je le rencontrais quelquefois chez Chapuis avec son dernier achat d'Ingres ou de Delacroix, et je puis dire qu'il n'en menait pas large pendant que le «médecin des tableaux» examinait la toile.

Degas débutait, péremptoire:

— Bien entendu, c'est un rentoilage à l'italienne.

Il arrivait à Chapuis d'acquiescer; mais d'autres fois:

— Il n'y a pas moyen de l'italienne pour cette toile.

— Et pourquoi? demandait Degas, en feignant la colère.

— Parce que la toile est trop fine, monsieur Degas.

— Voyons, voyons, faisait Degas. Et sa voix cherchait à se faire convaincante, mais Chapuis secouait la tête :

— La toile est bien trop fine, et si je ne la «ramène» pas avec le fer, elle «tricotera» et vous aurez des cloques.

Je racontai à Degas de quelle manière avait opéré devant moi un rentoileur que j'avais connu avant Chapuis. Une toile fine ayant «tricoté», des cloques partout, et l'autre les crevant avec un rasoir... Degas m'arrêta, il souffrait visiblement.

— Enfin, monsieur Chapuis, puisqu'il le faut !

Et il commençait toute une série de recommandations.

— Avez-vous confiance, monsieur Degas? demandait Chapuis?

Et Degas était bien forcé de recon-

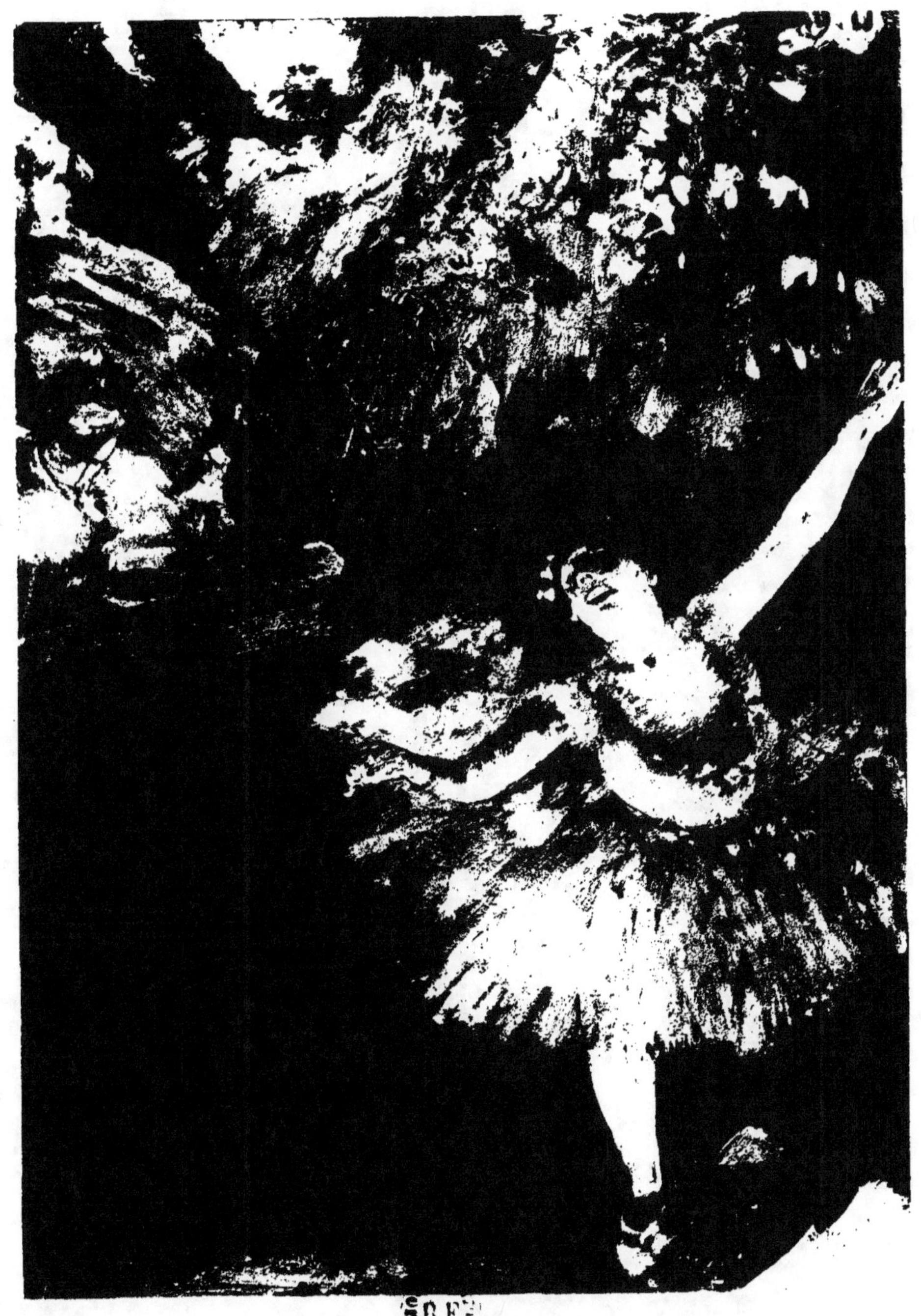

naître qu'il avait confiance... Tout de même, ce sacré coup de fer!...

— Il travaille joliment bien, Chapuis, disait Degas; mais je voudrais que l'on mît un gendarme devant sa porte. Croyez-vous, çet animal d'Henri H... qui lui apportant, un jour que j'étais là, une toile à rentoiler, un buste de femme nue: ‹Je reçois chez moi des dames du monde, dit-il, et j'ai supprimé le ventre qui n'était pas convenable.› A-t-on idée d'un pareil misérable! Dire qu'il n'a pas été arrêté!

— C'était bien? hasardai-je.

Degas. — Non, une toile de ce peintre italien, vous savez, B...(¹) mais on n'a pas le droit, vous entendez, de toucher à l'œuvre des autres!

(¹) Ce n'est pas de Boldini que parlait Degas.

Et ce n'étaient pas là des paroles en l'air.
Un ami de Degas, qui faisait de la sculpture,
M. B..., lui avait fait cadeau d'une *Femme
nue,* un plâtre grandeur nature. Et Degas
de commander aussitôt une vitrine. Il fit
plus, il voulut faire apprécier l'œuvre à
des connaisseurs. Mais comme il la montrait à F... :

— Non, Degas, pas ça, je n'aime pas
la pornographie sérieuse.

Là-dessus Degas s'était tourné vers
Mademoiselle C... comme pour lui demander secours :

— Vous avez beau faire, Degas, si vous
croyez que B... vous pardonne de ne pas
aimer ce qu'il fait !

Et Degas, ingénument :

— Mais je ne le lui ai pas dit !

Avec une telle déférence pour le tra-

vail des autres, on peut imaginer dans quel état on mettait Degas si on touchait à l'une de ses œuvres. Un jour, chez lui, je remarquais au mur une de ses toiles représentant un homme assis sur un canapé et à côté une femme qui avait été coupée en deux dans le sens de la hauteur.

Moi. — Qui a coupé ce tableau?

Degas. — Dire que c'est Manet qui a fait cela! Il trouvait que Mme Manet faisait mal. Enfin... je vais essayer de «rétablir» Mme Manet. Le coup que cela m'a fait quand j'ai revu mon étude chez Manet... Je suis parti sans lui dire au revoir, en emportant mon tableau. Rentré chez moi, je décrochai une petite nature morte qu'il m'avait donnée. «Monsieur, lui écrivis-je, je vous renvois vos *Prunes*.»

MOI. — Mais vous vous êtes remis après avec Manet...

DEGAS. — Comment voulez-vous que l'on puisse rester mal avec Manet? Seulement il avait déjà vendu les *Prunes*. Ce qu'elle était jolie cette petite toile! Je voulais, comme je vous le disais, ‹rétablir› Mme Manet pour lui rendre son portrait, mais à force de remettre au lendemain, c'est resté comme ça...

MOI. — Manet aurait tout aussi bien coupé un Delacroix ou un Ingres?

DEGAS. — Oui, un Delacroix ou un Ingres; il en aurait été bien capable, l'animal! Mais s'il avait fait cela, je crois que je ne l'aurais plus revu.

A quelque temps de là, je rencontrai Degas suivi d'un commissionnaire qui portait sur son crochet une toile de Manet représentant un des personnages d'une *Exécution de Maximilien*, le sergent qui prépare son fusil pour le coup de grâce. Alors Degas:

— Quel malheur, croyez-vous, ils ont osé couper ce tableau! C'est la famille qui a fait ça! Ne vous mariez jamais... J'ai retrouvé ce fragment, mais où sont les autres morceaux?

Degas put remettre la main sur quelques-uns de ceux-ci, et les fit recoller avec le sergent sur une toile en laissant les espaces nécessaires pour recevoir les parties encore introuvables du *Maximilien* (¹).

C'est qu'à côté du Degas peintre, il y

(¹) A la vente de l'atelier Degas, cette *Exécution de Maximilien* a été acquise par la National Gallery de Londres et les morceaux rapportés furent de nouveau séparés.

avait le Degas collectionneur, un collectionneur passionné.

Un soir, à dîner, chez M. Alexis Rouart, celui-ci parlait de dessins d'Ingres qu'il venait d'acquérir chez le père Noisy, un «dénicheur» de premier ordre. Degas est à ce point impatient de voir les dessins, que Rouart se lève de table pour chercher le carton. Et Degas de s'emballer si bien, qu'on lâche le dîner pour courir rue La Fayette où ce Noisy avait sa boutique qui restait ouverte le soir pour les vieux clients. Le rideau baissé, on passait par derrière dans la cour.

*

*   *

LA BOUTIQUE DU PÈRE NOISY

On trouvait de tout, y compris la ‹bonne affaire› dans ces cartons où un Delacroix voisinait avec un Rops.

Noisy disait ‹mes amateurs› comme un père dirait ‹mes enfants›. Et cet intérêt qu'il portait à ses clients, il entendait que ceux-ci ne s'en montrassent pas in dignes.

La pire ingratitude pour le père Noisy, c'était de marchander; il voyait là un manque de confiance.

Avec cela, très ‹arrangeant›. On racontait qu'un peintre à qui le père Noisy avait pris un lot d'études avait mis comme condition que celui-ci nettoierait son atelier avant de partir. Et le père Noisy de prendre le balai et le plumeau… Mais ceci est une autre histoire…

J'étais entré un jour chez le père Noisy, ayant aperçu Degas dans la boutique… Degas regardait des Daumier. A côté de lui un amateur qui «feuilletait» des aquarelles d'Eugène Lami dans un carton, en sortit une.

— N'est-ce pas, monsieur Degas, c'est fait avec des ailes de papillons, comme vous disiez l'autre jour des toiles de Renoir?

Et Degas:

— Renoir, lui, pose les papillons sur sa toile, Lami les y cloue.

Le père Noisy, tout en ayant une oreille tendue à tout ce qui se disait autour de lui, ne cessait de pérorer. Il s'interrompit pour crier après sa femme qui avait fait trop bon marché à un client.

— C'est comme le prix que ma femme a fait l'autre jour pour cette épreuve unique de Rops, vous savez, monsieur Vollard, *Satan ensemençant le monde.*

Pour moi, j'observais sur le trottoir une femme vêtue de noir, tenant un petit panier à la main et qui passait et repassait devant la boutique. A la fin, comme prenant une grande résolution, elle entre.

DEGAS *(la désignant à son voisin).* — Regardez donc... Vous connaissez la lithographie de Forain *Veuve d'artiste?*

La nouvelle venue se dirige vers Noisy qui déjà fronce les sourcils :

— Qu'est-ce que c'est, qu'est-ce que c'est?

MME NOISY *(prenant en pitié la vieille)* à son mari :

— Tu ne reconnais pas cette bonne madame N....

Oui, oui, fit Noisy...

La femme avait murmuré au père Noisy un: ‹Bonne fête›. Elle tendit son petit panier: ‹Ces fruits de mon jardin›, et, sans attendre, elle se retira.

— Tu vois, dit Mme Noisy à son mari; il y a des gens reconnaissants *(S'adressant aux clients.)* M. Noisy n'aime pas qu'on lui rappelle le bien qu'il a fait.

— Allons, fit quelqu'un, racontez-nous votre bonne action, père Noisy.

*
*   *

HISTOIRE DE LA VIEILLE

Et le père Noisy, après avoir lancé à sa femme un regard où il semblait mettre un reproche pour son indiscrétion, commença:

Un jour, je marchais dans la rue, comme ça, quand je vis devant moi une vieille qui portait sous le bras un carton à dessin, comme les cartons de chez Latouche, un marchand de couleurs d'autrefois qui vendait des Corot, des Rousseau, enfin toute l'école de 1830. Je me dis: il doit y avoir là-dedans un tas de bonnes choses. J'aborde la bonne femme:

— Madame, vous n'auriez pas dans ce carton des choses que vous voulez vendre?

— Mais oui, mon bon Monsieur, des choses que mon mari m'a laissées et je n'osais pas entrer dans tous ces beaux magasins.

Pour la mettre à son aise, une fois arrivés à la maison, je l'amène dans la remise où je mets les débarras, elle ouvre son carton, il y avait là une de ces petites collections de gravures... Elle m'en demande trois cents francs et c'était écrit sur sa figure qu'elle aurait bien baissé de moitié. J'ai payé rubis sur l'ongle. Elle me dit qu'elle avait d'autres choses et que si elle pouvait les vendre pour le lendemain, elle éviterait une saisie de ses meubles, des souvenirs de famille...

— Eh bien! que je lui réponds, j'irai voir ça aujourd'hui même.

— Mais c'est dans les environs de Paris, il faut prendre le train.

— Eh bien! Je prendrai le train.

— Vous êtes bon, dit-elle.

Qu'est-ce que je trouve chez cette brave femme, j'étais ébloui...

Il y avait au dos de chaque pièce le prix que son mari les avait payées dans le temps. Je n'ai pas marchandé...

MME NOISY *(aux clients)*. — Il ne vous dit pas tout, il a donné plus qu'on ne lui demandait.

LE PÈRE NOISY *(faisant l'homme gêné)*. — Ça faisait quatre mille neuf cent cinquante-cinq francs; j'ai allongé cinq billets. La vieille pleurait, elle avait saisi mes deux mains:

— Vous êtes mon père et ma mère!

Et vous voyez, elle n'oublie pas que sans moi tout était vendu chez elle... et dans quelles mains serait tombé tout ça? Des gens incapables de les apprécier à leur valeur! A chaque fois que j'y pense, c'est comme si l'on me dévissait la tête!

Enfin, conclut le père Noisy, après cette affaire-là, je pouvais me retirer, si je n'aimais pas tant l'art.

Mme Noisy avait ouvert le petit panier. Sur les fruits un rond de papier au bord dentelé qui représentait des oiseaux se becquetant, et au milieu était écrit en belle ronde, à l'encre bleue: ‹A mon cher bienfaiteur›.

*
*　　*

Comme je sortais avec Degas! ‹Vous avez vu, me dit-il, au moment où vous êtes entré, la scène que Noisy faisait à sa femme parce qu'elle n'avait pas vendu assez cher à un client. Eh bien! tout ça est

combiné entre le mari et la femme. Un jour il ‹attrapait› sa femme, comme tout à l'heure, parce qu'elle m'avait vendu la veille des lithographies de Delacroix trop bon marché. Cela m'embête; la fois suivante, je lui rapporte ses gravures. Entré dans la boutique, j'entends des cris au fond, c'était Mme Noisy qui battait son mari parce qu'il n'avait pas vendu à quelqu'un assez cher. Je compris le jeu du ménage. Le père Noisy est un timide sous ses allures d'avale-tout-cru, et en invectivant contre sa femme il allume le client qui profite de ses sorties pour ‹mettre dedans› la ‹faible› Mme Noisy. Je gardai mes lithos et désormais je n'achetai plus qu'au seul Noisy.

*

*   *

Après sa séance de l'après-midi, à l'époque où le médecin ne lui avait pas encore imposé d'aller prendre l'air, et on a vu comment Degas interprétait cette ordonnance, il descendait rue Laffitte, commençait sa tournée par Durand-Ruel, passait chez les Bernheim Jeune et finissait par chez moi.

Je le vois encore en «arrêt» devant la «montre» des Bernheim. D'un côté de la vitrine, *La Cathédrale de Chartres* et les *Maisons de la Ville de Volterre,* de Corot; de l'autre côté, un *Christ au Tombeau* de Delacroix.

— Qu'est-ce qu'ils peuvent bien demander de ces toiles, voyons Vollard?

J'avouai mon ignorance.

— Mais vous êtes entré tout à l'heure chez les Bernheim, monsieur Degas?

— J'étais bien allé dans l'intention de tâter un peu le terrain; mais, au moment de parler de prix, je n'ai pas osé. Pensez donc, des Corot et des Delacroix pareils, ce n'est pas pour mon fichu nez! J'avais bien envie de proposer un échange de choses de moi au Prince Indien ([1]), mais il n'aurait pas voulu, n'est-ce pas?

— Comment, il n'aurait pas voulu?

Et Degas:

— Eh bien! j'en aurai le cœur net; j'y retourne de ce pas, je vais tenter le coup.

Degas revint un instant après:

— Croyez-vous, ces deux Corot sont vendus de ce matin et pour rien. Ils vont chez Moreau-Nélaton. Tant mieux; eh bien!

([1]) Surnom que Degas avait donné à M. Josse-Bernheim.

moi, je conquerrai le Delacroix. J'ai déjà posé un jalon.

Et Degas finit par l'avoir. J'étais chez lui, pendant le déjeuner, lorsque Zoé arriva essoufflée :

— Monsieur, c'est le Delacroix qui monte !

Et Degas, la serviette au cou, se précipita pour recevoir le Delacroix.

Mais toujours la nouvelle acquisition, une fois bien regardée sous toutes ses faces, était tournée contre le mur.

La jouissance que Degas éprouvait à «retourner» ses trésors, il ne voulait la partager avec personne. Je le vois encore, le dos rond, penché devant un carton entr'ouvert pour en masquer le contenu.

Un jour, on annonce la visite de M. L. D…

— Celui-là, dit Degas, connaît les belles choses; je vais lui en boucher un coin avec une de ces lithos de Delacroix…

Le hasard fit que M. L. D… venait précisément pour demander à Degas de laisser photographier cette même litho qu'il savait être en sa possession.

— Pourquoi faire? interroge Degas.

Et l'autre:

— Mais pour la reproduire…

Et, pensant ‹avoir› Degas:

— On n'en connaît que deux épreuves et la seconde est introuvable.

Alors Degas:

— Ah! l'autre épreuve est introuvable! Moi, j'ai mis vingt ans, Monsieur, pour trouver ce Delacroix… Que les autres en fassent autant.!

Et M. L. D…, tentant sa dernière chance:

— Mais, monsieur Degas, tout le monde a droit à l'art.

— Ce que je m'en moque, riposta Degas, de ce droit que vous donnez à tout le monde ! Mon Delacroix ne sortira pas de ce carton.

Et lorsque M. L. D... fut parti sans même avoir vu le Delacroix :

— Ma parole, Vollard, vous verrez qu'on en arrivera à promener les Raphaël et les Rembrandt sur les grands chemins parce que tout le monde a droit à la beauté ! (¹)

*
*   *

(¹) On sait qu'une proposition de loi a été naguère déposée tendant à rendre les musées ambulants.

Je rencontrai un jour Degas qui descendait d'un tramway:

— A chaque fois que j'entre là-dedans... Je viens encore de voyager entre deux gredines qui, en plus d'énormes bottes de fleurs, portaient des chapeaux ornés d'épingles longues comme des épées. Et la façon dont l'une d'elles m'a attrapé, après qu'elle eut manqué de me crever un œil...

— Si vous étiez décoré, monsieur Degas, elles auraient été certainement plus polies...

Degas me regardait avec une réelle stupéfaction.

— Tenez, lui dis-je, en lui indiquant un monsieur en train de pisser contre la fontaine de la place Pigalle: pensez-vous que ce particulier-là ferait ce qu'il fait avec un agent dans le dos, s'il ne portait pas le ruban rouge?

Degas secoua la tête:

— Ce qu'il a ‹pris›, Mallarmé, quand il est venu chez moi, envoyé par Roujon pour me demander si je ne voudrais pas être décoré... S'il n'y avait pas eu la table entre nous deux...

— Mais, continuai-je, quand vous ne serez plus...

DEGAS. — Ah! la mort! je pense tout le temps à la mort; qu'est-ce qu'il y a encore derrière ça?

MOI. — Monsieur Degas, je suis sûr que ça se passera très bien. C'est toujours là où l'on croit voir le plus de mystère...

Un jour, je vais mettre à la poste un pneumatique. Au bout d'un moment, étant

rentré à mon magasin, je vois le pneumatique sur ma table!

Tout saisi, je retourne à la poste. Je
rentre un instant après, je retrouve encore le pneu. Un ami arrive sur ces entre-
faites, je lui raconte la chose; nous allons
mettre le pneu ensemble, et tout de suite
nous revenons au magasin. A peine y
étions-nous que la porte s'ouvre; on entend un «Ne dérangez pas»; c'était mon
pneumatique qui revenait porté par un
petit télégraphiste: «Voilà la troisième
fois que je rapporte ici ce pneumatique
qui ne peut pas être distribué parce qu'il
est à destination de Meudon.» Vous voyez,
monsieur Degas, devant les faits en apparence les plus troublants...

Degas. — Vous, c'est vous; moi, c'est
moi...

Moi. — Monsieur Degas, avec la façon dont on répète les choses, ce serait bien étonnant si, plus tard, on ne racontait pas que votre plus grand chagrin était de ne pas être décoré.

A cette idée qu'on imaginerait jamais qu'il eut pu demander une décoration, Degas éclata de rire.

Dois-je dire qu'à l'exposition de ses œuvres qui suivit la mort du peintre, j'entendis un monsieur penché vers son voisin :

— Ce pauvre Degas, Tirard (¹) m'a toujours dit que son plus grand chagrin était de ne pas être décoré !

*
* *

______

(¹) Tirard, ancien Président du Conseil des Ministres.

Avec cette répugnance que Degas avait à ‹poser› devant le public on peut imaginer l'accueil qu'il fit à M. Sacha Guitry venant lui demander de le ‹prendre› pour le cinéma.

M. Sacha Guitry ne parvint pas à s'expliquer comment Degas lui refusait ce qu'il avait obtenu sans aucune difficulté de Renoir. C'est que Renoir ne savait pas dire non.

Mais l'auteur de *l'Illusionniste* avait plus d'un tour dans son sac. Il avait trouvé le peintre qui se disposait à sortir; il l'attendit sur le trottoir qui est à tout le monde. Quelques instants après, on pouvait voir un attroupement derrière un appareil de ciné. C'était M. Sacha Guitry qui ‹tournait› Degas.

*
* *

Vers la fin de sa vie, Degas avait délaissé l'omnibus; il faisait de longues promenades à pied, ne se lassant pas de marcher. C'était là le signe caractéristique d'une maladie de vessie; il s'en montrait de plus en plus préoccupé.

A un modèle qui venait se présenter, au lieu du traditionnel « Déshabillez-vous », le peintre, qui avait à la main son bol de tisane de queue de cerises, tout machinalement:

— Comment pissez-vous? Moi je pisse très mal et mon ami Z . . aussi.

Un soir rencontrant boulevard des Italiens Degas qui allait se coucher, je lui proposai de l'accompagner. Degas demeurait près de la place Clichy. Avec ce besoin d'être toujours sur ses jambes, il me fit faire le tour par la Bastille. Le long

du trottoir, Degas s'arrêtait devant les enseignes des magasins, devant les pancartes collées sur les devantures, puis vous regardait d'un air questionneur. Alors on lui lisait : *Chaussures de Limoges, Ribby habille mieux, Poule au gibier*...

Il arrivait à Degas de faire une halte à un café qui était au bas de sa demeure et où, devant un lait chaud, il passait de longs moments à observer les joueurs de billard. Quand ceux-ci tardaient à venir, il s'approchait de la caissière :

— Eh bien, vos joueurs de billard?...

Un jour que je l'avais accompagné au café et que les joueurs de billard étaient à leur poste :

— On m'appelle le peintre des danseuses, on ne comprend pas que la danseuse a été pour moi un prétexte à peindre de

jolies étoffes et à rendre des mouve-
ments...

Par contre, les gestes où Degas ne trouvait pas son affaire de peintre... Dans un
salon, une dame, assise en face de lui, les
jambes croisées, agitait son pied sans
s'arrêter. Degas semblait mal à l'aise. Tout
à coup, avec l'agilité d'un jeune homme,
il se précipita comme s'il allait se jeter aux
genoux de la dame déja souriante, mais
qui tout de suite sursauta en poussant un
cri. Son «adorateur» avait emprisonné dans
sa main le pied qui remuait:

— Laissez ça tranquille, vous me faites
tourner le cœur!

Une autre fois, étant à dîner chez un
ami, comme celui-ci voulait prendre la son-
nette, il lui arrêta le bras:

— Que voulez-vous faire?

— Mais, sonner la bonne.

— Pourquoi sonner?

Au bout d'un moment.

— La bonne ne vient donc pas?

— Elle attend que je la sonne.

— Moi, je ne sonne pas Zoé.

*

*   *

Quand Degas ne vit plus assez pour peindre, il lâcha la peinture pour la sculpture.

On lui a même prêté ce mot: ‹Il faut que j'apprenne un métier d'aveugle.› On oubliait que de tout temps il avait aimé modeler, que notamment à l'Exposition universelle de 1878 avait été exposée sa fameuse *Danseuse à la robe de tulle*.

Mais toutes ses sculptures restaient à l'état de cires et de terres :

— C'est trop de responsabilité de laisser derrière soi quelque chose en bronze, cette matière qui est pour l'éternité !

Degas mit sur le chantier un grand nombre de statuettes, et c'est à peine si, de son vivant, une ou deux furent moulées, et en plâtre seulement. Un jour, il m'avait dit d'une *Danseuse* qui en était à sa vingtième transformation :

— Cette fois, je la tiens. Encore une ou deux petites séances, et Hébrard (c'était le nom du fondeur) pourra venir.

Le lendemain, je trouve la danseuse revenue à l'état de boule de cire. Devant mon étonnement :

— Vous pensez surtout, Vollard, à ce

que ça valait, mais m'auriez-vous donné un chapeau plein de diamants que je n'aurais pas eu un bonheur égal à celui que j'ai pris à démolir ça pour le plaisir de re-commencer.

Sa peinture n'était pas davantage à l'abri de la destruction. Je me rappelle notamment un *Atelier de modistes* dont Mlle Cassatt m'avait dit:

— Si jamais vous pouvez retrouver ce tableau, je connais un Américain qui le paierait n'importe quel prix.

Un jour, chez Degas, je tombe sur cette même toile. Je lui répète ce que m'avait dit Mlle Cassatt.

Alors Degas:

— C'est bien tentant; je pourrais avec cet argent me payer un Delacroix que je guigne depuis longtemps; mais il y a décidément dans cette toile quelque chose qui ne me va pas.

Et, prenant un pinceau, il barbouilla un des personnages.

*
* *

Un coup terrible pour Degas, dans les dernières années de sa vie, ce fut son départ forcé de la rue Victor-Massé, la maison qu'il occupait depuis plus de vingt-cinq ans faisant partie d'un pâté d'immeubles livrés aux démolisseurs.

Il dut chercher longtemps avant de trouver un nouveau logis et finit par prendre un appartement inconfortable dans un immeuble du boulevard de Clichy. Il ne voulait pas d'une maison avec calorifère; le

mot seul de ‹confort moderne› le mettait hors de lui.

— Comprenez-vous, ces pièces où il fait une chaleur égale partout! Moi, quand j'ai envie de me chauffer, je vais près de la cheminée; quand je n'ai plus froid, je m'en éloigne.

Cette conversation avait lieu dans sa ‹salle à manger d'hiver›, une petite pièce au plafond bas, tout contre la cuisine, et dont la cheminée ne tirait pas.

Il y avait là l'actrice Ellen André ([1]) dont Degas appréciait le talent au point qu'il lui arrivait, pour la voir jouer, de descendre jusqu'aux théâtres des Boulevards; le théâtre de prédilection de Degas était le théâtre Montmartre où il allait avec Renoir et Zamdomeneghi.

([1]) On sait qu'Ellen André, autrefois, posa pour Degas.

Donc Degas, qui ne s'était pas aperçu que la cheminée renvoyait la fumée :

— Ce qu'on est bien ici, n'est-ce pas Ellen ?

*

* *

Peu après avoir déménagé, vers 1912, Degas cessa tout travail. Il entendait de plus en plus difficilement et ses yeux lui refusaient presque tout service ; je le vois encore traversant la rue au bras d'un sergent de ville.

Il ne pouvait plus proprement voir que pour certaines choses.

Quand on se servait à table :

— Prenez garde, vous allez faire une tache sur la nappe.

Ou bien encore quand il était malade et qu'on venait près de son lit :

— N'approchez pas, vous allez remuer mon lit!

Toujours comme perdu dans un songe, il s'informait:

‹Eh bien! cette guerre?› du même ton qu'il disait à Zoé: ‹Eh bien! cette camomille?›

Son indifférence à tout s'étendait à sa propre personne. Un jour qu'avec un feutre hors d'usage et une pèlerine luisante, vieillard au collier de barbe inculte, il était entré dans un débit de tabac, la buraliste lui tendant un petit paquet:

— Prenez ça, mon brave.

Mais quelle impression de noblesse émanait de cet extérieur de vieux pauvre! On aurait dit un de ces hommes de jadis descendu de son cadre de musée, un portrait de l'Ecole Italienne: Degas avait des ascendants italiens et, avec l'âge, il était retourné au type napolitain.

Les journées de Degas se passaient maintenant à errer dans Paris, sans but; toujours ses pas le ramenaient devant sa maison en démolition. Les derniers plâtras enlevés, des planches dressées en bordure le long du trottoir, on pouvait voir un vieillard regardant, à travers les fentes de la palissade, un terrain nu...

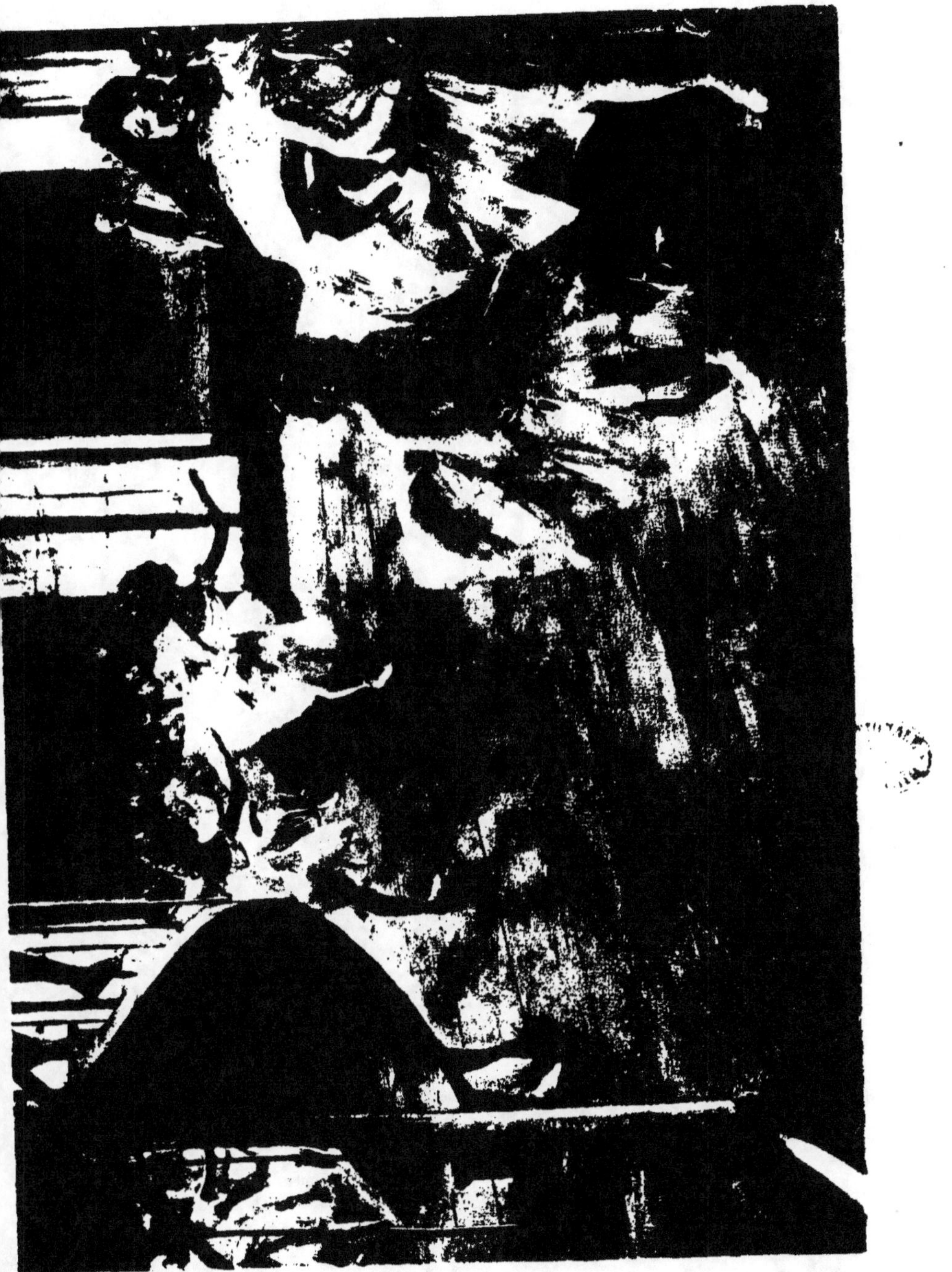

TABLE DES ILLUSTRATIONS

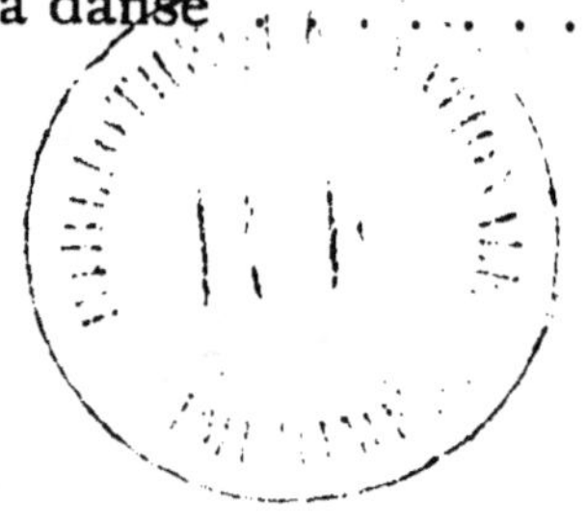

IMPRIMERIE:

DIETSCH & BRÜCKNER, WEIMAR

Toutes les reproductions faites ici
de l'œuvre de Degas nous ont été
obligeamment communiquées par
MM. Durand-Ruel que nous te-
nons à remercier particulièrement.

www.ingramcontent.com/pod-product-compliance
Lightning Source LLC
LaVergne TN
LVHW021706060726
842527LV00003B/1020

LES
IMPOTS SUR LES SPECTACLES

DROIT DES PAUVRES — TAXE D'ÉTAT
TAXE MUNICIPALE

par

GEORGES PILLU
Chef du Service du Droit des Pauvres à l'Assistance Publique de Paris

et

HENRI BÉCHET
Docteur en Droit

PARIS

LIBRAIRIE DALLOZ
11, RUE SOUFFLOT, 11

1928

LES IMPOTS
SUR LES SPECTACLES

LES

IMPOTS SUR LES SPECTACLES

DROIT DES PAUVRES — TAXE D'ÉTAT
TAXE MUNICIPALE

par

GEORGES PILLU

Chef du Service du Droit des Pauvres à l'Assistance publique de Paris

et

HENRI BÉCHET

Docteur en Droit

PARIS
LIBRAIRIE DALLOZ
11, RUE SOUFFLOT, 11

1928

BIBLIOGRAPHIE

Bonnassies. — Les spectacles forains et la Comédie française, 1873.

Dalloz. — Répertoire pratique de législation, de doctrine et de jurisprudence, t. XII, 1926. V° Théâtre-Spectacle.

Dufour. — Le recouvrement du droit des pauvres, 1913.

Félix. — Droit des pauvres (in : Vie communale et départementale, juillet-août 1926).

Hourcade. — Manuel encyclopédique des contributions indirectes et des octrois, 3° édition, 1925.

Nielly et Seigneur. — Le droit des pauvres, 1903.

Rosier. — Traité théorique et pratique de législation fiscale, t. II. Contributions indirectes, 1926.

Vivien et Blanc. — Traité de la législation des théâtres, 1830.

Worms. — Le Droit des pauvres sur les spectacles, théâtres, bals, concerts, en France et à l'Etranger, 1900.

INTRODUCTION

Le droit des pauvres n'est plus actuellement le seul impôt auquel soient assujettis les spectacles. L'introduction, en 1916, d'un impôt d'Etat, la faculté donnée aux communes de percevoir une taxe municipale ont créé une législation nouvelle et modifié, en bien des points, la réglementation plus que séculaire du droit des pauvres.

L'imprécision ou l'insuffisance des textes législatifs, les difficultés qu'a toujours rencontrées la perception d'un impôt pourtant si légitime ont suscité une œuvre jurisprudentielle importante.

Textes, réglementation, jurisprudence sont épars ; et trouver en cette matière le document ou le renseignement utile est presque aussi difficile au juriste qui veut s'éclairer, qu'au professionnel qui cherche à appliquer exactement la loi, ou au redevable qui désire connaître ses obligations et leurs limites.

Nous avons pensé qu'il pouvait être opportun, au moment où la législation et la jurisprudence paraissent à peu près fixées, de recueillir et de grouper la documentation concernant les trois impôts sur les spectacles.

L'ouvrage comporte deux parties.

Dans la partie théorique, nous rappelons les principes sur lesquels se fonde l'impôt, et nous examinons dans quelle mesure la législation et la jurisprudence y sont restées fidèles.

Dans la partie pratique, nous basant sur les textes et sur la jurisprudence qui a prévalu, nous nous bornons à fournir au lecteur le renseignement qui peut lui être utile.

Pour faciliter les recherches, nous avons adopté, dans cette seconde partie, la forme pratique de la nomenclature alphabétique, avec des références assez nombreuses pour qu'une question particulière puisse être examinée à la fois rapidement et complètement.

PREMIÈRE PARTIE

TRAITÉ THÉORIQUE

TITRE PREMIER

NOTIONS GÉNÉRALES

CHAPITRE PREMIER

HISTORIQUE

L'impôt sur les spectacles est né, dans notre pays, en même temps que les spectacles eux-mêmes.

Dans les siècles de foi, où l'on croyait au rachat des péchés par l'aumône, il devait paraître légitime de demander à ceux qui venaient chercher un plaisir au spectacle, plaisir qui pour les âmes innocentes n'était pas toujours innocent, de consacrer au soulagement des pauvres une partie de leurs dépenses.

Bien qu'aux considérations uniquement religieuses se soient peu à peu substituées des considérations morales, le caractère primitif de l'impôt sur les spectacles n'en a guère été modifié : son affectation exclusive à l'entretien des indigents, des malades et des infirmes, demeure, en effet, une application du principe moderne de la solidarité sociale.

Au traditionnel « Droit des pauvres » est venue se superposer récemment une taxe nouvelle d'ins-

piration toute différente : le législateur désireux
d'améliorer la situation embarrassée des finances
publiques, a pensé qu'il serait à la fois légitime et
commode, de demander aux spectateurs des théâtres
et divertissements, le surcroît de ressources alors
indispensable ; c'est donc le souci, de l'équilibre
budgétaire, qui est à l'origine de la contribution nouvelle.

L'historique de l'impôt sur les spectacles peut se
diviser en trois parties correspondant à des époques
bien tranchées : après avoir examiné le système
aujourd'hui disparu de l'ancien régime, il con-
viendra d'étudier la genèse du Droit des pauvres
pendant la période révolutionnaire, puis celle de la
Taxe d'Etat née des circonstances que la guerre
de 1914-1918 a provoquées.

SECTION I

Taxes de l'ancien régime.

C'est au début du xv⁰ siècle, que l'on trouve en
France le premier texte associant les malheureux
aux bénéfices des représentations théâtrales.

En 1407, en effet, une ordonnance de Charles VI (1)
enjoint : aux ménétriers appelés dans les noces

1. Durieu et Roche, Répertoire des établissements de bienfaisance ; Blanche, *Dictionnaire général d'administrations*, v° *Droit
des pauvres*.

« d'y quêter pour l'hôpital Saint-Julien ». Il s'agit
alors d'une contribution purement volontaire.

Puis un arrêt au Parlement de Paris, du 27 janvier 1541, permet aux confrères de la Passion de
commencer la représentation de leurs mystères avant
la fin des vêpres mais « à cause que le peuple sera
« détourné du service divin, et que cela en diminuera
« les aumônes, Charles Roger et consorts, maîtres
« et entrepreneurs de jeux et mystères de l'Ancien
« testament, bailleront aux pauvres la somme de
« mille livres tournois, sauf à ordonner plus grande
somme (1) ».

Il faut cependant attendre jusqu'au début du
XVIIIᵉ siècle, pour trouver une législation d'ensemble,
instituant au profit des pauvres, un droit propor-
tionnel au prix d'entrée dans les spectacles. Une
ordonnance royale de Louis XIV, en date du 25 février 1699, décide d'attribuer aux malheureux :
« quelque part aux profits considérables qui revien-
« nent des opéras de musique, et des comédies qui
« se jouent à Paris par sa permission » : il est prescrit : « Qu'il sera perçu au profit de l'Hôpital général
« un sixième en sus des sommes qu'on reçoit à pré-
« sent et que l'on recevra à l'avenir pour l'entrée
« aux dits opéras et comédies... pour servir à la
« subsistance des pauvres (2) ».

1. Salva, *Les Bureaux de Bienfaisance en France*, p. 41 ; Poc-
quet, *Essai sur l'Assistance publique*, p. 350.
2. Vivien et Blanc, *Législation des théâtres*, nᵒ 147 ; Léon Say,
Dictionnaire des finances, t. I, p. 1550.

Cet impôt, cependant si légitime, ne cessera pas, au cours de l'ancien régime, de susciter des contestations et des protestations.

Très rapidement les comédiens, après avoir étudié et commenté l'ordonnance de 1699, estimèrent que la perception ne devait être faite sur le montant des recettes, qu'après déduction des frais de toutes sortes. Cette interprétation étant manifestement contraire à la volonté royale, une ordonnance fut prise en 1701 pour préciser la nature de l'impôt (1) : « Sa Majesté a ordonné et ordonne que doré-« navant, il sera payé au Receveur de l'Hôpital « général, le sixième de toutes les sommes qui seront « reçues, tant par ceux qui ont le privilège de l'opéra, « que par les comédiens de Sa Majesté, lequel « sixième sera pris sur le produit des places desdits « opéras et comédies, sans aucune diminution ni « retranchement sous prétexte de frais ou autrement. »

Les comédiens supportaient déjà malaisément ce droit d'un sixième, qu'ils jugeaient trop lourd, lorsqu'en 1716 on vint encore en accroître le taux. Les administrateurs de l'Hôtel-Dieu obtinrent au bénéfice de leur hôpital, un prélèvement d'un neuvième « par augmentation sur l'ancien prix des places » (2).

La superposition des deux taxes aboutissait ainsi au taux de 5/18 en sus du prix des places.

Les directeurs de théâtres, dont la situation finan-

1. Code de l'Hôpital général, v° *Spectacles* ; Delamare, *Traité de police*, t. I, p. 477.

2. Ordonnance du 5 février 1916 ; Isambert, *Anciennes lois françaises*, t. XXI, p. 79.

cière n'était guère brillante, formèrent alors un recours au Conseil du roi, en vue d'obtenir la défalcation des frais, de chaque représentation. Bien que
leur requête fût manifestement contraire aux textes
en vigueur, le Conseil leur donna néanmoins satisfaction.

Mais les administrateurs des hospices intéressés,
s'étant plaints à juste titre de cette décision, une
nouvelle ordonnance royale, datée du 4 mars 1719
décida « que le neuvième et le sixième continueront
« d'être perçus au profit des deux hôpitaux sans au-
« cune diminution ni retranchement sous prétexte
« de frais d'aucune sorte » (1).

La cause semblait définitivement entendue : le
principe admis aujourd'hui, suivant lequel la taxe
frappe le spectateur, et non pas l'entrepreneur en
raison des bénéfices qu'il peut faire, était nettement
affirmé.

Une nouvelle ordonnance de police vient encore
en 1720 préciser la nature de l'impôt (2) : « leur
« prétention [celle des directeurs de théâtres] est
« manifestement contraire aux termes des dites let-
« tres patentes et ordonnances et ne peut d'ailleurs
« avoir aucune apparence de justice, puisque le
« sixième et le neuvième en sus étant perçus par
« augmentation sur ceux qui entrent à l'Opéra et
« aux Comédies, les directeurs de l'Opéra et les
« Comédiens reçoivent pour leur compte les mêmes

1. Code de l'Hôpital général. V. *Spectacle*.
2. *Idem*.

« sommes qu'ils recevaient précédemment, sans au-
« cune diminution, et sur lesquelles ils étaient obli-
« gés de payer les mêmes frais auxquels les spec-
« tateurs sont nécessairement assujettis. »

Malgré leur position très forte, au point de vue
des principes, les hôpitaux furent cependant amenés
à composer par la suite avec les prétentions des
comédiens, énergiquement soutenus par la Cour :
c'est ainsi que les directeurs de l'Opéra, et de l'Opéra-
Comique furent autorisés à prélever 600 francs chaque jour pour leurs frais avant d'acquitter le neuvième
de l'Hôtel-Dieu. Cette concession ne suffit pas à
apaiser ces comédiens qui s'efforcèrent encore par
mille moyens d'éviter le versement intégral des
sommes mises à leur charge.

En 1732 de telles difficultés s'élevèrent, que le
lieutenant général de police, prescrivit de faire assurer la perception du droit par des agents des
administrations hospitalières, placés à l'entrée des
différents spectacles.

Un calme relatif permit alors d'obtenir un recouvrement régulier jusqu'en 1749. Mais à cette date
les comédiens prenant prétexte de la conception uto-
pique de d'Argenson qui se proposait de supprimer
le paupérisme en transportant les pauvres aux colo-
nies, refusèrent purement et simplement de délivrer
aux hôpitaux les sommes qui leur étaient dues; A
cette prétention inadmissible, les administrations
hospitalières répondirent en invoquant les arguments
traditionnels, qui ervent encore aujourd'hui à dé-

fendre le principe même du droit des pauvres (1) : « Le
« quart qui appartient aux hôpitaux, n'est point une
« distraction faite sur l'ancien produit des spectacles,
« c'est une augmentation établie directement en fa-
« veur des pauvres, et qui n'a diminué en aucune fa-
« çon les droits des comédiens. Ils n'ont donc rien à
« revendiquer. L'objet et les motifs de cette aug-
« mentation en ont fait supporter sans peine l'établis-
« sement ; le public le regarde comme une aumône
« qu'il répand volontiers dans le sein des pauvres
« verrait-il avec la même satisfaction dépouiller les
« hôpitaux du produit de cette aumône pour enri-
« chir les comédiens. »

Bien que les comédiens aient été nettement con-
damnés ils soulevèrent des incidents de procédure
si nombreux, que les administrations hospitalières,
lassées de ces procès continuels, conclurent en 1762
avec les principaux théâtres un abonnement de neuf
années (2). Cette combinaison leur était avantageuse,
l'Opéra, la Comédie française et italienne se résignè-
rent à accepter le principe de l'impôt et acquittèrent
désormais régulièrement les sommes mises à leur
charge.

La résistance acharnée que les comédiens oppo-
sèrent si longtemps à la perception du droit, donne
une idée exacte de l'extrême impopularité de l'impôt,
chez les organisateurs de spectacles. Les doléances
des comédiens, soutenues par maints personnages

1. *Inventaire de l'Hôtel-Dieu*, XX, p. 451.
2. Bonnassies, *Spectacles forains et Comédie française*.

de la Cour, friands de spectacles, mirent souvent en échec, les prescriptions royales. Et si les grands théâtres de Paris finirent par observer, sans contestations, le régime qui leur était imposé, il n'en fut pas toujours de même pour les entreprises nouvelles qui se multiplient à la fin du xviiie siècle.

Ces spectacles de création récente sont placés sous le contrôle exclusif du lieutenant général de Police, et c'est par son intermédiaire que les administrations hospitalières s'efforcent de faire respecter leurs droits. Si elles n'obtiennent pas toujours satisfaction, elles jouissent cependant d'une certaine liberté dans le choix du mode de perception applicable aux différents spectacles : on sait déjà que les bureaux hospitaliers avaient abonné en 1762 les théâtres royaux, mesure qui ne fut d'ailleurs maintenue qu'en faveur de l'Opéra. Quant aux autres établissements de plaisir, les délibérations annuelles des Conseils hospitaliers nous apprennent que leur régime n'est pas uniforme : « les théâtres forains sont « imposés, mais peuvent bénéficier parfois d'une « exonération — une concession est faite à Nicolet « — la Redoute chinoise est abonnée » etc.

Aussi, à la fin du xviiie siècle, les difficultés et les protestations soulevées par la perception avaient perdu beaucoup de leur acuité : grâce à la souplesse du régime appliqué par les hôpitaux, le recouvrement se faisait dans de bonnes conditions et assurait aux malheureux des ressources régulières et importantes.

SECTION II

Le « Droit des Pauvres ».

C'est au moment où l'impôt commençait à être perçu d'une façon très satisfaisante, que la tourmente révolutionnaire vint lui porter une atteinte redoutable.

Au lendemain de la fameuse nuit du 4 août, un décret des 4-6 août 1789 (1) supprime les dîmes et redevances établies en faveur des gens de mainmorte : on voulait ainsi faire disparaître tout vestige de l'ancien régime. Cependant, en raison de son utilité particulière, l'impôt sur les plaisirs devait continuer à être perçu, jusqu'à ce qu'il eût été pourvu d'une autre manière au soulagement des pauvres.

L'année suivante, un décret des 16-24 août 1790 (2) règlemente l'organisation des spectacles : ceux-ci sont « autorisés et surveillés par les municipalités « qui doivent donner les permissions ou confirmer « la jouissance des directeurs actuels pour le temps « qui leur restait à courir, à charge d'une redevance « envers les pauvres ». Ce texte un peu vague, incite les directeurs de spectacles à recommencer contre l'impôt qui les frappe, la campagne traditionnelle. Dès le mois d'août 1790, un certain nombre de

1. Dalloz, Répertoire, v. *Théâtres*, n° 115.
2. Lacan et Paumier, *Législation des théâtres*, p. 167.

théâtres refusent purement et simplement le paiement du droit ; cette attitude en 1791, est devenue
générale.

Les Administrations hospitalières, malgré toute
l'activité qu'elles déploient, ne peuvent obtenir de
résultats sérieux. Cette fâcheuse situation est dé-
peinte dans un mémoire reproduit dans une délibération du Bureau de l'Hôtel-Dieu du 23 juin 1790 (1)
« Les droits des pauvres sur les spectacles sont
« chaque jour menacés d'une diminution considé-
« rable, et semblent même marcher vers leur ané-
« antissement. Si cependant, il existe une propriété
« sacrée et un droit respectable, c'est cette rétribu-
« tion qui n'est prise que sur un objet de luxe, et
« sur le superflu des citoyens. »

Malgré cette véhémente protestation, le droit des
pauvres devait légalement disparaître quelques
mois après. En effet, le décret des 13-19 janvier
1791 (2), qui proclamait la liberté des entreprises
théâtrales, et les affranchissait de tout contrôle, ne
mettait à leur charge aucun versement en faveur
des malheureux. Cette situation qui risquait d'entraîner la disparition des œuvres d'assistance, ne
devait pas heureusement se prolonger longtemps.
Quelques théâtres ayant pris l'habitude de donner
périodiquement des représentations au bénéfice
des pauvres, cette pratique fut généralisée, et rendue obligatoire par un arrêté de l'an IV : les entre-

1. *Documents pour l'histoire des hôpitaux*, II, 274.
2. *Bulletin des lois*, II, p. 845.

preneurs de spectacles étaient tenus de donner
chaque mois une représentation, dont les bénéfices
nets, après défalcation des frais, étaient versés à
la caisse des hospices. Une pareille mesure, n'était
cependant pas de nature à donner réellement satisfaction aux représentants des pauvres : les fraudes
étaient nombreuses, et le produit de l'impôt dimi-
nuait à mesure que s'accroissaient les recettes des
théâtres. Le régime de l'an IV, tout à fait impuis-
sant à soulager efficacement les misères que la
Révolution avait aggravées, ne subsista pas longtemps.

En l'an V, Darracq proposa au Conseil des Cinq-
Cents, de rétablir l'impôt sur les spectacles au profit des indigents. Quelques jours après, le Directoire
déposa un projet de même nature, qu'il motiva par
d'excellentes raisons : « La saison rigoureuse
« s'avance ; les besoins de l'indigence vont s'aug-
« menter avec elle, et la diminution des travaux,
« moins multipliés que pendant les beaux jours,
« affaiblira les ressources des familles laborieuses.
« Néanmoins ce temps, le plus dur à passer pour
« ceux qui ne peuvent que gagner leur pain du jour,
« est le temps des plaisirs pour les personnes favo-
« risées de la fortune.

« Le Directoire exécutif a pensé qu'il serait aussi
« juste qu'humain de tirer parti de cette dernière
« circonstance pour venir au secours de ceux que
« leur invalidité ou le manque d'ouvrage mettraient
« dans le besoin ; une légère augmentation du prix

« des billets d'entrée aux spectacles, dans toute
« l'étendue de la République, procurerait une
« somme assez considérable, pour aider à remplir
« un objet aussi sacré » (1).

Le projet fut adopté : la loi du 7 Frimaire de l'an V,
contient les dispositions suivantes qui sont encore
aujourd'hui à la base de notre Droit des pauvres.

Article premier. — « Il sera perçu un décime par
« franc, en sus du prix de chaque billet d'entrée pen-
« dant six mois, dans tous les spectacles où se donnent
« des pièces de théâtre, des bals, des feux d'artifice,
« des concerts, des courses et exercices de chevaux
« pour lesquels les spectateurs paient. La même per-
« ception aura lieu sur le prix des places louées
« pour un temps déterminé.

Art. 2. — « Le produit des recettes sera employé à
« secourir les indigents qui ne sont pas dans les
« hospices. »

Etabli seulement pour six mois, l'impôt fut prorogé par diverses lois, parmi lesquelles, celle du
8 Thermidor de l'an V, qui, en apportant deux modifications importantes, au texte primitif, présente un
intérêt particulier : désormais deux tarifs différents
sont applicables suivant les cas ; d'autre part, ce
ne sont plus seulement les bureaux de bienfaisance,
qui bénéficient du produit de l'impôt, les hospices
sont également admis à y participer.

A partir de l'an V la perception de la taxe est

---

1. *Moniteur* du 14 Brumaire de l'an V.

prorogée par des lois successives jusqu'en 1809, où un décret en date du 9 décembre, rend le Droit des pauvres permanent et définitif. Les lois de finances, depuis 1817, autorisent en outre, chaque année, la perception de cet impôt, au profit des établissements communaux d'assistance.

La législation fut complétée par : la loi du 16 juillet 1840 (art. 9) concernant les concerts quotidiens, par celle du 3 août 1875 (art. 22) relative aux concerts non quotidiens, et enfin par les lois du 25 juin 1920, et 31 juillet 1920, qui, en organisant la taxe de l'Etat, précisent ou modifient certains points de la réglementation du Droit des pauvres.

SECTION III

Taxe d'Etat et taxes municipales.

La déclaration de guerre, en 1914, a entraîné la fermeture immédiate de tous les théâtres et autres établissements de spectacle : la mobilisation de la plus grande partie de leur personnel en rendait, en effet, l'exploitation malaisée, mais surtout l'angoisse était alors si générale que personne ne songeait à fréquenter les lieux de distraction et de divertissement.

Au bout de quelques mois cependant, les hostilités se prolongeant plus longtemps qu'on ne l'avait d'abord pensé, la plupart des établissements de spectacle ouvrirent à nouveau leurs portes, au début de l'hiver 1914-1915.

Cette réouverture un peu hâtive, fut subordonnée, à Paris, par le Préfet de Police, au versement en faveur des œuvres de guerre, de 5 % de la recette nette des théâtres. Des exonérations abusives ayant été accordées par l'Administration, le ministre préféra supprimer cette taxe proportionnelle, et la remplacer par des sommes forfaitaires mises à la charge des différents établissements de spectacle, et variables suivant leur importance.

Cette obligation leur était d'ailleurs légère, et ne les empêchait pas de réaliser des recettes appréciables.

Une partie de l'opinion publique, estimant que cette prospérité des établissements de spectacle, était alors quelque peu choquante, on en vint à l'idée de les assujettir à une taxe spéciale, indépendante du Droit des pauvres, et dont le Trésor serait le seul bénéficiaire.

MM. Jobert et Turmel déposèrent à la Chambre le 2 mars 1916 une proposition de loi dans ce sens, qui fut discutée à la fin de la même année (20, 21, 22 décembre). Les arguments invoqués étaient surtout d'ordre sentimental : « Cette proposition nous « a été surtout dictée, dit M. Jobert, par une consi-« dération morale. Au moment où toute la nation « se bat, où toute la France est angoissée, nous « aurions désiré qu'on fermât les établissements de « plaisir. Du moins ceux qui veulent s'amuser ont « le devoir de payer ; s'ils ne peuvent échapper à ce

« besoin scandaleux d'aller se distraire en ce
« moment, ils paieront le double... »

Malgré l'opposition de certains députés qui insis-
tèrent sur les charges déjà très lourdes supportées
par les théâtres, le texte fut néanmoins voté ; c'est
l'article 13 de la loi du 30 décembre 1916, qui fut
appliqué jusqu'à la loi du 25 juin 1920 ;

Art. 13. — « Il est institué sur le prix des places de
« théâtre, concerts, cinématographes, et autres
« lieux de spectacles, une taxe spéciale... »

Le tarif était établi comme suit, pour les théâtres :

0 fr. 10 par place jusqu'à 1 francs ;

0 fr. 25 par place de 1 fr. 05 à 8 francs ;

0 fr. 50 par place au-dessus de 8 francs.

Des tarifs plus élevés étaient appliqués aux music-
halls.

Enfin les cinémas devaient verser une portion de
leurs recettes variant de 5 % à 20 % suivant leur
importance.

De sérieuses critiques pourraient être adressées
au texte de 1916 : Il visait tous les « lieux de spectacle », mais sans préciser leur nature, et sans indiquer le tarif qui leur était applicable ; il y avait là
une imprécision très défavorable aux intérêts du
Trésor. D'autre part, le système qui ne proportion-
nait pas le montant de l'impôt au prix de la place
et qui aboutissait à frapper d'un droit égal, deux
billets de prix très différents par exemple 1 fr. 50
et 8 francs était illogique et rudimentaire.

L'impôt ne pouvait subsister sous cette forme :

aussi lorsqu'en 1920 on s'efforça d'accroître les ressources du Trésor, eut-on l'idée de réorganiser l'impôt sur les spectacles, afin de le rendre à la fois plus rationnel, et plus productif.

C'est au cours de cette année 1920 que la nécessité de faire un gros effort fiscal, est apparue, comme particulièrement impérieuse : l'Etat s'était trop longtemps procuré les ressources nécessaires, en recourant abusivement aux procédés de Trésorerie : un rigoureux équilibre budgétaire était indispensable à la stabilité économique du pays.

Si M. François Marsal qui fut l'instigateur de cette œuvre de restauration financière, eut le grand mérite de faire voter en 1920 la création de nouveaux impôts très productifs tels que la taxe sur le chiffre d'affaires, il s'efforça également d'obtenir par une réorganisation judicieuse, un rendement meilleur de certains impôts déjà existants.

C'est ainsi que la taxe sur les spectacles, hâtivement étudiée en 1916, fut l'objet d'une refonte intégrale : la loi du 25 juin 1920 en fixe, dans des conditions nouvelles, l'assiette, les tarifs et les modalités de la perception.

La même loi, s'efforçant de porter remède à la situation financière embarrassée de nombreuses communes, les autorise à établir une taxe additionnelle à l'impôt d'Etat.

L'article 92 contient les dispositions essentielles :

« L'article 13 de la loi du 30 décembre 1916 est « remplacé par les dispositions suivantes :

« Sauf les exceptions prévues à l'article 93 ci-
« après, il est institué sur les spectacles, et autres
« attractions ou divertissements assimilés une taxe
« dont le tarif est fixé comme il suit :

1° « Théâtres, cafés-concerts, concerts sympho-
« niques, cabarets d'auteurs, dioramas, panoramas,
« phonographes, orchestres mécaniques, musées de
« cire, séances de prestidigitation, d'hypnotisme,
« cirques, ménageries et tous autres spectacles,
« attractions, exhibitions, jeux et amusements assi-
« milables, auxquels le public est admis moyennant
« paiement, salons et expositions diverses, bals de
« société, bals forains ou occasionnels :

« 6 % des recettes brutes, déduction faite du
« droit des pauvres et de toute autre taxe commu-
« nale établie par la loi.

« 2° Music-Halls. courses vélocipédiques. pé-
« destres, nautiques, matches d'escrime et de billard.

« 10 % des recettes brutes.

« 3° Cinématographes :

« Tarif progressif suivant l'importance des re-
« cettes brutes mensuelles :

« 10 %   15 %   20 %   25 %

« 4° Dancings, bals, skatings, matches de lutte,
« courses de taureaux, tirs aux pigeons, combats de
« coqs. Thés-concerts, soupers-concerts, thés-dan-
« cings, dîners-dancings, soupers-dancings, et tous
« autres établissements similaires, quel que soit ce
« mode d'exploitation.

« 25 % du prix des places ou entrées et de toutes
« ces recettes effectuées.

« . . . .

« (Alinéa 15). Les communes sont autorisées à
« percevoir des taxes municipales dont les tarifs
« devront être approuvés par le préfet, sur les ciné-
« mas et les établissements publics où l'on joue de
« la musique, et où se donnent des représentations
« théâtrales.

« . . . . »

L'article 93 détermine les exemptions et réductions que comporte la taxe.

L'article 94 concerne les modes de recouvrement,
les poursuites et les sanctions.

L'article 95 établit un régime spécial aux courses
de chevaux.

L'article 96 assimile, à certains points de vue, le
droit des pauvres à la taxe d'Etat.

Quelques lois et décrets vinrent ensuite modifier
ou préciser sur certains points de détail le texte fon-
damentale de 1920 ; ce sont :

La loi du 31 juillet 1920 (art. 39), le décret du
5 août 1920, le décret du 29 juin 1921, la loi du
31 décembre 1921 (art. 40), celle du 30 juin 1923
(art. 38, 39, 40), le décret du 11 mai 1923, les lois du
13 juillet 1925 (art. 98) et du 19 décembre 1926
(art. 45-46).

L'ensemble des textes législatifs sur la matière a
été codifié par le décret du 28 décembre 1926 (art. 88
et suiv.) ; cette codification semble indiquer que l'or-

ganisation de l'impôt d'Etat sur les spectacles, a reçu sa forme définitive ; on verra, cependant, qu'elle comporte encore des lacunes et des imperfections, que l'on retrouve également à propos du Droit des pauvres, bien que ce dernier existe depuis plus d'un siècle.

ronle

CHAPITRE II

RÉGIME ACTUEL
COMPARAISON DES TROIS IMPOTS
SUR LES SPECTACLES

Il résulte de l'historique esquissé au cours du chapitre précédent, que les spectacles et les divertissements assimilables, après n'avoir supporté pendant longtemps que le seul Droit des pauvres, sont, en outre, passibles aujourd'hui, de la taxe d'Etat créée par la loi du 25 juin 1920, et parfois de la taxe municipale additionnelle, prévue par le même texte.

Bien que les trois impôts sur les spectacles concernent des collectivités différentes, et qu'ils alimentent les budgets respectifs des établissements communaux d'assistance, de l'Etat, et des municipalités, ils présentent des caractères communs, nombreux et remarquables, qu'il importe de bien mettre en lumière ; nous indiquerons ensuite les différences de régime que l'on a cependant entendu conserver entre les deux législations (La taxe municipale étant une simple taxe additionnelle à l'impôt d'Etat, c'est ce dernier seul que nous aurons l'occasion de comparer avec le Droit des pauvres).

SECTION I

Caractères communs.

La loi du 25 juin 1920, dans ses articles 92 et 96, et la loi du 31 juillet 1920 (art. 39) ont réalisé expressément une assimilation parfaite de l'impôt d'Etat, et du Droit des pauvres, pour tout ce qui concerne les modalités de la perception, le recouvrement et le contentieux. Mais nous pensons en outre qu'il y a, entre les deux impôts, identité de matière imposable et que cette identité, si elle ne résulte pas explicitement des textes, est tout à fait conforme à l'esprit de la législation nouvelle.

Deux méthodes ont été suivies pour assimiler les deux impôts quant à leurs modalités de perception : d'une part certaines règles empruntées à la législation de l'an V ont été appliquées à la taxe d'Etat ; d'autre part, des dispositions nouvelles sont venues modifier le régime primitif du Droit des pauvres.

Il est un principe essentiel du Droit des pauvres, que l'on retrouve également depuis 1920 à la base de la nouvelle taxe sur les spectacles, c'est celui de la perception « en sus du prix des places », posé par la loi du 7 frimaire an V dans son article 1er.

Cette disposition présente un intérêt particulier, car elle fait apparaître la volonté formelle du législateur révolutionnaire, de frapper le spectateur lui-même et non pas l'entrepreneur de spectacle, ce dernier étant considéré comme le collecteur de l'im-

pôt, et non comme le vrai redevable. Un arrêté du
29 frimaire de l'an V le déclare explicitement « à
« compter du jour de la modification du présent
« arrêté, les directeurs, administrateurs et entrepre-
« neurs de tous spectacles… seront tenus, confor-
« mément à la loi du 7 frimaire dernier, de perce-
« voir, au profit des indigents, un décime par franc
« en sus du prix des places. » Sans aller jusqu'à
considérer le directeur comme un comptable de
deniers publics, on peut affirmer que le seul contribuable est ici le spectateur : c'est ce qu'a voulu
marquer le législateur de l'an V en prescrivant que
la perception se ferait « en sus du prix des places ».
Il ne faisait d'ailleurs que reprendre, le principe
traditionnel, maintes fois exprimé au cours du
xvIII^e siècle par des ordonnances royales successives.

C'est la même conception dont on s'est inspiré en
1916 et en 1920 lors de l'établissement des nouveaux impôts sur les spectacles. Le législateur s'est
contenté de généraliser la formule de l'an V en disposant, dans l'article 39 de la loi du 31 juillet 1920
que « le Droit des pauvres, les taxes municipales et
« l'impôt d'Etat sur les spectacles sont perçus en
« sus du prix des places ».

Ce texte est d'autant plus intéressant qu'il édicte
une règle toute différente de celle qu'a adoptée,
pour la taxe sur le chiffre d'affaires, la loi du 25
juin 1920. Bien que cette dernière taxe, en effet,
doive, dans l'esprit du législateur, frapper l'ache-

teur et non pas le commerçant, c'est ce dernier qui
est tenu de verser au fisc, une portion du montant
des recettes qu'il a réalisées. On ne fait pas ici la
discrimination des sommes versées par l'acheteur,
à titre du prix de la marchandise, et à titre d'impôt.
De sorte que le commerçant, s'il ne veut pas supporter une partie de l'impôt, doit se livrer à un calcul, que trouve tout fait l'entrepreneur de spectacle,
pour déterminer la somme qu'il convient d'ajouter
au prix qu'il aurait vendu son produit, s'il avait été
exempt d'impôt. Si par exemple ce prix eût été de
100 francs, il ne suffirait pas, bien que le taux de
l'impôt soit de 1%, d'augmenter le prix de 1 franc, car
le commerçant aurait à payer l'impôt sur 101 et non
sur 100, soit 1,01 ; il n'encaisserait à titre personnel que 101-1,01 = 99,99, moins par conséquent
qu'auparavant. Pour que l'acheteur supporte intégralement l'impôt, il faut que le prix nouveau soit
fixé à 101,0101... La somme mise à la charge du
redevable (1,0101...) n'est donc pas déterminée
directement par la loi ; elle résulte d'un calcul qui,
par sa complication même, risque de ne pas toujours
assurer l'incidence exacte de la taxe telle que l'a
voulue le législateur.

En ce qui concerne les impôts sur les spectacles
au contraire, on a entendu déterminer de la façon
la plus nette le montant de la somme supplémentaire, mise à la charge du spectateur. Le prix des
places étant de 100 et le tarif de 10 p. 100 en sus, le
spectateur devra payer 100 + 10 = 110. C'est la

contribution du spectateur que l'on a fixée, et non pas la portion des recettes totales que l'entrepreneur devra verser au fisc (cette portion étant en l'espèce de $\frac{10}{110}$ ou $\frac{1}{11}$).

Si ce principe essentiel de la perception en sus du prix des places est emprunté à la législation du Droit des pauvres, celle-ci en revanche a été largement modifiée par les textes nouveaux relatifs à l'Impôt d'Etat, et aux taxes municipales.

C'est ainsi que le deuxième alinéa de l'article 96 de la loi du 25 juin 1920 bouleverse les principes concernant le recouvrement du Droit des pauvres, et son contentieux : au lieu d'être effectué, comme auparavant dans la forme des Contributions directes « le recouvrement des droits sera opéré comme en « matière de Contributions indirectes ; les contra- « ventions seront constatées, et les poursuites « exercées suivant les formes propres à cette Admi- « nistration qui, en cas de contravention commune, « sera exclusivement chargée du soin de transiger « ou de poursuivre ».

D'autres modifications ont été apportées en 1920 à la législation du Droit des pauvres : On a pensé à cette époque, qu'il était tout à fait légitime de taxer les billets de faveur, et, comme il ne résultait pas des termes des lois de l'an V que cette règle fut applicable au Droit des pauvres, on jugea bon, en 1920, de réaliser sur ce point l'assimilation des deux impôts. (Cette disposition nouvelle, confirme

au surplus, de façon indiscutable le principe, que
la règle de la « perception en sus du prix des places,
nous a précédemment permis d'établir : en cas de
billets gratuits, le redevable est nécessairement le
spectateur seul ; on ne pourrait concevoir que la
situation soit différente en cas d'entrée payante).

Quelques règles de moindre importance, ont été
également déclarées applicables, aussi bien au Droit
des pauvres, qu'à la taxe d'Etat. Il en est ainsi
notamment des dispositions relatives aux cartes
d'abonnement, et aux droits de fourniture et de
location, substitués ou joints obligatoirement au
prix d'entrée.

Cette uniformisation des modalités de perception
entre les deux impôts, résulte d'un principe général
que pose l'article 96 de la loi du 25 juin 1920
modifié par l'article 39 de la loi du 31 juillet « la
« perception du Droit des pauvres, au profit des
« Etablissements d'Assistance publique, est effec-
« tuée dans les conditions de l'article 92 de la loi
« du 25 juin 1920 ».

On voit que le législateur de 1920, en donnant à
la taxe d'Etat certains caractères du Droit des pauvres,
et en soumettant par contre ce dernier impôt à des
règles nouvelles applicables à la taxe, a déjà manifesté clairement son intention d'en faire deux impôts
jumelés qui ne différeraient guère que par le but à
remplir, et par la caisse à alimenter.

Aussi n'est-ce pas seulement par les modalités
de perception, le recouvrement, et le contentieux

que l'assimilation est établie : le législateur est allé
bien plus loin dans cette voie. C'est la matière
imposable elle-même qu'il identifie, c'est l'assiette
de l'impôt qu'il uniformise.

Aucun texte de loi, à la vérité, ne le dit expressément, mais cela ressort de façon très nette, et
de la comparaison des textes de loi sur les deux
impôts, et des exposés des motifs qui en ont précédé
le vote, et des commentaires par voie de circulaires
qui les ont suivis.

De tous ces documents se dégage nettement ce
principe que la matière imposable est la même,
et que cette assiette, c'est purement et simplement
le plaisir que va prendre le spectateur « dans les
« fêtes où il est admis en payant ».

Comme celui de l'an V, le législateur de 1916 et
de 1920 n'a pas d'autre préoccupation que de frapper
le plaisir sous toutes ses formes, dans toutes ses
manifestations.

En 1916 et 1920 comme en l'an V les mêmes causes
produisent les mêmes effets. Il semble que les
grandes crises devraient amener, pour de longues
années, les peuples à se recueillir, à panser leurs
plaies, à réparer les pertes subies par un travail
acharné et une économie rigoureuse. C'est le contraire qui se produit. A l'issue d'un terrible drame
comme la Terreur, ou la guerre mondiale, par une
sorte de réaction de la nature qui tend à s'épanouir
après les angoisses supportées, le besoin de plaisirs
et de distractions devient impérieux et général :

l'argent est dépensé sans compter, les divertissements les plus onéreux sont les plus recherchés.
Cet oubli des jours de malheur, cette indifférence
à la détresse des infortunés qui ont tout perdu, font
une impression pénible sur ceux qui ont conservé
le sentiment de la solidarité. Comme d'autre part,
les caisses de l'Etat, ruiné par la Révolution ou la
guerre, sont vides, il est naturel, il est légitime que
l'on dise aux enrichis qui veulent jouir de leur
richesse « Soit ! prenez du plaisir, mais payez ! »

Cette similitude de l'assiette des deux impôts,
le plaisir, une simple lecture des lois du Directoire,
et de celles de 1920 nous la révèle déjà.

Les deux lois du 7 frimaire et du 8 thermidor de
l'an V sont fort brèves : une rapide énumération des
principaux spectacles, est suivie d'une formule générale, imprécise et vague. Ces deux textes visent
nommément « les théâtres, bals, feux d'artifices,
« concerts, courses et exercices de chevaux » ; ils
soumettent également à l'impôt les autres fêtes où
« l'on est admis en payant ».

La loi du 25 juin è920, donne, également, une
énumération des manifestations soumises à la taxe,
et l'on y retrouve les spectacles visés par la loi de
l'an V, c'est-à-dire les théâtres, bals, concerts et
courses de chevaux. Les deux listes ne sont pas, il
est vrai, identiques ; celle de 1920 est beaucoup plus
longue et détaillée, mais ce fait s'explique aisément.
La loi détermine plusieurs catégories de spectacles
soumises à des tarifs différents ; aussi importait-il

de bien préciser la composition de chacun de ces
groupes, si l'on voulait éviter des difficultés continuelles. Le Droit des pauvres, au contraire, frappant
d'un taux uniforme tous les spectacles, à l'exception des seuls théâtres qui bénéficiaient d'un tarif
de faveur, la nécessité d'une énumération détaillée
ne se faisait pas dès lors sentir. Ainsi la liste des
spectacles assujettis à la taxe d'Etat ne fait-elle,
semble-t-il, que reproduire en la développant et en
la complétant celle que les législateurs de la Révolution avaient établie en l'an V.

Mais l'analogie des deux législations ne s'arrête
pas là : en 1920, comme sous le Directoire, on a
pensé qu'il n'était pas possible d'énumérer tous les
spectacles passibles de l'impôt, et qu'il fallait éviter
les omissions éventuelles au moyen d'une disposition générale, laquelle est ainsi conçue : «...et tous
« autres spectacles, attractions, exhibitions, jeux et
« amusements assimilables auxquels le public est
« admis moyennant paiement ». Ici, encore, la formule
de l'an V «...et autres fêtes où l'on est admis en
payant » a été reprise et développée.

Il semble que le législateur de 1920 ait eu constamment sous les yeux les textes relatifs au Droit
des pauvres.

Si le rapprochement des textes de lois pouvait
laisser quelque doute sur l'identité de l'assiette des
deux impôts, les travaux préparatoires le lèveraient
aussitôt.

« L'hiver est le temps des plaisirs pour les per-

« sonnes favorisées de la fortune, lit-on dans les con-
« sidérants de la loi de l'an V (1). Le Directoire a pensé
« qu'il serait aussi juste qu'humain de tirer parti de
« cette dernière circonstance pour venir en aide aux
« indigents. »

Ne ressort-il pas de là, jusqu'à l'évidence, que c'est
le plaisir qu'on a voulu taxer ? et n'est-ce pas la
même préoccupation que traduit le Rapporteur général de la Commission des finances de 1920 lorsqu'il
déclare (2): « Doivent payer l'impôt toutes les mani-
« festations de luxe, toutes les manifestations de
« la vie heureuse », et lorsqu'il précise : « nous de-
« mandons que l'impôt s'applique à tous les spec-
« tacles, à toutes leurs recettes ».

Mais c'est surtout dans l'exposé des motifs de la
loi du 25 juin 1920 que se révèle directement, la
volonté manifeste des auteurs de cette loi, de donner
la même assiette aux deux impôts. Le ministre
énonce ce principe en termes formels : « Etant donné
« que le Droit des pauvres, et la taxe d'Etat, sont per-
« çus dans les mêmes établissements, *que le fait*
« *générateur de l'impôt est le même pour les deux*
« *taxes*, que d'une façon générale le même agent per-
« çoit simultanément les deux impôts, il a paru que
« dans un but de simplification et d'uniformité, il y
« avait lieu d'assimiler les deux droits, d'une part en
« autorisant la perception du Droit des pauvres sur
« les entrées de faveur à tarif réduit, d'autre part, en

1. *Moniteur* du 14 Brumaire de l'an X.
2. Séance du 21 avril 1920. Chambre des députés.

« décidant que le recouvrement serait opéré, les con-
« traventions constatées, et les poursuites exercées
« comme en matière de Contributions Indirectes ».
Pourquoi le ministre propose-t il de modifier ainsi
certaines règles du Droit des pauvres ?, il le dit
explicitement : afin de réaliser, dans la perception,
l'unité que commande logiquement l'identité des
faits générateurs des deux impôts, l'identité de
matière imposable.

Quant aux circulaires qui ont suivi immédiatement la promulgation, de la loi du 25 juin 1920, elles
proclament de même cette identité, de la façon la
plus formelle.

La première, et la plus importante, celle du 9 août
1920 (1), postérieure de six semaines seulement à
la mise en vigueur de la loi, et rédigée sous l'inspi-
ration des auteurs mêmes de la loi, s'exprime en
effet très nettement. Après avoir rappelé l'assiette
extrêmement large de la taxe d'Etat, elle déclare
que : « Le Droit des pauvres s'applique d'une manière
« générale à tous les spectacles pour lesquels l'impôt
« d'Etat est exigible ». Et, comme si le rédacteur craignait de n'avoir pas assez clairement établi le principe de l'assimilation des deux impôts, au point de
vue de l'assiette, il ajoute « les bases sur lesquelles
« le Droit des pauvres est perçu sont les mêmes que
« celles sur lesquelles porte l'impôt d'Etat ».

Après cette affirmation si catégorique, il serait
inutile de citer la seconde circulaire, celle du 30 sep-

1. *Direction générale des Cont. Indirectes*, nº 1161.

tembre 1920 (1), si elle ne révélait, une fois de plus, la pensée du ministre des Finances, lequel, ne l'oublions pas, fut l'inspirateur de la loi de 1920.

« D'accord — dit le ministre de l'Intérieur — avec « mon collègue M. le ministre des Finances, j'estime « que les communes peuvent établir des taxes sur « tous les spectacles, dont les recettes sont déjà « soumises à l'impôt d'Etat et au Droit des pauvres. »

Peut-on marquer mieux l'identité de l'assiette pour les deux, et même pour les trois impôts ?

Et cependant, la Chambre civile de la Cour de cassation, sans tenir compte des textes, a déclaré péremptoirement dans un arrêt du 13 juin 1925 (*D. H.* 25, p. 485) que « L'impôt d'Etat et le Droit « des pauvres, sont des impôts distincts, régis par « des textes et des principes différents ».

Il est surprenant que cette affirmation catégorique ne s'accompagne d'aucune précision, et que la Cour n'ait pas même tenté, dans le reste de l'arrêt, de déterminer quels sont ces principes et en quoi ils diffèrent ; la Cour suprême demeure absolument muette, quant à cette explication essentielle, sans laquelle sa déclaration initiale, reste purement platonique et verbale.

Pourquoi d'ailleurs ces principes seraient-ils différents ? L'identité d'assiette entre les deux impôts, que nous croyons avoir établie au point de vue juridique, d'une façon indiscutable, s'impose d'ailleurs

1. *Bulletin officiel du Ministère de l'Intérieur*, 1920.

au simple bon sens, comme seule logique et ration
nelle.

Lorsqu'en 1920, la situation financière a nécessité
la création de nouvelles ressources fiscales, on a
pensé, tout naturellement, à frapper d'abord ceux
qui consacrent au plaisir une partie de leur fortune,
à ceux-là mêmes qui, depuis plus d'un siècle, paient
l'impôt pour aller au spectacle (en prenant ce mot
dans son acceptation la plus large).

On ne peut concevoir la raison pour laquelle on
aurait voulu faire, à cette époque, une distinction
entre ces deux impôts.

L'affirmation positive de cette identité ne résulte-
rait-elle pas des textes et documents auxquels nous
nous sommes référés, que la logique de ce principe
formerait déjà notre conviction sur ce point.

Pour quels motifs la Cour s'est-elle prononcée en
sens contraire ? Elle n'en donne qu'un « la loi
« de 1920 n'a pas modifié la nature du droit, et
« n'édicte d'assimilation entre le Droit des pauvres
« et la taxe de l'Etat, qu'en ce qui concerne la spé-
« cification des recettes et l'attribution du recou-
« vrement des droits et des poursuites à l'Adminis-
« tration des Contributions indirectes ».

L'argumentation de la Cour est d'une logique tout
à fait contestable. Parce que l'article 96 décide que
le Droit des pauvres sera perçu dans les mêmes
conditions que la taxe (ce que la Cour appelle la spé-
cification des recettes) et que, d'autre part, le recouvrement en sera opéré comme en matière de Contri-

bution, indirectes, la Cour en conclut que c'est par ces deux côtés seulement qu'il y a similitude.

Mais c'est la conclusion exactement contraire qu'il faut en tirer.

Le législateur de 1920, estimant que ces deux impôts, assis sur les mêmes bases, devaient être soumis aux mêmes règles, décide que les modalités de perception de la nouvelle taxe, ainsi que celles du recouvrement et du contentieux s'appliqueraient également désormais au Droit des pauvres.

Bien loin de restreindre l'assimilation à ces deux points, il la complète, au contraire, en supprimant les différences qui sur ces deux points, existaient entre la Taxe et le Droit.

L'article 96 maintient toutefois une différence importante, que la Cour passe sous silence : « La « perception du Droit des pauvres, reste fixée aux « tarifs indiqués par ces lois (lois de l'an V et postérieures) ». Soulignons qu'il a bien soin de marquer cette différence. Qui ne voit que c'eût été tout à fait inutile si l'assimilation n'avait porté que sur ces modalités de perception et de recouvrement ? Il était évident, en effet, que si le Droit des pauvres et la taxe n'avaient que ces deux points communs, les tarifs restaient différents ; au contraire, une assimilation de principe existant entre ces deux impôts, on pouvait supposer qu'elle s'étendait aux tarifs, et il était prudent dès lors, de préciser que le Droit des pauvres conservait ses anciens tarifs.

On voit que l'argument de la Cour de cassation

se retourne en réalité contre elle, et que les dispositions de l'article 96, éclairant la question d'un jour très vif, impliquent nettement, en effet, que la taxe d'Etat et le Droit des pauvres ont bien la même assiette.

L'arrêt de la Chambre civile n'a d'ailleurs pas fixé la jurisprudence d'une façon définitive : on verra, dans le titre quatrième de cette étude, consacré spécialement au Droit des pauvres, que des décisions récentes se rallient, malgré l'autorité de la Cour suprême, à la seule conception rationnelle et juridique, celle de l'unité de matière imposable.

SECTION II

Caractères différents.

S'il y a entre les deux impôts, identité de l'assiette et des conditions de perception, on n'est pas allé cependant jusqu'à assimiler entièrement le Droit des pauvres à la taxe d'Etats : les tarifs ne sont pas les mêmes, et les exonérations ou réductions prévues par la loi de 1920, ne sont applicables qu'à l'impôt d'Etat.

La comparaison des textes de l'an V et de 1920, établit que les tarifs restent distincts dans les deux cas : au surplus, l'article 96 de la loi du 25 juin, précise, on l'a vu, qu'il n'est apporté à cet égard aucune modification à la législation primitive du Droit des pauvres.

On avait cependant songé, en 1919, à modeler exactement l'impôt sur la taxe nouvelle : les tarifs auraient été les mêmes en principe ; c'est ce que révèle une lettre du préfet de la Seine au ministre de l'Intérieur en date du 17 juin 1919 : « La même « base de perception étant admise pour les deux « taxes, il ne semble pas que la même proportion-« nalité puisse être admise dans tous les cas. La « taxe d'Etat est progressive : elle part de 10 % et « atteint 25 % lorsque le chiffre mensuel des recettes « dépasse 100.000 francs. Etablir rigoureusement « un Droit des pauvres égal et pareillement progres-« sif, ce serait grever cette catégorie d'établissement « d'un impôt pouvant atteindre 50 % de la recette. « Il paraîtrait donc équitable que le taux de départ « fut maintenu sans distinction pour les cinémato-« graphes, comme il l'est d'ailleurs pour tous les « autres établissements. Ce ne serait là qu'une atteinte « légère au principe général de l'assimilation des « deux taxes ».

Lors de la rédaction du projet de loi, on estima qu'il était préférable de continuer à appliquer au Droit des pauvres, les tarifs primitifs fixés par les lois de l'an V.

A cette importante différence subsistant entre les deux impôts, il faut en joindre une autre qui résulte des articles 93 et 96 de la loi du 25 juin, et 39 de la loi du 31 juillet 1920.

Le premier de ces textes prévoit, en effet, de nombreuses réductions et exonérations applicables à la taxe d'Etat ; or, l'article 39 de la loi du 31 juillet indiquant que « la perception du Droit des pauvres, « est effectuée dans les conditions de l'article 92, « de la loi du 25 juin 1920 », il en résulte certainement que l'article 93 ne concerne pas le Droit des pauvres (1).

On comprend d'ailleurs aisément que la taxe d'Etat ne soit pas toujours perçue avec la même rigueur que le Droit des pauvres : la différence d'affectation du produit des deux impôts, légitime en effet, la différence de régime établie par la loi de 1920.

Le Droit des pauvres, est une des plus importantes ressources des Etablissements communaux d'Assistance ; c'est lui surtout qui permet d'entretenir les indigents, les malades, les vieillards et les infirmes (2). L'intérêt des bénéficiaires paraît si respectable, qu'il semble à peu près impossible de réduire le produit d'un impôt aussi nécessaire à la santé physique et morale d'un pays : le législateur de l'an V a pensé, dès lors, qu'aucune exonération n'était justifiable, et que les spectateurs des théâtres et autres fêtes devaient toujours contribuer à sou-

1. Il est inutile de faire observer que cette différence, ne porte aucune atteinte à la théorie de l'identité de matière imposable : la loi peut exonérer certaines manifestations qu'elle estime particulièrement intéressantes, sans que cette faveur modifie le caractère général de la taxe : l'assiette d'un impôt, et les exemptions légales qu'il peut comporter sont deux choses absolument distinctes.

2. Le Droit des pauvres a fourni à Paris, pendant l'année 1926 la somme de : 53.889.492 francs.

lager l'infortune des malheureux. Cette considération d'ordre moral exigeait une perception tout à fait générale du Droit des pauvres.

La taxe d'Etat créée en 1920 se présente au contraire, dans des conditions très différentes : elle ne comporte aucune affectation spéciale, et doit seulement procurer au Trésor les ressources que nécessite l'équilibre du budget. Il est dès lors, naturel que le gouvernement étudie les répercussions possibles de la taxe, et qu'il prenne les mesures que commande la sauvegarde de l'intérêt général : c'est ainsi qu'il y aura lieu d'exempter de la taxe, les spectateurs de certaines manifestations particulièrement dignes d'être encouragées.

Ces exonérations sont d'autant plus nécessaires, que la taxe d'Etat se superpose au Droit des pauvres, et qu'il peut en résulter un impôt assez lourd, pour détourner le public, de spectacles ayant parfois une utilité générale certaine.

TITRE DEUXIÈME
LA TAXE D'ÉTAT

CHAPITRE PREMIER
ASSIETTE ET QUOTITÉ

L'étude des travaux préparatoires de la loi de 1920, et la comparaison du nouvel impôt avec le Droit des pauvres, ont permis d'établir, au cours du chapitre précédent, que la taxe d'État avait une assiette extrêmement large. Il semble en effet qu'en 1920, comme en l'an V, le législateur ait entendu frapper tous les plaisirs que les spectacles ou les divertissements quelconques procurent au public.

Si tel est effectivement le but de l'impôt, on pourrait s'étonner que la loi de 1920 contienne des énumérations longues et détaillées au lieu de formuler une disposition très générale.

Les précisions que donnent les textes, sont cependant indispensables : le législateur s'est proposé, en effet, de ne pas faire supporter indistinctement les mêmes charges au public, quels que soient les spectacles ou divertissements auxquels il assiste ; la loi de 1920 tient compte de leur caractère plus ou moins

artistique, moral ou luxueux, et établit en conséquence des tarifs différents.

Cette discrimination qui paraît fort légitime, a
fait cependant l'objet de certaines critiques : le principe en serait forcément arbitraire ; au surplus le
rôle moralisateur assumé par l'Etat, sortirait de s e
attributions normales, et ne conduirait, en l'espèce,
qu'à créer entre les contribuables des inégalités
choquantes.

Il ne semble pas que ce reproche soit justifié : le
législateur, lorsqu'il se propose d'établir un nouvel
impôt, doit s'efforcer d'en répartir la charge de la
façon la plus favorable à l'intérêt général ; une taxe
uniforme sur les spectacles léserait particulièrement
les entreprises modestes qui s'adressent à la majorité de la population, tandis qu'elle ne nuirait en
aucune façon, aux attractions et lieux de plaisirs,
auxquels, le goût du luxe ou des émotions malsaines,
assure toujours une clientèle stable et fidèle.

Cette conception a conduit le législateur de 1920
à établir entre les différents spectacles, un certain
nombre de distinctions qui nécessitent évidemment
des énumérations détaillées.

On étudiera dans une première section les spectacles ordinaires soumis au tarif de droit commun ;
les régimes particuliers institués par la loi, seront
successivement examinés dans une seconde section.

SECTION I

Spectacles soumis au tarif de droit commun.

Le tarif de droit commun avait été fixé par l'article 92 de la loi du 25 juin 1920, à 6 % des recettes brutes ; ce taux augmenté du double décime est aujourd'hui de 7,2 %.

Les spectacles soumis à ce tarif sont indiqués par le même article 92, reproduit à l'article 88 du décret du 28 décembre 1926 ; ce sont les « théâtres, cafés-« concerts, concerts, symphoniques, cabarets d'au-« teurs, dioramas, panoramas, phonographes, orches-« tres mécaniques, musées de cire, séances de pres-« tidigitation, d'hypnotisme, cirques, ménageries, « et tous autres spectacles, attractions, exhibitions, « jeux et amusements assimilables auxquels le « public est admis moyennant paiement, salons et « expositions diverses, bals de sociétés, bals forains « ou occasionnels ».

Si l'on cherche à déterminer les caractères communs aux spectacles énumérés dans cet article, on ne laisse pas que d'être embarrassé : il n'y a guère d'analogie en effet entre les concerts symphoniques, les panoramas, les séances de prestidigitation. Il semble cependant que l'on a voulu imposer au tarif ordinaire les spectacles appartenant à deux catégories différentes : ceux d'une part qui ont un caractère artistique et littéraire, tels que les théâtres et concerts symphoniques, ceux, d'autre part, qui correspondent à des divertissements modestes, ayant surtout les faveurs du public populaire.

Ces caractères généraux étant appoximativement déterminés, on va maintenant examiner plus en détail les différents spectacles prévus par l'article 92 de la loi du 25 juin 1920 ; il restera ensuite à déterminer dans quels cas peut-être légitimement effectuée l'assimilation prévue par le même texte.

1° SPECTACLES PRÉVUS PAR LA LOI.

Théâtres. — Une circulaire du 9 août 1920 (1), relative aux conditions d'application de la loi du 25 juin 1920, indique qu'il faut considérer comme « théâtres », « tous les établissements donnant des « représentations lyriques ou dramatiques, qu'il s'a- « gisse de comédies, vaudevilles, tragédies, opéras « ou opéra-comiques ». Cette définition exclut, par contre, les « revues » même si elles sont présentées sous un autre nom ; elle exclut également les spectacles coupés d'attractions ou d'exhibitions.

Concerts symphoniques. — On désigne en général par cette expression des concerts purement instrumentaux, où sont interprétés les œuvres de maîtres classiques ou modernes. Il faut cependant admettre qu'un concert ne change pas de caractère si des chants ou des danses rythmiques succèdent aux auditions symphoniques.

Les récitals vocaux, très répandus depuis quel-

---

1. *Direction générale des Contributions indirectes,* n° 1161.

ques années, doivent être rangés également sous cette même rubrique.

Cabarets d'auteurs. — Ce sont les établissements dans lesquels, les auteurs eux-mêmes déclament ou chantent leurs œuvres ; on a considéré que ces spectacles, ayant un caractère en général plus artistique et plus spirituel que ceux des music-halls, méritaient de ne pas être frappés dans les mêmes conditions.

Cafés-concerts. — Les cafés-concerts qui, au cours du xixe siècle étaient nombreux et fréquentés, n'ont plus aujourd'hui, à Paris du moins, qu'une importance très réduite.

Ce sont des débits, soumis à la licence, ouverts d'une façon permanente, et dans lesquels est organisé accessoirement, à certaines heures, un concert vocal pendant lequel la vente des consommations continue ; les caractères permettent de distinguer le classique café-concert, de certains « cabarets » éclos à Montmartre, où des chanteurs de music-hall se produisent « dans leur répertoire ». Il ne s'agit pas alors de débits ouverts toute la journée, mais d'établissements de nuit assimilables suivant les cas, aux music-halls ou aux soupers-concerts.

La circulaire du 9 août 1920 porte, d'autre part, que : « les cafés et autres débits, restaurants, hôtels « dans lesquels un orchestre purement instrumen- « tal se fait entendre à certaines heures de la jour- « née, et dans lesquels la musique n'est accompa- « gnée d'aucune partie de concert vocal, ou d'aucune

« attraction, ne sont pas soumis à l'impôt sur
« les spectacles, lorsqu'aucune rémunération spé-
« ciale n'est exigée des assistants. » Cette exonération, prévue par le ministre des Finances, ne semble
pas juridiquement admissible : l'article 92 4° impose
en effet les « thés-concerts » au tarif maximum de
25 % : il serait dès lors illogique de soustraire entièrement à la taxe, les concerts organisés dans des
cafés, des restaurants ou des hôtels : ces manifestations, n'étant pas spécialement prévues par les
textes, devraient, tout naturellement, être soumises
au tarif de droit commun.

Un certain nombre d'attractions énumérées par
la loi n'appellent aucune observation spéciale. Ce
sont les : dioramas, panoramas, phonographes,
orchestres mécaniques, musées de cire, séances de
prestidigitation, d'hypnotisme, cirques et ménageries.

Il reste à examiner certains spectacles qui occu-
pent dans l'article 92 une place à part : « les salons
« et expositions diverses, bals de société, bals forains
« ou occasionnels. » Au lieu de faire partie de l'énumération assez longue que l'on vient de parcourir ils
ne sont indiqués dans le texte qu'après la formule
générale « ... et tous autres spectacles, attractions,
« exhibitions, jeux et divertissements assimilables ».
Cette rédaction tient aux conditions dans lesquelles
les textes gouvernementaux ont été remaniés et augmentés, au cours de la discussion parlementaire.

Salons et expositions diverses. — Les salons et expositions diverses n'étaient pas compris dans le texte primitif du gouvernement : c'est par amendement qu'ils ont été introduits dans la loi de 1920. Le rapporteur général ne fit d'ailleurs aucune difficultés pour admettre cette adjonction, qui, disait-il « permet de frapper une manifestation de la vie de « luxe, de la vie heureuse. Toute ces manifestations, « très légitimes d'ailleurs, doivent payer une part... »

On s'aperçut bientôt, cependant, que la formule ainsi votée, était beaucoup plus compréhensive que ne l'avait sans doute voulu le législateur : celui-ci, conformément au principe à la base de la législation actuelle, s'est proposé de frapper les entrées dans tous les établissements offrant aux spectateurs un plaisir ou un divertissement. Si les salons et expositions artistiques semblent bien correspondre aux vues du législateur, il en va différemment de ceux qui ont pour objet essentiel de faciliter les transactions commerciales ; ce n'est pas par plaisir, mais par intérêt qu'ils sont alors fréquentés. Certains salons commerciaux, comme celui de l'automobile, attirent, il est vrai, un public très nombreux dont la majorité ne songe aucunement à acheter les modèles exposés ; cependant la plupart des expositions ou « foires » s'adressent uniquement aux commerçants et sont très favorables à l'activité économique du pays.

Il y a là de nombreuses considérations de fait, que la formule de l'article 92 néglige entièrement :

aussi des lois postérieures sont elles venues combler ces lacunes, mais elles présentent, à notre avis, une rédaction défectueuse qui risque de faire perdre de vue le principe à la base de l'impôt sur les spectacles.

Ces lois réduisent la partie de la formule : « salons et expositions diverses », en édictant des règles relatives à deux idées tout à fait différentes, entre lesquelles il eut été nécessaire de ne pas établir la confusion qui résulte des nouveaux textes de 1923 et 1926. Le législateur peut exonérer des spectacles normalement soumis à l'impôt, mais que des considérations d'intérêt général commandent de ménager; il peut, d'autre part, indiquer que certaines manifestations, visées par un texte précédent, dont la rédaction défectueuse ne traduit pas la volonté de ses auteurs, ne sont pas, en raison de leur nature même, passibles de l'impôt.

Il importe d'examiner séparément les deux ordres de dispositions.

1° Le souci de l'intérêt général a conduit à exonérer certaines manifestations artistiques particulièrement intéressantes ; tel est l'objet de l'article 40 de la loi du 30 juin 1923 « sont exemptés de l'impôt, les « salons organisés par les sociétés reconnues d'utilité « publique, qui ne poursuivent qu'un dessein d'en- « couragement aux Beaux-Arts, et aux Belles Lettres. » Il s'agit là d'une exemption analogue à toutes celles que contient l'article 93 de la loi ; l'étude en sera faite dans un chapitre ultérieur.

2° Le législateur a voulu, d'autre part, faire cesser la taxation sur les entrées dans les foires et expositions commerciales, agricoles et industrielles ; c'était là, en effet, une anomalie qui ne pouvait s'accorder avec le principe même de l'impôt sur les spectacles.

Il eut été simple et logique d'indiquer dans un texte unique, que ces manifestations, échappent à l'impôt, à condition toutefois, qu'elles ne comportent pas d'attractions.

Au lieu de cette disposition générale, deux lois successives sont venues poser des règles obscures, illogiques et même contradictoires.

L'article 40 de la loi du 30 juin 1923 exonère « les « concours, expositions, foires agricoles, organisés « par des sociétés ou des comices »; ce texte, insuffisant, puisqu'il ne visait que les manifestations agricoles, avait du moins le mérite d'être clair.

En 1926, lors de la discussion du Budget, la Commission des finances, désireuse de compléter l'article 40 de la loi de 1923, proposa au Parlement le vote d'un article ainsi conçu : « Sont exonérés de « l'impôt, les manifestations, agricoles, commer- « ciales et industrielles dites « foires », lorsqu'elles « sont subventionnées par une collectivité publique « et qu'il n'y est donné aucune attraction payante. »

La discussion devant le Sénat, fut l'occasion de discours inutiles et nombreux ; le ministre des Finances, M. Poincaré, fit alors remarquer très judicieusement que le texte proposé n'était guère com-

patible avec l'article 40 de la loi du 30 juin 1923 : « il
« faudrait, dans tous les cas, que le texte fût modifié,
« car celui qui vous est actuellement présenté a
« l'inconvénient de restreindre l'effet de l'exemption
« des manifestations agricoles.

« Dans l'état actuel des choses, les manifestations
« agricoles sont toutes détaxées, même si elles ne
« sont pas subventionnées. D'après le texte de la
« Commission, les manifestations agricoles ne vont
« plus être détaxées que lorsqu'elles seront sub-
« ventionnées, par une collectivité publique, et qu'il
« n'y sera donné aucune attraction payante ; ce texte
« va se substituer à une disposition antérieure, et
« mettra l'administration dans l'impossibilité de
« détaxer d'une manière générale les comices et foires
« agricoles... Les manifestations agricoles seront
« demain moins favorisées qu'auparavant. »

Pour faire cesser cet inconvénient, le Commissaire
du gouvernement, Directeur général des Contributions indirectes, proposa alors de supprimer purement et simplement dans le texte de la Commission
le mot « agricoles », les manifestations de cette
nature étant, en effet, réglées par la loi de 1923.

Cette suggestion raisonnable ne fut pas écoutée
par la Commission des finances qui entourait d'une
tendresse exclusive le texte issu de ses méditations;
cette touchante sollicitude ne donna pas de bons
résultats. Pour faire cesser la contradiction signalée
par M. Poincaré, la Commission conserva son texte
primitif, mais en le faisant procéder des mots « sans

« préjudice des dispositions de l'article 40 de la loi
« du 30 juin 1923 ». Ainsi sont maintenus simultanément deux textes incompatibles.

L'urgence de la loi de finances, n'ayant pas permis de nouvelles discussions, la nouvelle formule de
la Commission, fut adoptée et devint l'article 15 de la
loi du 19 décembre 1926.

A vrai dire, il n'est pas impossible de concilier, au
point de vue littéral, le sens des deux articles :
l'exemption relative aux foires agricoles ne serait
absolue, que si elles sont organisées par des sociétés
ou des comices ; elles observeraient, dans le cas contraire, la règle générale de l'article 15 de la loi du
19 décembre 1926, subordonnant l'exonération à
certaines conditions. Mais les débats parlementaires
montrent que le législateur n'avait pas en vue cette
distinction. Au surplus, toutes les foires agricoles
étant en fait organisées par des sociétés ou des syndicats, la distinction ne présenterait aucun intérêt
pratique.

Si la nouvelle législation relative aux foires et
expositions manque de précision et de clarté, elle est,
en outre, peu logique et en désaccord avec le principe à la base de l'impôt sur les spectacles.

Ainsi que nous le faisions remarquer, le même
régime s'imposait à l'égard des foires commerciales
et industrielles, aussi bien qu'agricoles.

Puisque la matière imposable est le plaisir du
spectateur, la taxe ne doit pas être perçue, toutes les
fois que la visite d'une foire ou exposition ne pré-

sente qu'une utilité d'ordre économique et financier:
pour que les manifestations, agricoles ou non,
échappent à l'impôt, il fallait exiger dans les deux
cas qu'elles ne comportent pas d'attractions ; dans
les deux cas, d'autre part, on aurait dû ne tenir
aucun compte des subventions pouvant être versées
à l'exposition : le défaut de subvention, ne donne pas
aux manifestations agricoles ou commerciales, un
caractère si divertissant, pour le visiteur, qu'il
importe de taxer le plaisir qu'il en éprouve.

L'étude des trois lois successives traitant des
salons et expositions, montre bien l'inconvénient
que présentent toujours les textes fragmentaires,
émanant de la Commission des finances ou de
simples parlementaires, et introduits dans la loi de
budget, sans qu'il soit possible d'examiner l'ensemble de la question à laquelle ils se rapportent.
Les projets d'origine gouvernementale, faisant l'objet d'une étude préalable par les services compétents, présentent des garanties sérieuses qui font
défaut dans les autres cas.

L'imposition des salons, foires et expositions a
soulevé des difficultés et des protestations fréquentes ; de nombreux litiges ont été portés devant
la justice, mais les tribunaux ont toujours considéré,
que les termes très compréhensifs de l'article 92 de
la loi du 25 juin 1920, ne pouvaient souffrir d'exceptions que dans les cas strictement prévus par
la loi.

La Cour de cassation, Chambre criminelle, s'exprime ainsi dans un arrêt du 22 janvier 1927 (*D. H.*, 27, p. 117) concernant la société foire-exposition de Bretagne : « Attendu que la loi du 25 juin « 1920 assujettit à la taxe sur les spectacles les « salons et expositions diverses », que cette disposi- « tion conçue en termes généraux et absolu, com- « prend toutes les expositions quel qu'en soit l'ob- « jet ; que si des exemptions ont été accordées, « soit par l'article 93, soit par des lois subséquentes, « cette exonération n'a pu résulter que de disposi- « tions législatives qui ont en même temps déter- « miné, à quelles conditions elle serait accordée. »

Bals de société, forains, occasionnels. — Le projet du gouvernement n'avait pas fait de distinction entre les divers bals et dancings. C'est lors de la discussion devant la Chambre des députés que M. Lafargue proposa (1) de ne pas assimiler aux établissements permanents, les bals de société occasionnels.

Il fit valoir que ces derniers ne méritent, au point de vue moral et social que des encouragements ; ces réunions amicales favorisent le développement de l'esprit de terroir, lient plus étroitement entre elles des familles, qu'une origine commune, ou une similitude de situation tend déjà à rapprocher ; autant il est légitime de frapper lourdement les dancings et bals publics, autant il est juste d'accorder aux bals de société un régime plus favorable.

1. Séance du 16 juin 1920. *Débats parlementaires*, p. 2181.

Ces considérations firent impression sur la chambre, qui appliqua aux bals de société, le tarif de droit commun. Les bals forains, et les bals occasionnels même organisés par des entrepreneurs, bénéficient également de ce régime.

2° Spectacles non prévus par la loi.

A). — *A quelles conditions l'impôt est-il dû ?*

Le législateur ne pouvait songer à donner une énumération complète de tous les spectacles et divertissements qu'il entendait soumettre à l'impôt : leur variété même aurait rendu inévitables de fâcheuses omissions. Aussi était-il nécessaire de parer à ce danger au moyen d'une disposition tout à fait générale ; c'est ce que fait l'article 92-1° de la loi de 1920, qui, après avoir indiqué les principaux spectacles passibles de la taxe, se termine par une formule très compréhensive : cet article assujettit à l'impôt les « théâtres, cafés-concerts, con-« certs symphoniques, cabarets d'auteurs, dioramas, « panoramas, phonographes, orchestres mécaniques, « musées de cire, séances de prestidigitation, d'hyp-« notisme, cirques, ménageries, et tous autres spec-« tacles, attractions, exhibitions, jeux et amuse-« ments assimilables, auxquels le public est admis « moyennant paiement ».

L'interprétation de la seconde partie de ce texte peut évidemment donner lieu à de nombreuses dif-

ficultés : les travaux préparatoires n'indiquant pas
de définition précise de la matière imposable, c'est
de la rédaction même de l'article 92-1° qu'il faut
s'efforcer de dégager un principe directeur.

Ne sont passibles de l'impôt que les spectacles,
attractions, exhibitions, jeux et amusements « assimilables » à ceux précédemment énumérés ; or la
liste de l'article 92-1°, contient, on l'a vu, des mani
festations si différentes, qu'il est malaisé de déterminer le critérium en vertu duquel, elles ont été
groupées dans la même catégorie : il y a peu d'analogie, en effet, entre un concert symphonique, une
séance de prestidigitation, une ménagerie.

On peut seulement constater que le législateur se
propose toujours le même but : la taxation du plaisir
qu'il résulte d'une manifestation hautement artistique aussi bien que d'un divertissement populaire.
Il faut remarquer en outre, que dans tous les cas
énumérés par l'article 92-1° le public ne fait qu'assister, sans y participer, à des spectacles ou à des
auditions ; il semble bien dès lors que c'est le plaisir passif du simple spectateur que le législateur a
entendu taxer ici. On ne saurait contester ce principe en faisant valoir que certains bals sont cependant visés par l'article 92-1° ; les « bals de société
forains ou occasionnels » sont mentionnés en effet,
tout à fait à la fin de cet article, et ne font pas partie de l'énumération précédant la formule générale
« et autres spectacles, attractions, exhibitions, jeux
« et amusements assimilables ».

De la rédaction même de l'article 92, il faut ainsi conclure, que l'impôt est dû, toutes les fois que sont réunis ces deux éléments essentiels : plaisir et spectacle.

Certains auteurs cependant, et quelques rares décisions jurisprudentielles, estiment que le législateur n'a entendu frapper que les entreprises poursuivant la réalisation de bénéfices ; cette opinion est défendue notamment par M. Balleydier, ancien doyen de la Faculté de Droit de Grenoble, dans une note insérée au Sirey 1927 (4e cahier mensuel, p. 57).

Cette théorie, dénuée de bases juridiques sérieuses, semble tout à fait contraire au vœu du législateur.

Les textes de 1920 ne contiennent, en effet, aucune disposition dont on puisse déduire légitimement que les entreprises réalisant des bénéfices sont seules passibles de l'impôt. On peut invoquer au contraire des considérations probantes en faveur de la perception générale de la taxe.

L'article 39 de la loi du 31 juillet 1920 porte que « le droit des pauvres, les taxes municipales, et « l'impôt d'État sur les spectacles sont perçus en « sus du prix des places ». Nous avons montré longuement dans le chapitre précédent que cette disposition révèle nettement que le législateur a voulu mettre l'impôt à la charge du spectateur : ce dernier seul est le véritable redevable. Cela est si vrai que le spectateur, même porteur d'un billet qui lui permet d'entrer sans acquitter le prix de la place, est tenu, néanmoins d'acquitter le montant des taxes. En l'abence d'exonération légale, il n'y a dès lors aucun motif pour tenir compte des conditions dans lesquelles est organisé le spectacle ; c'est le public qui est frappé en raison du plaisir que lui procure une représentation ou une attraction quelconque ; ce plaisir est le même, que les organisateurs poursuivent ou non la réalisation de bénéfices.

Ce principe, certainement conforme à l'esprit de la loi, peut d'ailleurs être établi au moyen d'un argument *a contrario* tiré de l'article 93 de la loi du 25 juin 1920.

Le législateur a pensé qu'il était légitime d'exempter de l'impôt, certaines manifestations qu'il énumère limitativement dans l'article 93 ; parmi les organismes, bénéficiant pour leurs représentations de cette mesure de faveur, on relève les œuvres de bienfaisance reconnues d'utilité publique, les sociétés de secours mutuels approuvées, les œuvres de guerre, les sociétés sportives poursuivant un but d'utilité générale, enfin certaines associations à caractère désintéressé. Si le législateur n'avait entendu frapper que les entreprises de spectacles réalisant des bénéfices, il est évident que les organismes prévus à l'article 93, devaient dès lors échapper à l'impôt, sans qu'il eût été nécessaire d'édicter à leur égard une disposition spéciale.

La première et la dernière exonération indiquées à l'article 93 permettent de saisir, avec une netteté particulière, l'intention du législateur ; elles méritent à ce titre d'être examinées plus en détail.

Il s'agit dans l'article 93-5° des « Associations « amicales de réformés, mutilés et veuves de guerre, « des associations amicales d'anciens combattants, « des associations d'éducation populaire qui ont « fait la déclaration prévue par la loi du 1er juillet « 1901, et qui ne poursuivent la réalisation d'aucun « bénéfice commercial ou financier. Pour bénéficier « de l'exonération, les organisateurs des représen- « tations doivent justifier auprès de l'Administration « des Contributions indirectes, que la totalité des « recettes a bien été affectée, sous la seule déduction « des frais, à l'œuvre au profit de laquelle la repré- « sentation est donnée. »

Certaines associations limitativement énumérées bénéficient donc d'une exonération de l'impôt, lors- qu'elles ne réalisent pas de bénéfices ; il résulte *a contrario* de ce texte, que toutes les autres associa- tions, bien qu'elles ne poursuivent pas un but lucra- tif sont passibles de l'impôt : le fait de ne pas réali- ser de bénéfices, n'est une condition d'exemption que s'il s'agit des associations très spéciales indiquées dans l'article 93-5°. C'est ainsi que les œuvres de bienfaisance même, sont, en principe assujetties à l'impôt : d'après l'article 93-1°, ne sont pas soumises à la taxe « les représentations données par les éta- « blissements publics, et les œuvres reconnues « d'utilité publique ayant un caractère de bienfai- « sance ; » les termes restrictifs de cette disposition indiquent que les œuvres de bienfaisance, n'échappent à l'impôt qu'au cas exceptionnel où elles ont été reconnues d'utilité publique.

L'examen des textes confirme donc, d'une façon certaine, que la perception de la taxe doit être tout à fait générale, sans qu'il y ait à tenir compte du but que les organisateurs se proposent.

Si la Jurisprudence admet en général ce principe, elle tend souvent au contraire à subordonner à une autre condition le paiement de l'impôt.

L'article 92-1º de la loi de 1920 contenant la formule «... auxquels le public est admis en payant» certains tribunaux en déduisent que la taxe ne doit pas s'appliquer aux manifestations privées. La question, qui s'est posée en pratique, au sujet d'associations artistiques ou de clubs sportifs, a donné lieu à des décisions diverses et contradictoires.

La Chambre criminelle de la Cour de cassation s'est prononcée récemment sur une affaire intéressante :

L'association des concerts symphoniques de Carcassonne organisait chaque année un certain nombre de concerts réservés à ses membres ; ces derniers étaient tenus de payer une cotisation pour faire partie de la société. La Cour de Montpellier se basant sur le caractère privé de ces réunions, se prononça contre la taxation. Mais cet arrêt fut cassé par la Chambre criminelle, le 5 février 1926 (1) ; attendu

1. D. H. 1926, p. 236.

« qu'il résulte de l'arrêt attaqué, que l'Association
« des concerts symphoniques de Carcassonne, com-
« prend, outre les membres exécutants, des membres
« auditeurs qui ne sont assujettis à aucune autre
« obligation que celle de verser une cotisation
« annuelle de 30 francs, et dont le nombre est illimité
« — que l'arrêt attaqué a cependant relaxé le pré-
« venu, motif pris de ce que les personnes admises
« au concert, ne pouvant, en principe être que des
« sociétaires ou des membres de leur famille, ces
« auditions revêtaient un caractère privé — mais
« attendu qu'en statuant ainsi, l'arrêt attaqué a
« donné une fausse interprétation des articles susvisés... »

Cette décision qui semble conforme à la volonté
du législateur, concerne, il est vrai, un cas où aucune
autre condition que le versement de la cotisation
n'était exigée des personnes désireuses de faire partie de la société.

La solution doit-elle être la même, s'il s'agit d'un
groupement fermé, non accessible à tout le monde ?
il semble bien que oui ; cependant, les décisions de
jurisprudence, rendues à l'occasion de clubs sportifs,
sont alors généralement favorables à la non-imposi-
tion.

La Chambre des requêtes s'est prononcée, le
3 août 1925 [D. H. 1925, p. 513] contre la taxation
des cotisations, payées par les adhérents d'un club
de tennis rigoureusement privé, attendu, dit-elle
« qu'il résulte des constatations souveraines du juge-

« ment, que la société des sports d'Aix-les Bains,
« est strictement privée... »

Des décisions récentes, émanant de Tribunaux ou
de Cours d'appel, admettent la même théorie : le
Tribunal de Montpellier s'exprime ainsi, à la date du
31 mai 1927 (*D. H.*, 27, p. 490) : Attendu que pour
« faire partie de la Société du Tennis Club, il faut
« être sociétaire, et que pour être sociétaire, il
« faut, aux termes des statuts, avoir été agréé après
« une demande préalable et une délibération du
« Comité Directeur qui statue sur chaque cas ». La
Cour d'appel d'Amiens exonère également, le
13 mai 1927 (1), le Tennis Club de Soissons, comme
étant « d'après ses statuts un club essentiellement
« privé ». C'est une solution identique que donne le
Tribunal de Seine-et-Oise dans un jugement du
27 juillet 1927 (*D. H.* 27, p. 491) concernant une
Société de golf.

On ne peut invoquer en sens contraire qu'un
jugement plus ancien, du Tribunal correctionnel de
Pau, qui en 1924, s'oppose, très justement, à toute
distinction entre les manifestations publiques et
privées.

La nouvelle Jurisprudence semble, en effet, tout
à fait contestable.

Elle prête d'abord à de nombreuses difficultés
pratiques : il sera souvent malaisé d'établir si une
société est réellement privée, ou si elle est en fait

1. *Lawn-Tennis*, organe de la Fédération de Tennis, 18 mai
1927 et 1ᵉʳ juillet 1927.

accessible à tout le monde, moyennant paiement : l'admission des membres peut, en effet, être subordonnée à des conditions de parainage ou de présentation purement illusoires, à seule fin d'éviter la perception des droits.

Mais, en outre, on ne voit pas comment légitimer l'exonération dont bénéficierait une association même strictement fermée : les réunions qu'elle organise, étant fréquentées par un public choisi, constituent des manifestations de luxe qu'il semble particulièrement conforme aux vœux du législateur de soumettre à l'impôt ; il serait choquant par exemple d'exempter certaines sociétés mondaines organisant des représentations théâtrales, et de frapper des groupements plus modestes, pour cette seule raison qu'ils sont ouverts à tous.

Nous estimons que l'impôt est dû sur toutes les dépenses faites en vue d'assister à un spectacle ou un divertissement, même non accessible à l'ensemble du public.

On doit remarquer d'abord que, si la loi avait entendu exonérer d'une façon générale toutes les réunions privées, elle n'aurait pas mentionné à la fin de l'article 92-4° « les bals de société », réunions amicales et modestes, réservées aux personnes d'une même province ou d'une même profession, nullement publiques par conséquent.

Il est logique de supposer que l'on n'a pas voulu traiter plus favorablement les sociétés privées, dont les membres se proposent, non pas de danser, mais d'assister à des représentations ou à des concerts : ces groupements étant assez rares, le législateur ne les a pas spécialement prévus, mais il est légitime de les assujettir à l'impôt dans les mêmes conditions que les bals de société.

On pourrait peut-être objecter que cette amélioration n'est pas admissible, les mots « bals de société » n'étant insérés dans l'article 92-1° qu'après la formule générale «... et d'autres spectacles... assi-« milables auxquels le public est admis en payant ».

Mais cet argument de texte, n'a, en réalité, aucune force probante, si l'on considère les circonstances dans lesquelles a été élaboré et voté l'article 92-1°. Nous avons montré dans la section précédente (V. p. 50), que tous les bals, publics ou privés, étaient également imposés, dans l'intention du gouvernement, au taux maximum de 25 % ; c'est sur l'intervention d'un député que les bals de société ont été soumis au tarif de droit commun, et insérés à la fin de l'article 92-1° dont on a pas voulu bouleverser la rédaction primitive.

Il serait dès lors abusif de considérer la place particulière occupée dans l'article 92, par les mots « bals de société » comme ayant une signification quelconque ; elle ne fait apparaire, en aucune façon, que le législateur ait voulu poser une exception au principe, implicitement admis de l'exonération des manifestations privées.

Cet argument de texte étant en réalité sans valeur, la taxation par la loi des bals de société, demeure une présomption très forte, en faveur d'une perception tout à fait générale de l'impôt.

Au surplus, la Jurisprudence restrictive actuelle, est dénuée de toute base juridique sérieuse : du fait que le législateur ait employé la formule ... « et autres spectacles où le public est admis en « payant », il ne résulte pas qu'il ait exempté les réunions privées. Le mot « public » n'a pas le même sens comme adjectif et comme substantif ; le dictionnaire Larousse entend par « le public » « un « nombre de personnes réunies pour entendre, voir, « juger » ; cette définition s'applique sans aucun doute, même aux spectacles rigoureusement privés. Le législateur a employé cette formule parce qu'il estimait qu'elle seule pouvait englober indifféremment les personnes fréquentant des salles de théâtres, de concerts ou des dancings.

Les restrictions proposées par la jurisprudence ne sont donc pas admissibles. On doit conclure que l'impôt est dû toutes les fois que sont réunies les deux seules conditions essentielles indiquées précédemment : il faut, mais il suffit qu'il y ait à la fois plaisir et spectacle.

C'est à la lumière de ce principe, que seront examinées toutes les situations douteuses qui ont été soumises aux tribunaux.

B) *Applications*.

Jeux sportifs. — C'est parce qu'elles ne comportent aucun spectacle que certaines manifestations devraient toujours échapper à l'impôt; il conviendrait ainsi de ne pas percevoir la taxe sur toutes les dépenses effectuées, en vue de pratiquer des sports, quelle qu'en soit la nature.

Si l'Administration n'a jamais songé à frapper les cotisations versées par les amateurs d'athlétisme ou de football, elle s'est efforcée par contre d'assujettir à l'impôt les joueurs de golf ou de tennis; cette distinction arbitraire entre les sports permet déjà de douter de la valeur juridique du système.

Les tribunaux ont été généralement défavorables aux sociétés de Golf, en raison, sans doute, du caractère particulièrement aristocratique de ce sport.

Un jugement de Tribunal correctionnel de Pau en date du 30 décembre 1924, ne doute pas un instant de la légitimité de la perception (1), « la loi du « 25 juin 1920, entendant frapper tous les specta- « cles, exhibitions, attractions, divertissements, « jeux et amusements assimilables ».

La Chambre civile de la Cour de cassation déclare la même année (2) que « la loi du 25 juin 1920 insti- « tue sur les spectacles, et autres attractions ou di- « vertissements assimilés, un impôt..., que le carac- « tère sportif d'un divertissement, ne constitue pas « à lui seul une cause d'exception ».

Les décisions relatives aux clubs de tennis, ne posent pas, avec netteté, une règle générale : elles

1. Wright, *Bulletin des Contributions Indirectes*, 15 février 1925.
2. 23 juillet 1924, C. Indir. c/ Barry-Denett, *D. H.*, 1924, p. 563.

ont éludé, en effet la question essentielle, en admettant, nous l'avons vu (V. p. 57-58), que les sociétés sportives qui leur étaient déférées échappaient à l'impôt, comme étant strictement privées. Il semble cependant, qu'en l'absence de cette dernière condition, les tribunaux ne tenant pas compte de la nature particulière du divertissement envisagé, estiment que les joueurs de tennis sont soumis à la taxe, au même titre que les spectateurs d'un théâtre, d'un music-hall ou d'un cirque.

Cette opinion résulte bien d'un jugement du tribunal correctionnel de la Seine, du 25 juin 1927, concernant, non pas un club de tennis, mais un entrepreneur donnant des courts en location, soit à l'heure, soit à l'année. Il s'agit ici d'une distraction offerte, moyennant paiement, à tous les amateurs ; l'on ne saurait invoquer le caractère privé de ces jeux, pour en obtenir l'exonération : la question de l'assiette, est alors seule à se poser.

Le tribunal reprenant les arguments invoqués, au sujet des joueurs de golf, se prononce pour la perception de l'impôt « attendu qu'il est institué un « impôt sur... tous autres spectacles, jeux et amu- « sements assimilables auxquels le public est admis « en payant ; — que le tennis est un jeu et un amu- « sement ; — que l'on doit entendre par « public » « tout le monde admis au tennis, — que la société « est une organisation de spectacles ou divertisse- « ments, au même titre qu'un exploitant de ska- « ting ... ».

Remarquons, tout de suite, que ce dernier argument est en réalité sans valeur : l'assimilation des tennis et des skatings n'est pas admissible.

Le législateur n'a jamais considéré les skatings comme des établissements sportifs, mais bien comme des lieux de fête et de réunion. Cette conception résulte clairement d'un texte postérieur à 1920 : la loi du 31 décembre 1921, article 40, établit pour les bals et pour les skatings, un nouveau régime, comportant des tarifs différents suivant le caractère, plus ou moins luxueux de ces établissements ; il est évident que l'exploitation de tennis, est toute différente des entreprises visées par la loi de 1921.

Ce fragile argument une fois écarté, la décision du tribunal, ne semble plus reposer que sur une fausse interprétation des textes. La loi de 1920 prévoit bien les « jeux et amusements », mais on a montré (*supra*, p. 52), qu'il devait s'agir dans tous ces cas, de manifestations ayant le caractère de spectacle : ce n'est pas le cas du tennis, qui est bien un jeu et un amusement, mais n'est pas assimilable, comme le veut la loi, à ceux qu'elle énumère au début de l'article 92. Cette liste ne compte d'ailleurs aucun « amusemement » qui présente, avec les exercices sportifs la moindre analogie ; si le législateur avait entendu les frapper, il serait bien surprenant qu'il ait négligé de le spécifier, alors qu'il prévoit des divertissements infiniment plus rares, comme les musées de cire ou les séances de prestidigitation.

L'article 93 de la loi du 25 juin 1920, fournit en outre un argument en faveur de la non-taxation des dépenses de toute nature faites pour pratiquer les sports. Cet article exonère les « représentations » données par certaines sociétés ou fédérations déterminées ; il semble logique, d'en conclure *a fortiori*, que les cotisations payées par les membres de ces sociétés doivent nécessairement échapper à l'impôt ; on ne pourrait concevoir que le public assistant à un spectacle, soit plus favorablement traité, que les adhérents de ces mêmes organismes, dont le seul but est de pratiquer eux-mêmes des jeux et exercices sportifs. Si le législateur ne l'a pas précisé, c'est qu'il a sans doute considéré, que, ces cotisations, n'étant pas versées pour assister à un spectacle, échappaient manifestement, par leur nature même, à la perception de l'impôt.

Ce principe général doit dès lors s'appliquer aux sports de tous genres, sans aucune distinction arbitraire : le golf et le tennis, quelles que soient les conditions, dans lesquelles ils sont pratiqués, ne sauraient être traités autrement que le football et l'athlétisme.

Tirs forains. — Si l'on s'en tient rigoureusement à cette idée que les spectacles seuls sont visés par l'article 92-1° de la loi de 1920, on est conduit à critiquer un arrêt de la Cour de cassation, dans une espèce qui n'est pas très différente de celles examinées ci-dessus.

La Chambre civile s'est prononcée le 3 janvier

1925 pour la taxation des tirs forains (1). « Attendu, « dit-elle, que la taxe instituée par l'article 92-1ᵉ de « la loi du 25 juin 1920 ne frappe pas seulement les « spectacles proprement dits, mais les attractions, « exhibitions, jeux et amusements assimilables. » La Cour de cassation ne semble pas tenir compte du mot « assimilables » ; on ne voit pas en effet quelle serait l'utilité de cet adjectif, si tous les jeux et amusements, sans distinction, étaient passibles de l'impôt, qu'ils aient ou non le caractère de spectacle.

Des considérations de fait, il est vrai, militent en faveur de la taxation : les fêtes foraines offrent aux personnes qui les fréquentent, des divertissements nombreux et variés, qu'il semble difficile de ne pas soumettre au même régime. La jurisprudence a pensé qu'il serait exagérément compliqué d'établir des distinctions entre les divers amusements de ces fêtes et qu'il était préférable de percevoir la taxe dans tous les cas. Cette solution, qui a le mérite certain de la simplicité, ne semble pas rigoureusement conforme au principe de la loi.

Les tribunaux ont encore été appelés à se prononcer sur un grand nombre de cas, où, bien qu'il y ait spectacle, au sens large du mot, le paiement de l'impôt a semblé contestable.

Spectacles Naturels. — On s'est demandé si le législateur n'avait entendu frapper, que les représentations et attractions provenant de l'industrie

1. *Bulletin des Contrib. indirectes*, 15 fév. 1925.

humaine, où s'il fallait considérer des spectacles naturels, visibles moyennant le versement d'un prix d'entrée comme étant passibles de la taxe.

Un entrepreneur ayant aménagé des grottes célèbres, et les faisant visiter à titre onéreux, s'était vu réclamer par l'Administration, le paiement, des droits. L'affaire fut portée devant le tribunal de Pau, qui le 27 juillet 1925 (1) donna gain de cause aux représentants du fisc. On va reproduire ici les arguments assez curieux invoqués dans ce jugement. « Attendu que le principal désaccord porte sur ce point que l'Administration soutient que « les grottes de Bétharram, constituent un spectacle « aux termes de la loi du 25 juin 1920, et que Roux « soutient qu'elles sont une curiosité naturelle ne « pouvant être considérée comme un spectacle — « attendu que le caractère de spectacle, aux termes « de la loi, est constitué, beaucoup plus par la « façon dont un objet est montré et mis en valeur « que par la nature de l'objet lui-même ; qu'il est « certain qu'un animal exotique et curieux, est une « œuvre de la nature, mais que cependant, montré « moyennant finances, dans une baraque de foire, il « constitue un spectacle — que cela est si vrai que « l'article 92 met les ménageries au rang de spec- « tacles — qu'ainsi tout homme qui fait des dépenses « pour présenter à ses contemporains un objet « naturel, un paysage par exemple, tient un spec- « tacle, à condition qu'il fasse payer la vue de cet

1. *Revue des Établissements de Bienfaisance*, 1925.

« objet — que Roux a fait des dépenses considérables
« dans les grottes — que ces dépenses consistent
« en moyens d'accès, en facilités et agréments
« pour la promenade intérieure, en un important
« luminaire électrique — que dans ces condi-
« tions, les grottes constituent bien, en principe, une
« œuvre de la nature, mais une œuvre modifiée, pré-
« parée et adoptée au spectacle par la volonté de
« l'homme — qu'ainsi aménagées et exploitées,
« elles rentrent dans les termes très généraux, très
« compréhensifs de « spectacles et autres attrac-
« tions » employés par l'article 92. »

Il semble qu'il y ait lieu d'approuver ce jugement,
dont on appréciera le subtil rapprochement, établi
entre un animal exotique et un paysage naturel.

Dans un cas, un peu différent, l'Administration
interprétant cette décision jurisprudentielle d'une
façon très large, a même exigé le paiement de la
taxe, alors que le spectacle naturel offert aux visiteurs ne recevait, et pour cause, aucune modification
C'est ainsi que l'impôt est actuellement perçu, sur
le prix d'accès aux différents étages de la Tour Eiffel ;
l'exploitant faisant payer au public la possibilité de
contempler un panorama unique, l'Administration a
pensé qu'il s'agissait ici d'un spectable tombant
sous le coup de la loi de 1920.

Cette généralisation paraît d'ailleurs légitime : un
beau paysage peut procurer parfois de plus vives
satisfactions qu'une exposition de peinture, et
du moment que la vue n'en est pas gratuite, il

faut admettre que la taxe est justement exigée.

On ne saurait objecter que, dans ces conditions, le domaine de l'impôt devient à peu près illimité, et qu'il pourrait s'étendre, par exemple, au séjour dans les hôtels particulièrement bien situés ; cet argument serait spécieux : le prix versé par les clients, correspond essentiellement à leur logement et à leur nourriture : le spectacle dont ils peuvent jouir n'a qu'un caractère accessoire, et ne fait l'objet d'aucune rémunération spéciale.

Cérémonies religieuses. — Un des cas les plus délicats sur lesquels la jurisprudence ait eu à se prononcer, est celui des cérémonies religieuses.

Le culte catholique se célèbre toujours avec une certaine pompe, et la musique fait souvent partie intégrante des manifestations religieuses. Dans ce cas, et si l'accès de l'église est subordonné au paiement d'un certain prix, doit-on estimer qu'il y a lieu à la perception de la taxe ? — La question est malaisée à trancher, car il faudrait déterminer si le public, qui consent à verser un prix d'entrée, vient surtout à l'église pour assister à la cérémonie religieuse, ou s'il y est attiré par la manifestation artistique que l'on y organise.

Une distinction préliminaire s'impose ; on ne saurait considérer comme étant passible de la taxe le « droit de chaise » extrêmement réduit, perçu d'une façon normale et ordinaire, lors de la célébration de la messe dominicale ; il est évident ici que les fidèles ne se rendent à l'église qu'en vue de prier et de se sanctifier. Mais la situation est très différente, lorsqu'il s'agit de véritables concerts, organisés à titre exceptionnel dans les établissements du culte, moyennant un prix d'entrée parfois très élevé.

Il semble qu'il convient alors d'examiner trois hypothèses différentes.

Un concert de musique spirituelle peut être donné dans une église, indépendamment de toute cérémonie religieuse ; cette manifestation artistique est alors légitimement passible de l'impôt ; elle ne saurait y échapper, en considération seulement du lieu où elle a été organisée.

Très souvent, ce concert est immédiatement suivi ou précédé d'une cérémonie cultuelle. La question, dans ce cas a paru douteuse : les tribunaux ont été maintes fois saisis, et se sont le plus souvent prononcés contre la perception de la taxe. Telle est notamment la conception de la Cour de cassation qui a confirmé le 8 mai 1926 (*D. H.*, 1926, p. 349) un arrêt de la Cour d'appel de Montpellier (9 mai 1925, *D. H.*, 1925, p. 458), dont les principaux attendus, expriment bien la tendance habituelle de la jurisprudence (1). « Attendu que dès qu'il y a vraiment « office religieux célébré, la cérémonie qui ne peut « sans irrévérence être comparée à un spectacle, « doit être exonérée de toute taxe, — que malgré les « considérations de fait invoquées par la Régie, à « savoir que c'était un concert à places payantes,

1. Bulletin officiel annoté de tous les ministères, avril 1927.

« précédé d'une grande publicité, composé de mor-
« ceaux de musique qui auraient aussi bien pu être
« exécutés dans un lieu profane et dont l'audition
« avait pris 1 h. 55 minutes, tandis que l'acte rituel
« n'avait pas duré plus de dix minutes, il apparaît
« bien cependant que la circonstance qu'un Salut du
« Saint-Sacrement avait été annoncé en même
« temps que le concert, puis était effectivement
« intervenu sans solution de continuité à la suite
« du concert, a imprimé à l'ensemble de la réunion
« de ce jour le caractère de cérémonie religieuse —
« qu'un salut solennel avec exécution de musique
« religieuse ne saurait être confondu avec un simple
« concert symphonique — qu'il est difficile dans
« une solennité dont les diverses parties, soudées
« les unes aux autres, ont formé un tout et où l'une
« d'elles a été constituée par un acte important
« du culte, un salut au Saint-Sacrement ; de ne
« pas donner la prédominance à l'acte litur-
« gique. »

« Attendu, il est vrai, qu'il pourrait arriver que
« l'office religieux n'ait été employé que comme un
« voile derrière lequel disparaîtrait le concert qui
« serait ainsi soustrait aux droits, mais que l'exis-
« tence d'une telle feinte ne ressort pas ici des faits
« de la cause. »

La Cour de cassation a confirmé cet arrêt en reprenant les principaux arguments invoqués par la
Cour d'appel.

Cette jurisprudence, inspirée par le souci légitime

d'assurer une rigoureuse liberté des cultes, semble cependant contestable.

Le Cour de Montpellier faisait elle-même, on l'a vu, une réserve suivant laquelle il pourrait y avoir perception des droits si « la cérémonie religieuse « n'était employée que comme un voile derrière « lequel disparaîtrait la cérémonie religieuse ». Or il semble bien, d'après les considérations de fait, reproduites dans l'arrêt, que telle ait été la situation véritable. Le fait qu'une cérémonie cultuelle fort brève, ait été précédée d'un véritable concert ayant duré près de deux heures, et qui n'était concomitant à aucun acte liturgique, semble, en effet, tout à fait significatif. C'est le concert qui a légitimé le prix d'entrée, et non pas le salut dont il était suivi.

D'une façon générale, l'église est un lieu accessible à tous et normalement destiné à la célébration du culte : s'il y est cependant donné un concert symphonique suivi d'un acte liturgique quelconque, et si l'ensemble de la cérémonie est payant, il faut bien admettre que cette rétribution exceptionnelle, s'applique à cette manifestation exceptionnelle, le concert. La taxation du prix des places serait, dans cette hypothèse, toujours conforme à l'esprit de la loi.

La question semble plus délicate encore, au cas où la musique ne fait qu'accompagner la célébration d'un acte liturgique pendant toute sa durée, sans que la cérémonie se divise en deux parties, l'une cultuelle et l'autre purement artistique.

Une messe en musique payante est-elle passible de l'impôt ? Il semble en principe que non : c'est uniquement à une cérémonie religieuse qu'assiste le public, et le fait qu'elle est célébrée avec une pompe toute particulière, ne paraît pas en changer le caractère essentiel.

Si telle est la règle générale, il conviendrait cependant à notre avis, de ne pas l'appliquer d'une façon absolue, et de lui apporter les tempéraments que peuvent commander parfois certaines circonstances de fait. Il peut arriver que des messes en musique soient célébrées, avec un éclat qui les rende assimilables aux plus hautes manifestations artistiques.

Lorsqu'une publicité importante, est faite par affiches, et par l'insertion de notices dans les revues musicales, lorsqu'il est fait appel à des orchestres, et des virtuoses renommés, lorsque le prix des places atteint un niveau très élevé, il faut reconnaître que le caractère artistique de la cérémonie, est prédominant aux yeux du public. C'est ainsi que le 11 novembre 1927, au cours d'une messe en musique célébrée à Saint-Etienne-du-Mont, les concerts Colonne ont exécuté avec le concours des chœurs Amiatia, et de M. Thill, de l'Opéra, le célèbre *Requiem* de Berlioz. Cette manifestation importante ne comportant que des places de 20 à 100 francs a fait l'objet d'une intense propagande, aussi bien par affiches, que par insertions dans le *Guide du Concert* : le numéro du 18 octobre portait même la mention suivante :

« *Audition du « Requiem » de Berlioz.* — Cette
« audition qui aura lieu le 11 novembre avec les con-
« certs Colonne sous la direction de Gabriel Pierné,
« s'annonce comme un succès sans précédent. Il
« reste encore quelques bonnes places au Guide-
« Billet. Se hâter ! » Cette réclame, on le voit, ne
s'adressait qu'aux amateurs de musique, abstraction
faite de toute croyance religieuse, puisqu'elle ne
mentionnait même pas que le concert avait lieu dans
une église.

Il est certain, dans ce cas particulier qu'il s'agissait d'un véritable concert, et que la taxe eût été,
dès lors, légitimement perçue.

Nous ne méconnaissons pas les difficultés qui
résultent de l'examen des considérations de faits
propres à chaque cas, mais il paraît impossible de
respecter la volonté du législateur en agissant autrement. Ces difficultés sont une conséquence inévi-
table du caractère subjectif du criterium permettant de caractériser la matière imposable.

Visites de châteaux historiques. — Les visites
payantes de châteaux historiques ont fait également
l'objet de vives controverses. Deux jugements récents se sont prononcés en sens contraire sur des
espèces tout à fait analogues.

Le célèbre château breton de Josselin est depuis
quelques années accessible au public, moyennant
une légère rémunération. La propriétaire, la Duchesse
de Rohan, s'étant opposée aux prétentions de l'Administration qui entendait faire payer la taxe sur le

montant du prix d'entrée, l'affaire fut portée devant
le tribunal de Ploermel. Son jugement, en date du
9 décembre 1925, donne raison à l'Administration
des Contributions indirectes : « Attendu qu'il résulte
« de la discussion à la Chambre des députés, que
« le rapporteur a en vue de rechercher de nouvelles
« ressources fiscales en imposant « tout ce qui est
« manifestation de la vie de luxe, de la vie heureuse »
« que l'énumération de l'article 92 n'a rien de limi-
« tatif — que la volonté du législateur ayant été d'im-
« poser tous les spectacles et autres attractions
« assimilables, les exhibitions d'art ou présentant
« un caractère historique sont implicitement com-
« prises dans l'énumération précitée — qu'il n'est pas
« douteux que le château de Josselin est une des
« nombreuses attractions du tourisme en Bretagne. »

A cette opinion qui semble juridique, s'oppose la
théorie énoncée dans un jugement du tribunal
d'Annecy en date du 10 novembre 1926, hautement
approuvé par M. Balleydier dans une note importante et publiée par le Sirey (4e cahier mensuel,
1927, p. 57).

Le Tribunal prétendait taxer la visite du château
de Montrottier et du musée qui y était annexé ; le
tribunal d'Annecy, saisi de la question, débouta
l'Administration de ses prétentions.

Le jugement est basé sur deux affirmations pures
et simples qui nous semblent également inadmissibles « Attendu, est-il dit, que le législateur n'a

« voulu atteindre que les spectacles et attractions
« qui sont destinés à procurer un amusement à ceux
« auxquels on les offre, et qui sont conçus dans un
« but de lucre. » Il est, en premier lieu, absolument
« faux de penser que le législateur n'ait entendu
frapper que les divertissements, et non les manifestations artistiques. En se reportant à l'énumération de l'article 12-1°, on constate en effet que les
concerts symphoniques y sont spécialement visés.
Il est impossible de ne pas attribuer un caractère
hautement artistique à l'exécution d'une symphonie
de Mozart, ou du *Magnificat* de Bach ; les auditions
de cet ordre, qui ne peuvent être appréciées que
par une minorité du public, par une élite véritable,
ne sont pas en effet des « amusements ». Puisque
le législateur a entendu les soumettre à l'impôt, il
paraît difficile d'en exempter la visite d'un château
historique ; il s'agit alors d'une attraction, artistique
il est vrai, mais accessible au public tout entier,
quelle que soit sa culture.

S'il est faux que le législateur n'ait entendu frapper que les « amusements », il est également erroné
d'admettre que les entreprises à caractère lucratif,
sont seules passibles de l'impôt ; nous avons établi
précédemment, que cette opinion, était en contradiction manifeste, avec le texte et l'esprit de la loi
de 1920 (V. *supra*, p. 46 à 49).

Ces deux affirmations développées par le Tribunal d'Annecy, visent aussi bien le château de Montrottier, que le musée qui en fait partie. Cependant,

le jugement contient en outre des arguments propres à la visite du musée.

Remarquons, avant de les examiner, qu'un prix unique donnait accès à l'ensemble du domaine de Montrottier : or la visite essentielle, étant celle du château, on devrait se prononcer pour la taxation, même en admettant qu'un musée puisse, par sa nature même, échapper à l'impôt.

Le Tribunal constate que les « salons et expositions diverses » sont spécialement frappés par la loi, mais, dit-il « la visite du musée de Montrottier ne « peut être rangée dans cette rubrique, car il n'est « pas douteux que ces manifestations d'art sont « caractérisées par leur nature accidentelle et pas- « sagère, en même temps que par une idée de publi- « cité, à laquelle la recherche des succès et des « gains n'est jamais étrangère, — qu'il en est tout « autrement d'un musée, qui est une manifestation « d'art permanente et désintéressée faite dans un « but exclusivement artistique et instructif — que « c'est à raison de cette distinction, que le législa- « teur a bien spécifié que seuls, les musées de cire, « sont atteints par la loi. »

Ces arguments, habilement présentés, paraissent, au premier abord, assez troublants ; ils cessent cependant d'être convaincants si l'on fait cette simple remarque : le législateur n'a pas parlé des musées, car il ne songeait évidemment, qu'aux musées appartenant à des collectivités publiques, et qu'à cette époque, l'entrée y était toujours gratuite.

S'il a spécialement visé les « salons et expositions diverses », c'est parce qu'il y voyait les seules exhibitions d'œuvres d'art, organisées par de simples particuliers, ou par des organismes privés. Le silence du législateur, en ce qui concerne les musées, s'explique donc aisément.

Mais M. Balleydier, dans la note précitée, poursuit plus avant son argumentation : il remarque en effet que les musées publics, bien qu'ils soient payants, depuis 1921 (1), ne supportent pas la taxe, et qu'il serait dès lors raisonnable d'appliquer le même régime aux musées privés ; le distingué commentateur ajoute que les musées nationaux sont aujourd'hui dotés de l'autonomie financière, qu'ils ont un budget distinct de celui de l'État, et que dès lors ils sont passibles des impôts et taxes, dans les conditions ordinaires ; si donc, l'Administration des Contributions indirectes n'a pas frappé les entrées payantes dans les musées publics, c'est parce qu'il s'agit de manifestations, qui, en raison de leur nature même, ne tombent pas sous le coup de la loi de 1920. Dès lors, on ne peut qu'appliquer aux musées privés, une règle identique.

Cette argumentation n'est pas, en réalité bien probante : il est en effet une considération particulière, qui explique l'impossibilité de taxer les entrées dans les musées publics. Les prix d'entrée ont été fixés en effet par une loi : ils sont suivant les cas de 0,50, 1 franc ou 2 francs. Le législateur a entendu

1. Loi, 31 décembre 1921, a. 118.

exiger des visiteurs une somme de 0,50, 1 franc ou 2 francs et non pas une somme supérieure : la loi antérieure du 25 juin 1920 ne doit pas s'appliquer dans la mesure où elle modifiait celle de 1921.

Nous estimons donc, que si la taxe n'est pas perçue sur les entrées dans les musées publics, c'est pour des raisons très spéciales que l'on ne saurait invoquer en faveur des musés privées.

Ceux-ci sont passibles de l'impôt comme toutes les autres manifestations artistiques payantes.

Un musée ne pourrait à notre avis, être exempté, que s'il présentait un caractère nettement scientifique et instructif, s'il contenait par exemple des collections géologiques ou paléontologiques et s'il n'était visité, dès lors, que pour y chercher un enseignement et non un plaisir : cette hypothèse est d'ailleurs probablement théorique, car nous doutons qu'il existe en France des établissements privés de cette nature.

L'examen des différentes espèces soumises aux tribunaux, a permis de constater que la jurisprudence est loin d'être fixée en cette matière. Bien des incertitudes subsistent ; on a vu que la Cour de cassation elle-même a rendu des décisions entre lesquelles, il ne semble pas qu'il y ait toujours une parfaite cohérence.

Cette confusion tient à l'oubli trop fréquent, du principe qui se trouve à la base de l'impôt : il ne faut pas perdre de vue que le législateur a voulu frapper tous les plaisirs, si élevés fussent-ils, résultant essentiellement d'un spectacle.

Les difficultés soulevées en pratique, ayant été examinées à la lumière de cette règle générale, il a toujours été possible d'indiquer une solution qui semble conforme à l'esprit de la loi, aussi bien qu'à son texte.

SECTION II

Spectacles soumis à des tarifs spéciaux.

On a vu que le législateur de 1920 n'a pas voulu frapper uniformément tous les spectacles au même taux ; il a pensé que certaines manifestations pouvaient, en raison de leur nature, être taxées légitimement, avec plus de sévérité.

La loi du 25 juin 1920, modifiée par des textes subséquents, comporte aujourd'hui 6 catégories de spectacles que nous allons maintenant examiner brièvement.

1° MUSIC-HALLS, COURSES VÉLOCIPÉDIQUES...

D'après l'article 92-2°, sont frappés actuellement d'un tarif de 12 % (10 % plus le double décime) les entrées dans « les music-halls, courses vélocipédi-« ques, pédestres, nautiques, matches d'escrime et « de billard ».

Deux catégories distinctes de spectacles sont prévues dans ce paragraphe : les music-halls et les fêtes sportives.

Par music-halls, on entend des établissements dans lesquels sont donnés des exhibitions, des concerts, des attractions ou des revues ; ils comportent, en général un promenoir, un bar, et des salles où des orchestres se font entendre pendant les entractes.

On peut s'étonner que les spectacles sportifs, prévus par l'article 92-2°, soient assimilés aux music-halls, et plus sévèrement taxés que la généralité des autres attractions. Des courses nautiques ou pédestres, par exemple, sont des spectacles tout à fait sains, qui semblent dignes d'être encouragés ; en incitant les jeunes gens à pratiquer eux-mêmes les sports auxquels ils assistent, ils sont des plus favorables au développement physique et moral de la race. On ne se rend pas toujours un compte suffisamment exact de la concurrence certaine et bienfaisante, que font au cabaret, ces diverses manifestations sportives.

La rigueur de la loi se trouve, il est vrai, tempérée par une disposition de l'article 93, qui sera étudiée ultérieurement, et aux termes de laquelle, sont entièrement exonérés les spectacles donnés par certaines sociétés sportives d'amateurs.

Mais dans les cas où cette exception n'est pas appréciable, il semble que le tarif ordinaire de 7,2 % aurait été plus logique que celui de 12 %.

Il convient de faire remarquer, à propos de ce paragraphe, les inconvénients que présentent toujours les énumérations limitatives, forcément incomplètes : c'est ainsi que l'article 92-2° ne parlant pas des courses automobiles ou motocyclistes, il est impossible de les taxer au taux de 12 %. Bien que ce soient des manifestations dont le caractère sportif et bienfaisant est fort contestable, elles sont plus favorablement traitées que les courses pédestres, vélocipédiques ou nautiques, puisqu'elles bénéficient du tarif de droit commun prévu par l'article 92-1°.

Cette règle a été reconnue d'ailleurs par un arrêt de la Cour de cassation du 20 novembre 1924 : l'Automobile Club de Lyon, ayant prétendu qu'il devait bénéficier de l'exonération prévue à l'article 93, la Chambre criminelle a déclaré que cette prétention était inadmissible, et que « les entrées « aux courses organisées par ce club, ne pouvaient « échapper à la taxe prévue par l'article 92 § 1 « n° 1. » Le n° 1 de l'article 92 concerne, on le sait, le tarif de droit commun ; le taux de 12 % applicable aux courses pédestres, vélocipédiques, ou nautiques est fixé par le n° 2 du paragraphe 1 du même article.

2° CINÉMAS.

Les cinémas sont soumis à un régimes très particulier : la taxe porte sur le montant des recettes journalières, mais le tarif applicable varie suivant l'importance des recettes mensuelles.

Le législateur a pensé, en effet, qu'il n'était pas possible de frapper dans les mêmes conditions les modestes cinémas, existant dans les plus humbles faubourgs et les luxueux établissements dont les spectacles ne sont accessibles qu'au public fortuné. Il eut été, sans doute, plus logique de faire varier le tarif suivant le prix des places, et non suivant le chiffre global des entrées : ainsi les spectateurs des établissements exigus mais luxueux, auraient supporté une taxe plus lourde proportionnellement, que ceux des vastes cinémas populaires.

Cette solution, théoriquement préférable, ayant paru plus compliquée, le législateur a simplement tenu compte du montant total des recettes mensuelles.

Les tarifs de la loi de 1920, légèrement abaissés par l'article 38 de la loi du 30 juin 1923, puis augmentés d'un double décime en 1924 sont actuellement les suivants (Decr. de Codification, 18 déc, 1926, art. 88 § 1-3°) :

7,2% jusqu'à 15.000 de recettes nettes mensuelles c'est-à-dire déduction faite de la taxe d'Etat, du Droit des pauvres, et de toute autre taxe, communale établie par la loi.

« 12 % pour recettes comprises entre 15.001 et 30.000.

« 18 % pour recettes comprises entre 30.001 et 50.000.

« 24 % pour recettes comprises entre 50.001 et 100.000.

« 30 % pour recette dépassant 100.000 ».

Le système présente donc une certaine complication. Il convient de distinguer la recette journalière, sur laquelle l'impôt est perçu, et la recette mensuelle, qui sert de base à la fixation du palier au-dessus duquel la quotité de l'impôt est augmentée ; le jour même où les recettes brutes dépassent le palier augmenté de la taxe d'Etat et du Droit des pauvres, il y a lieu d'imposer au taux supérieur la partie des recettes en excédent.

C'est ainsi qu'au début du mois les recettes nettes supportent le tarif inférieur de 7,2 % ; dès que leur montant total dépasse 15.000, on applique à toutes ces recettes nouvelles, le taux supérieur de 12 %, et ainsi de suite jusqu'à la fin du mois. Mais, au premier jour du mois suivant, la perception se fait à nouveau sur la base de 7,2 %, puisque c'est le chiffre de recettes, à partir de cette date, que l'on prend en considération.

On remarquera que le régime très spécial des cinémas s'accorde assez mal avec l'ensemble de la législation concernant l'impôt sur les spectacles. L'entrepreneur ne peut déterminer à l'avance la portion exacte de ses recettes qu'il devra verser au fisc, puisque cette portion variera avec le nombre des entrées : il ne lui est pas possible dans ces conditions d'établir ses prix d'entrée, de façon à récupérer toujours exactement sur les spectateurs le montant de l'impôt ; si le premier palier, par exemple est atteint plus vite qu'il ne le pensait, la quotité de la taxe augmente, sans qu'il soit pratiquement possible d'élever en proportion le prix des places.

Il ne semble pas que le législateur ait prévu cette conséquence, lorsqu'il a voté le régime applicable aux cinémas.

3° Matchs de lutte... Thés-Concerts...

Le législateur de 1920 avait placé, dans cette catégorie, certains établissements où des danses étaient organisées pendant la durée des dîners ou des soupers. Mais la loi du 30 décembre 1921, article 40, ayant soumis à un nouveau régime, tous les dancings et bals, de quelque nature qu'ils soient les dîners dancings et soupers-dancings, ont été distraits de la catégorie dont nous nous occupons actuellement.

D'après le décret de codification du 28 décembre 1926 art. 88,§ 1-4°, appartiennent seuls à ce groupe « les matches de lutte, courses de taureaux, tirs aux « pigeons, combats de coqs, thés-concerts, soupers- « concerts, et autres établissements similaires « quelque soit leur mode d'exploitation. »

Il semble que le législateur, en taxant avec rigueur, les spectacles indiqués ci-dessus, ait obéi à deux idées différentes.

Il s'est d'abord proposé de frapper les manifestations dont la moralité lui a paru douteuse, et qui, en tous cas, ne méritent pas d'être encouragées ; ce sont les matches de lutte, les tirs aux pigeons, les combats de coqs, les courses de taureaux. La discussion à la Chambre des députés, avait été assez vive au sujet des courses de taureaux : les représentants du Midi assuraient qu'il s'agissait de spectacles éminemment sains et sportifs, alors que la majorité du Parlement y voyait des manifestations d'une écœurante sauvagerie. Un compromis fut adopté, et ces courses landaises ou provençales, ne comportant pas de mise à mort, bénéficièrent du tarif de droit commun.

Le législateur a pensé d'autre part, qu'il pouvait, ne pas ménager des établissements de pur luxe réservés à une clientèle oisive et riche ; c'est ainsi qu'il a frappé avec sévérité, les thés-concerts, organisés soit par des restaurants, soit par des établissements spéciaux, et les soupers-concerts.

A cette énumération s'ajoute une formule compréhensive « et tous autres établissements similaires, « quelque soit leur mode d'exploitation » ; on remarquera que l'expression « similaires », ne donne à l'Administration qu'une liberté, d'appréciation assez restreinte ; il en serait autrement si la loi avait employé ici le terme « assimilables » dont elle se sert dans l'article 92-1°, pour les spectacles soumis au tarif de droit commun.

Après avoir caractérisé les manifestations visées au n° 1 de l'article 88, § 1 du Décret de codification, il reste à déterminer le tarif qui leur est applicable. Une double taxe est ici prévue par les textes.

Les prix d'entrée, ou les dépenses qui leur sont

substituées, supportent des droits, qui, après avoir
été fixés à 25 %, s'élèvent aujourd'hui à 30 %. Mais
toutes les recettes, autres que les entrées, sont frappées en outre d'une taxe, qui en 1920 était de 25 %,
mais dont le produit n'appartenait que pour moitié à
l'Etat ; l'autre moitié était une ressource du Droit des
pauvres. Le double décime ne s'appliquant qu'aux
recettes de l'Etat, le tarif actuel est de 27,5 % dont
15 % reviennent au Trésor, et 12,5 % aux établissements de bienfaisance.

4°) Bals et Skatings

Nous avons vu dans la première section de ce chapitre, que les bals de société, bals forains ou occasionnels, n'étaient frappés par la loi, qu'au taux
ordinaire de droit commun. Il ne sera question ici,
que des établissements, non encore étudiés.

Les bals et dancings supportaient, d'après la
loi de 1920, une taxe de 25 % en sus du prix des
entrées. Mais le législateur, ayant estimé, que ce
tarif élevé, s'il était admissible en ce qui concerne
les établissements de luxe, semblait une charge
excessive pour les bals moyens et modestes, la loi
du 30 décembre 1921, est venue modifier dans son
article 40, le régime établi l'année précédente.

Les bals et dancings sont désormais classés, en
trois catégories, soumises à des tarifs différents. Un
organisme ayant été créé par la loi du 25 juin 1920,
article 6, en vue de déterminer les hôtels, cafés et

restaurants passibles de la taxe de luxe sur le chiffre d'affaires, la loi de 1921 le chargea tout naturellement de la répartition en trois catégories, des bals et dancings. La décision appartient donc actuellement, sauf recours devant une Commission supérieure, à des Commission départementales, composées de fonctionnaires et d'entrepreneurs.

Une circulaire du 3 février 1922 indique aux Commissions, dans quelles conditions doit être effectué le classement. En ce qui concerne la première catégorie, la circulaire, faisant remarquer que les thés-concerts et soupers-concerts restent frappés du tarif maximum, il y a lieu de ne pas traiter plus favorablement, les thés-dancings, diners-dancings, et soupers-dancings. Outre ces établissements, il faudra classer dans le premier groupe, les bals organisés dans de grands hôtels, ou de grands casinos, et d'une façon générale tous ceux qui ont un caractère de luxe.

La seconde catégorie sera celle des établissements moyens.

Enfin la troisième catégorie comprendra, les bals organisés dans des débits de boisson, les bals-musette, et d'une façon générale, toutes les réunions modestes.

Les skatings et salles de patinage sont également répartis en trois groupes, suivant leur caractère plus ou moins luxueux.

La loi du 30 décembre 1921, applique aux catégories ainsi déterminées, des tarifs qui, primitivement fixés à 25 %, 12 % et 6%, s'élèvent aujourd'hui, depuis le double décime, à 30 %, 14,4 % 7,2 % en sus du prix d'entrée. Mais, comme pour les spectacles examinés dans le paragraphe précédent, il y a une double taxation sur les entrées, d'une part, et sur les autres recettes, d'autre part.

Il peut arriver dans certains établissements qu'il n'y ait pas de prix d'entrée, ou que ce prix soit inférieur à celui de la première consommation obligatoire ; c'est alors cette première consommation qui supportera le droit applicable aux entrées, fixé suivant les cas à 30 %, 14,4 % ou 7,2 %.

Les recettes autres que celles correspondant à l'accès dans l'établissement, par exemple les droits de vestiaire, de chaise, le prix des consommations facultatives, étaient également frappées, par la loi de 1921, d'une taxe dont le tarif était le même que celui applicable aux entrées, soit 25 % 12, % et 6%. Mais ici le produit de ces droits était partagé entre le Trésor et les Etablissements de bienfaisance.

La loi ayant institué le double décime est venue compliquer, dans ce dernier cas, les tarifs antérieurs : la part des établissements de bienfaisance, n'ayant pas varié, le taux applicable aux recettes autres que les entrées, est actuellement de 27,5 %. 13,2 % ou 6,6 % suivant la catégorie, dont 15 %, 7,2 %, 3,6 % reviennent au Trésor.

5° Matches de boxe.

Le législateur a pensé qu'il était légitime de ne pas frapper dans la même proportion, tous les spectateurs de ces exhibitions.

On sait que le public, de certains grands matches, est des plus composite : alors que les gens du monde se disputent à prix d'or, les places à proximité du ring, les galeries abritent une foule éminemment populaire.

Une distinction suivant le prix des places a donc été instituée : le tarif est de 30 % ou 12 %, suivant que ce prix est supérieur ou inférieur à 20 francs.

6° Courses de chevaux.

Le projet gouvernemental avait soumis les courses de chevaux au régime de droit commun : le tarif de 6 % en sus des entrées était applicable dans tous les cas.

Cette disposition souleva, de la part de certains parlementaires, une vive opposition : les représentants de l'élevage à la Chambre, M. Hennessy et de Rotschild, furent d'accord, le 21 avril 1920, pour critiquer une disposition qui, d'après eux, devait porter aux courses de chevaux un coup mortel.

M. Hennessy demanda purement et simplement la suppression de tout impôt sur l'entrée dans les champs de course. Il fit valoir que les sociétés organisant les réunions hippiques, devaient, en raison même de leurs statuts, ne pas faire de bénéfices, et consacrer leurs gains éventuels à l'encouragement de la race chevaline ; il ajouta qu'il était illogique de taxer des sociétés, qui ne pouvaient souvent subsister que grâce aux subventions de l'Etat.

M. de Rotschild, moins absolu, proposa seulement un amendement, qui substituait à la taxe uniforme de 6 %. un droit fixe mais progressif par paliers, suivant le montant total des entrées.

Des discussions passionnées se déroulèrent à la Chambre : on y insista particulièrement sur la situation précaire des sociétés de courses en province.

Le gouvernement admit alors la disjonction du mot « courses de chevaux », mais à condition que la Commission des finances lui apportât à bref délai un texte susceptible de concilier, avec les nécessités budgétaires l'opinion de la majorité du Parlement. Quelques jours plus tard, le Rapporteur général de la Commission, M. de Lasteyrie exposa le projet qui avait été élaboré pendant ce laps de temps. Le texte, quelque peu modifié, fut finalement adopté par le Parlement ; il est devenu l'article 95 de la loi du 25 juin 1920, reproduit dans l'article 91 du décret de codification du 28 décembre 1926.

Le régime, définitivement institué présente de grandes analogies avec celui des cinémas : mais ici c'est le montant des recettes annuelles, et non pas mensuelles que l'on considère.

Pour donner satisfaction à tous ceux qui avaient intercédé en faveur des courses de province, on a décidé que la taxe n'est applicable que si le montant annuel des entrées dépasse 500.000 francs. Au delà de ce chiffre, les tarifs actuellement en vigueur sont de :

7,2 % sur la partie des recettes dépassant 500.000 et inférieure à 3 millions.

12 % sur la partie des recettes entre 3 et 6 millions.

18 % sur la partie des recettes entre 6 et 10 millions.

24 % sur la partie des recettes dépassant 10 millions.

La loi autorise les Sociétés à modifier le prix des entrées, afin de récupérer le montant de l'impôt sur le public.

Un décret du 27 septembre 1920 précise les conditions dans lesquelles sera perçue la taxe. Aussitôt que le montant des recettes, depuis le 1er janvier dépasse 500.000, les Sociétés doivent effectuer, mensuellement le versement de l'impôt calculé sur la base de 7,2 % ; puis à mesure que sont atteints les différents paliers indiqués par la loi, les versements se font sur la base de 12, 18 ou 24 % des recettes nouvelles.

Le régime de l'article 95, est, on le voit rigoureux : les entrées sur les hippodromes importants sont très lourdement frappées. Il semble que les défenseurs des courses au Parlement, aient été mal inspirés en critiquant le texte gouvernemental ; ils ont obtenu, il est vrai, une exonération à la base, mais ils ont dû l'acheter au prix d'une augmentation considérable des tarifs dans la plupart des cas.

Il est juste d'ajouter que l'augmentation du prix des entrées, résultant de l'impôt, n'a pas, semble-t-il enlevé aux champs de course, un seul de leurs fidèles habitués.

CHAPITRE II

EXONÉRATIONS ET RÉDUCTIONS

En comparant, au cours du deuxième chapitre de la première partie, le Droit des pauvres avec la taxe d'Etat, on a constaté que ce dernier impôt comportait un certain nombre d'exonérations, justifiées par des considérations diverses, mais toujours inspirées du souci de l'intérêt général.

Avant d'examiner les dispositions édictées en cette matière par la loi, il importe de dissiper une confusion qu'elles seraient susceptibles de faire naître, et de remarquer qu'elles ne s'opposent aucunement, au principe essentiel et indiscutable, d'après lequel c'est le spectateur qui est redevable de l'impôt.

Comme en effet, quelques unes seulement de ces exonérations sont établies dans l'intérêt des spectateurs, tandis que les plus nombreuses ont pour objet d'encourager et de favoriser certaines entreprises ou certaines œuvres particulièrement dignes d'intérêt, on pourrait être tenté d'en conclure que, d'une façon générale, ce sont les entrepreneurs eux-mêmes qui sont frappés par l'impôt, puisque c'est pour assurer la prospérité de leur entreprise, que la loi, dans les cas que nous allons examiner prononce l'exonération. Ce serait une erreur. C'est toujours le spectateur qui est le redevable de la taxe, mais il va de soi que toutes les mesures dont il bénéficie, l'entrepreneur en profitera indirectement, si l'exemption ou la réduction, est de nature à lui amener un plus grand nombre de spectateurs.

SECTION I

Exonérations en faveur de certains organismes à caractère désintéressé.

L'exemption accordée par la loi ne concerne pas les représentations données par toutes les associations poursuivant un but d'utilité générale. Elle s'applique seulement dans les cas limitativement énumérés par l'article 93 de la loi du 25 juin 1920.

Cinq catégories de manifestations bénéficient de l'exemption légale :

1º « Les représentations données au profit des éta-« blissements publics et des œuvres reconnues « d'utilité publique, ayant un caractère de bienfai-« sance. »

Il est aisé de déterminer les établissements publics susceptibles, par leur nature, de bénéficier de l'exonération prévue : ce sont, par exemple, les bureaux de bienfaisance, les caisses des écoles, les offices des pupilles de la Nation.

Les œuvres privées, reconnues d'utilité publique, peuvent, au contraire, présenter des aspects, si variés et si complexes, qu'il n'est pas toujours facile de distinguer leur caractère essentiel : elles sont parfois simultanément corporatives et charitables, et l'on peut se demander si l'exemption de l'article 93 est alors applicable.

Malgré le silence de la loi, et pouréviter des contestations continuelles, il a fallu charger un organisme compétent du soin de déterminer, parmi les œuvres reconnues d'utilité publique, celles qui ont le caractère de Bienfaisance. C'est en vertu d'une simple pratique administrative, que l'on a confié ce rôle, depuis 1920 à la section permanente du Conseil supérieur de l'Assistance publique.

2° « Représentations données au profit des socié« tés de secours mutuel, approuvées ou reconnues « d'utilité publique. »

Au paragraphe de la loi de 1920, un texte postérieur est venu ajouter, les représentations données par « les associations d'étudiants, reconnues d'uti« lité publique. »

3° « Représentations données au profit des œuvres « de guerre, autorisées par arrêté ministériel, dans « les conditions prévues par la loi du 30 mai « 1916 ».

Cette disposition n'est plus aujourd'hui qu'une survivance sans application pratique.

4° « Sur l'avis conforme de l'Office national des « sports, les représentations données, par les fédé« rations et les sociétés, dont les recettes sont « exclusivement réservées à leur propre fonctionne-

« ment, dans le but de contribuer au développement
« du sport, de l'éducation physique, et de la prépa-
« ration du service militaire. »

Cette disposition, bien que fréquemment invoquée, n'est pas rigoureusement applicable, dans les
termes où elle est rédigée. L'Office national des
sports, est en effet, demeuré à l'état de projet, il
n'y a, dès lors, aucun organisme compétent pour
déterminer les associations, qui, en raison des
caractères exigés par la loi, sont à même de bénéficier de l'exonération prévue.

L'Administration a cependant décidé, que la Section d'éducation physique, au ministère de la Guerre,
suppléerait l'Office national des sports, et qu'elle
délivrerait aux associations sportives les avis mentionnés par la loi.

Cette pratique paraît tout à fait illégale : l'Administration, n'interprète pas ici le silence des textes,
mais elle élabore une réglementation qui s'oppose à
la volonté nettement exprimée du législateur. La
Section d'éducation physique au ministère de la
Guerre, étant uniquement composée de représentants de l'armée, ne présente aucune analogie avec
l'Office national des sports, tel qu'il était prévu en
1920.

Aussi certains tribunaux se sont-ils demandés,
s'il ne leur appartenait pas d'examiner eux-mêmes,
la nature des associations sportives poursuivies par
le fisc, sans qu'il y ait à tenir compte de l'avis de
la Section d'éducation physique au ministère de la

Guerre. Telle est notamment l'opinion défendue par le Tribunal de Montpellier dans un jugement du 31 mai 1927 :

« Attendu que cet article (93) prescrit que la taxe « ne s'applique pas aux représentations organisées « au profit exclusif de :... 3° sur l'avis conforme de « l'Office national des sports... » Attendu que Diffre « soutient que la société, le Tennis-Club dont il est « le secrétaire est dans le cas d'exonération ; qu'il ne « produit pas l'avis conforme de l'Office national des « sports ; qu'on ne saurait lui en faire grief, puisque « cet office n'est pas encore créé ; qu'à son défaut « le Tribunal a le pouvoir souverain d'apprécier le « caractère sportif de la Société, mais que pour faire « cette appréciation, le tribunal a besoin de faire « vérifier si le Tennis-Club de Montpellier, remplit « les conditions prescrites par l'article 88 du décret « de codification du 28 décembre 1926. »

Cette opinion, bien qu'elle soit théoriquement justifiable, est difficilement admissible en pratique ; elle susciterait des procès continuels que l'avis d'un organisme impartial et compétent a justement pour objet d'éviter.

Une modification de la législation actuelle, est donc à cet égard désirable : il importe en effet que la question soit enfin réglée, et que les deux conditions auxquelles la loi subordonne l'exonération, soient régulièrement examinées.

La loi n'exempte en effet de la taxe, que les associations qui consacrent exclusivement leurs recettes à leur propre fonctionnement, et qui ont pour but de contribuer au développement du sport, de l'éducation physique, et de la préparation au service militaire.

Si la première condition est parfaitement claire, la seconde, au contraire, nous paraît rédigée d'une façon défectueuse. La loi exige en effet que l'association contribue à la fois au développement de l'éducation physique, du sport et de la préparation militaire : d'après ce texte, les sociétés donnant aux jeunes gens une instruction aussi bien militaire que physique seraient seules susceptibles de bénéficier de l'exonération. Le législateur ne pensait évidemment pas à édicter une mesure aussi étroitement limitée, d'autant plus que ces Sociétés n'ont généralement pas l'occasion d'organiser des spectacles payants ; ce sont les séances sportives où s'exhibent des champions que la loi se propose d'exempter dans certains cas. Mais on ne saurait dire, alors, qu'une association de tennis ou de natation par exemple, contribue au développement de la préparation militaire : bien souvent les adhérents ont dépassé l'âge du service militaire, bien souvent également les femmes et les jeunes filles sont admises à faire partie de l'association

En réalité le sport et la préparation militaire, sont deux choses différentes que le législateur a voulu protéger dans les mêmes conditions ; mais alors, à la formule « ... développement du sport, de l'éducation physique, et de la préparation militaire », il aurait fallu substituer la suivante «... le développement du sport, de l'éducation physique ou de la préparation militaire ».

5° » Représentations organisées au profit exclusif « des associations amicales de réformés, mutilés, « et veuves de guerre, des associations d'éducation « populaire qui ont fait la déclaration prévue par la « loi du 1er juillet 1901 et qui ne poursuivent la réa- « lisation d'aucun bénéfice commercial ou finan- « cier. »

Les diverses exonérations prévus dans les cinq paragraphes de l'article 93, ne sont accordées, que si la totalité des bénéfices est bien versée à l'œuvre ayant droit à l'exemption. Au cas où une partie des recettes nettes profiterait à une œuvre non prévue par la loi, les dispositions de l'article 93 ne seraient plus applicables.

Une circulaire récente du 12 février 1927 (1) est venue restreindre, quelque peu arbitrairement, la portée des différentes exonérations établies par l'article 93 (art. 89 du décret du 28 décembre 1926).

Le ministre des Finances estime que « si le vœu du « législateur a été d'exempter de l'impôt des repré- « sentations exceptionnelles données au profit de « certains établissements ou œuvres, il n'a pas « entendu accorder la franchise, quel que soit le « bénéficiaire de l'exploitation, à de véritables entre-

_____

1. *Bulletin officiel annoté de tous les ministères*, avril 1917.

« prises de spectacles, ayant un caractère permanent.
« Seules les représentations exceptionnelles et acci-
« dentelles, données au profit de groupements ou
« œuvres énumérées à l'article 89 du décret du
« 28 décembre 1926, pouvaient entraîner l'exonération. »

L'attention du ministre des Finances a probablement été attirée par des abus auxquels il s'est proposé de mette fin ; si rationnelle que soit la décision prise, elle peut sembler d'une légalité douteuse,
étant donné les termes non restrictifs de l'article 93
de la loi de 1920.

SECTION II

Exemptions ou réductions en faveur de certaines entreprises commerciales.

C'est en faveur d'associations poursuivant uniquement un but d'intérêt général, que le législateur
a établi les exonérations étudiées dans la section
précédente ; mais il lui a semblé qu'il y avait, en
outre, intérêt à tempérer parfois la rigueur de l'impôt, dans certains cas où il s'agit cependant d'ex-
ploitations purement commerciales.

Des considérations diverses l'ont conduit à édicter
des dispositions répondant à trois idées principales.

1° *Établissements subventionnés.* — Il a paru,
d'abord, que les établissements subventionnés méritaient des faveurs particulières. La subvention, au

cas où elle émane de l'Etat, se concilierait d'ailleurs assez mal, a-t-on dit, avec une taxation rigoureuse : il serait peu logique pour l'Etat de prélever une partie des recettes brutes d'un Etablissement auquel il verse, d'autre part, des sommes importantes. Cette considération est, en réalité, sans grande valeur ; comme nous l'avons fait remarquer, l'entrepreneur n'est pas le redevable de la taxe, il n'en est que le collecteur : ce n'est pas, dès lors, la même personne qui paie l'impôt, et qui reçoit la subvention ; il ne saurait donc y avoir de compensation entre ces deux opérations.

Par contre, on peut faire très justement valoir, en faveur des établissements subventionnés, que l'aide financière dont ils bénéficient, permet de supposer qu'il s'agit de spectacles hautement artistiques, dont il a paru légitime d'encourager et de faciliter la fréquentation. La subvention est une garantie qui justifie les dispositions édictées par la loi, en faveur d'une partie de leur public.

C'est en vertu de cette idée que l'article 93 de la loi du 25 juin 1920, modifié en 1926 (loi 19 déc. art. 16), dispose que :

« Dans les théâtres et concerts symphoniques
« qui étaient subventionnés par l'Etat ou les villes,
« pendant la période de trois années antérieures au
« 1er août 1914, et auxquels sera allouée pour l'ave-
« nir une subvention, il ne sera perçu aucune taxe
« sur les places dont le prix est inférieur, Droit des
« pauvres et autre taxe communale compris,

« à 12 francs pour Paris, et 6 francs ailleurs. »

Dans un dessein d'éducation artistique populaire, les spectateurs les plus modestes ont seuls été exemptés de la taxe. Cette combinaison a le triple avantage d'aider au succès de l'entreprise, d'inciter l'entrepreneur à multiplier les places à bon marché, et d'exempter de la taxe les spectateurs ou auditeurs à bourse modeste.

A cette disposition concernant tous les théâtres et concerts symphoniques, est venue s'ajouter une nouvelle mesure de faveur applicable seulement aux « concerts non quotidiens donnés par des associa-« tions d'artistes ou des sociétés de concerts clas-« siques, subventionnées par l'Etat, les départe-« ments ou les communes ». D'après l'article 16 de la loi du 19 décembre 1926, tous les auditeurs de ces concerts, quel que soit le prix des places, ne paient que la moitié des taxes prévues par l'article 12 de la loi de 1920.

2° *Etablissements de province.* — Quelques années après la création de la taxe sur les spectacles, on s'est avisé que les théâtres et cinémas de province, étaient très loin d'avoir la même vitalité que les établissements analogues de la capitale. Plusieurs orateurs ont aisément attendri le Parlement tout entier sur le compte de ces théâtres de province, centres artistiques humbles et modestes, dont l'existence vacillante était gravement compromise par le nouvel impôt.

Ainsi fut introduite dans la loi de finances du

13 juillet 1925 la disposition suivante, dont il semble que l'intérêt principal soit d'ordre électoral.

Article 98. — « L'article 92 de la loi du 23 juin « 1920 est complété par l'addition suivante :

« En ce qui concerne les départements, et uni-« quement pour les théâtres, music-halls et ciné-« mas, l'Etat ne percevra que 50 % des taxes qu'il « perçoit sur les théâtres, music-halls et cinémas « exploités à Paris. »

3° *Spectacles à très faible prix d'entrée.* — Il est enfin certains spectacles, que le législateur a exempté de la taxe, en raison seulement de la modicité des recettes qu'ils réalisent. D'après l'article 93 de la loi du 30 juin 1920 modifié par l'article 39 de la loi 30 juin 1923 :

« Ne sont pas soumis à l'impôt, les spectacles dont « l'entrée est gratuite, ou ceux ne comportant pas « de place dont le prix est supérieur à 0,50 s'il s'agit « de représentations théâtrales ou cinématographi-« ques enfantines ou scolaires, et 0,25 s'il s'agit de « tous autres spectacles ».

L'Administration estime malgré ce texte que l'exonération ne s'applique pas à des établissements, tels que les gramophones, même si l'audition de chaque morceau y est de 0,25, car cette dépense peut se renouveler, si bien, qu'en fait, il s'agit d'un spectacle dont le prix d'entrée est supérieur à 0,25.

CHAPITRE III

Calcul de l'impôt : modalités particulières de perception.

On a vu, lors de la comparaison des trois impôts sur les spectacles, que la loi du 31 juillet 1920, pose, dans son article 39 le principe général de la perception en sus du prix des places ou des entrées. En connaissant les tarifs applicables aux différentes catégories de spectacles, il semble qu'il soit aisé de liquider dans chaque établissement, le montant exact de l'impôt. Si, par exemple, les spectateurs d'un music-hall, paient à l'entrepreneur une somme de 50 francs par fauteuil d'orchestre, ils devront verser 12 % en sus, soit 6 francs au titre de l'impôt d'Etat ; la recette totale nette s'élevant à 10.000 fr., le montant de la taxe serait de 12 % en sus, soit 1.200 francs.

Il s'en faut cependant, que la liquidation de l'impôt, s'effectue toujours avec cette simplicité. La loi de 1920 et des lois subséquentes ont édicté plusieurs dispositions, aux termes desquelles, il convient de faire subir certaines modifications préalables au montant total des prix d'entrée, avant d'effectuer le calcul précédemment indiqué.

1° Dépenses jointes ou substituées obligatoirement au prix d'entrée.

Il peut arriver que dans certains établissements, il n'y ait pas de prix d'entrée, ou que ce prix ne constitue qu'une partie des sommes exigées à titre obligatoire des spectateurs. On ne saurait dans ce cas s'en tenir au principe de la perception en sus du prix des places : il en résulterait en effet des exemptions inadmissibles, absolument contraires au principe de l'impôt.

Aussi le législateur a-t-il disposé dans le paragraphe 14 de l'article 93 de la loi de 1920 que « si à la « perception du prix de la place est jointe ou subs- « tituée obligatoirement, celle d'un droit de ves- « tiaire, ou celle du prix d'un objet ou d'une fourni- « ture quelconque, la taxe s'applique également « aux prix perçu à ces divers titres ».

Cette règle est fréquemment applicable aux dancings, thés-concerts, thés-dancings et autres établissements analogues : en l'absence de droit d'entrée, l'impôt est alors perçu d'après le prix de la première consommation obligatoire. Ce prix est aisé à déterminer lorsqu'il est fixé d'une façon invariable : il en est ainsi dans certaines maisons dites « thé-dansants » où le public est admis moyennant le paiement d'une somme de 15 francs par exemple, correspondant au thé et aux gâteaux qui l'accompagnent.

Dans le cas plus général, où les prix sont variables

avec les consommations, l'administration ne peut que déterminer assez arbitrairement une moyenne applicable indistinctement à tous les assistants.

Le ministère des Finances, a précisé dans une circulaire du 3 février 1922, que la même règle ne saurait être admise, en ce qui concerne les dîners-dancings, et les soupers-dancings ; il serait trop rigoureux de considérer le prix du repas, comme étant substitué au prix d'entrée. L'Administration, devra établir le montant de la somme imposable de façon que ce prix soit sensiblement analogue, à celui qui est exigé à l'entrée d'établissements du même ordre.

Le principe de l'imposition sur les dépenses obligatoires, jointes aux substituées au prix d'entrée, a soulevé diverses difficultés qui ont été soumises aux tribunaux.

Nous avons vu précédemment que le tribunal correctionnel de la Seine, a décidé le 25 juin 1927, (V. *supra.*, p. 63) que la taxe devait être perçue sur les locations de tennis, à l'heure ou à l'année. Conformément à la règle de l'article 92, il faut considérer, disait-il, qu'un droit de location, est ici substitué au prix d'entrée.

La Cour de cassation a invoqué le même texte dans l'arrêt déjà cité du 3 janvier 1925 (V. *supra.*, p. 66), relatif aux tirs forains. L'exploitant prétendait qu'il n'était pas passible de la taxe, car il se contentait d'exiger des tireurs, la rémunération de fournitures diverses : location du fusil, vente des balles et du car-

ton. La Cour lui donne tort « Attendu que le même
« article (92) ajoute paragraphe 13 que « si à la
« perception de la place est jointe ou substituée obli-
« gatoirement... celle du prix d'un objet ou d'une
« fourniture quelconque, la taxe s'applique égale-
« ment au prix perçu à ces divers titres » ; attendu
« que Gallais était poursuivi pour avoir tenu à Luxeuil,
« sans payer les taxes imposées, un tir forain, ou
« toute personne était admise moyennant le paie-
« ment obligatoire de la somme de 1 fr. 25 par carton
« de cinq balles... attendu que l'arrêt attaqué ayant
« débouté l'Administration, a donné une fausse
« interprétation de l'article 92 » (1).

2º CARTES D'ABONNEMENT.

Le législateur a prévu, dans le même article 92,
la question des cartes d'abonnement, qui aurait été
assez embarassante en l'absence d'un texte légal.
Faut-il taxer le spectateur d'après le prix effectivement versé, ou d'après le prix normal des places ?

Le paragraphe 14 de l'article 92 distingue entre
les cartes donnant droit à un certain nombre de
représentations et les cartes permanentes. Les premières sont taxées d'après le « tarif normal des
« places prises en location, auxquelles elles donnent
« droit ».

1. Si l'arrêt de la Cour est, sur ce point irréprochable, il
faut rappeler au contraire, qu'il semble erroné, sur le principe
même de la taxation. Nous avons montré déjà, que le divertissement en question, n'ayant en rien le caractère d'un spectacle n'aurait pas dû légalement être frappé.

Quant aux cartes permanentes, permettant un nombre indéterminé d'entrées, elles sont imposées, soit comme les billets ordinaires, chaque fois qu'elles sont utilisées effectivement, soit, sur la demande des établissements, d'après un nombre d'entrées égal au nombre de jours pour lesquels ces cartes sont valables : dans ce cas, l'impôt doit être acquitté au moment de la délivrance des cartes.

La seconde combinaison, plus commode, puisqu'elle permet de payer la taxe une fois pour toutes, est par contre plus onéreuse, l'impôt étant dû, même au cas où l'abonné n'assiste pas à la représentation.

3° Entrées a titre gratuit et à prix réduit.

Les entrées à titre gratuit, et à prix réduit, posaient en 1920 un problème délicat. Les premières seraient-elles exemptées de tous droits ? les secondes seraient-elles passibles de l'impôt, sur le prix normal de la place, ou seulement sur la somme effectivement versée par le spectateur ?

D'après une jurisprudence ancienne et bien établie (1), le Droit des pauvres n'était pas exigible, sur les billets délivrés à titre gratuit. Allait-on appliquer à la taxe d'Etat, cette théorie traditionnelle, ou devait-on poser au contraire le principe de l'imposition ? Cette seconde solution ayant paru préférable, il fut décidé par l'article 92 § 13 de la

1. Arrêt du C. d'Etat du 5 août 1831.

loi que « en ce qui concerne les trois premières
« catégories, les entrées à titre gratuit sont impo-
« sées d'après le prix des mêmes places payantes »,
quant aux entrées à prix réduit, le même texte
dispose, conformément à la pratique suivie pour le
Droit des pauvres, qu' « elles sont imposées d'après
« le prix des places effectivement payées ».

Cette réglementation, qui ne s'appliquait pas aux
établissements de la quatrième catégorie, a été étendue par la loi du 30 décembre 1921 article 40 aux bals
et skatings. Il résulte de ce texte ; que le principe
de l'article 92 § 13, demeure inapplicable, aux établissements de la quatrième catégorie, autres que
les bals et skatings, c'est-à-dire, aux matches de
lutte, courses de taureaux, tirs aux pigeons et combats de coq ; cette anomalie que rien ne justifie
semble due uniquement à l'inadvertance du législateur.

Quelques exceptions, limitativement énumérées,
au principe de la taxation des entrées gratuites, ont
été prévues, au contraire, par la loi de 1920. D'après
l'article 93 § 4 « sont exemptés de l'impôt les
« places offertes gratuitement aux blessés de guerre
« hospitalisés, aux mutilés et réformés de guerre ;
« peuvent être exemptées, dans les conditions
« déterminées par l'Administration, les places occu-
« pées par les personnes tenues d'assister au spec-
« tacle en raison de l'exercice de leurs fonctions ou
« de leur profession, ainsi que celles offertes gratui-
« tement aux élèves des facultés, écoles, pension-

« nats, assistant en groupes aux représentations ».

Si aucune difficulté n'a été soulevée à propos des mutilés, et des élèves des écoles et facultés, il n'en a pas été de même, en ce qui concerne « les personnes tenues d'assister au spectacle en raison de leurs fonctions ou de leur profession ».

Cette exemption, très légitime, puisque c'est le plaisir seul que l'on a voulu frapper, s'est révélée, en pratique, d'une application délicate.

Un certain nombre de personnes, ont été cependant reconnues par l'Administration, comme rentrant indiscutablement dans la catégorie visée par la loi : c'est le cas notamment du directeur du théâtre, et de l'auteur de la pièce représentée, qui ont, en effet, constamment besoin de pénétrer dans la salle de spectacle pour surveiller et corriger le jeu des acteurs. Divers fonctionnaires, tenus du fait de leurs fonctions, d'assister à la représentation doivent être également exonérés de toute taxe : ce sont le médecin, et l'officier ou le commissaire de police, de service.

L'Administration a admis également qu'à ces exemptions, il fallait ajouter celles qui sont accordées aux membres de l'Association de la critique dramatique et musicale : les sociétaires doivent être porteurs d'une carte nominative, strictement individuelle, visée par le Directeur départemental des Contributions indirectes.

Cette liste d'exemptions, dressée en 1920, fut jugée insuffisante par les directeurs de théâtres ; ils firent valoir qu'un certain nombre de personnes, autres que celles énumérées, devaient assister au spectacle, en raison même de leur profession : ce serait le cas notamment des acteurs qui viennent observer le jeu de certains de leurs camarades, pour en profiter dans l'avenir. Il s'agit alors d'un enseignement, et non d'un plaisir.

Bien que cette observation ne fût pas dénuée de justesse, l'Administration avait refusé de l'admettre, car elle craignait des abus. Le contrôle, au surplus, semblait bien difficile ; on ne pouvait songer à demander aux agents du fisc, de s'assurer de la profession véritable des personnes bénéficiant de billets affranchis de la taxe.

Sur l'insistance des directeurs de théâtres, un compromis fut cependant adopté : le décret du 11 mai 1923 est venu poser une règle quelque peu arbitraire, mais dont l'avantage essentiel est d'éviter désormais toute contestation « les directeurs de « théâtres, concerts, cabarets d'auteurs, cirques et « music-halls, pourront disposer de quatre entrées « par jour sans paiement de l'impôt ; les trois quarts « de ces places devront être attribuées obligatoire- « ment à des artistes dramatiques ou lyriques ». En fait, aucun contrôle n'est exercé sur les directeurs, qui sont libres de disposer, comme ils l'entendent, des quatre entrées gratuites que prévoit le décret.

Aux quelques exceptions de l'article 93 près, le principe de l'article 92 § 13 conserve une portée tout à fait générale : les billets de faveur sont taxés d'après le prix des mêmes places payantes, et les billets à prix réduit d'après le prix des places effectivement payées.

Mais, étant donné les termes de cette disposition, des entrepreneurs peu scrupuleux avaient toute facilité pour tourner la loi, en accordant, sous forme de billets à prix réduit d'un faible montant, de véritables billets de faveur, échappant presque totalement à l'impôt.

Un directeur de théâtre, en effet, au lieu de donner à un ami, un billet gratuit passible de la taxe que nous supposons de 5 francs, préférera lui remettre un billet à prix réduit de 3 francs, qui augmenté de l'impôt, ne reviendra qu'à 3 fr. 50 environ ; l'entrepreneur offre ainsi des billets pouvant revenir moins cher que des billets gratuits, tout en encaissant les 5/6 de la somme que doit verser le spectateur. Le fisc seul est lésé, dans cette combinaison avantageuse pour les deux autres parties.

Ainsi un décret du 29 juin 1921, est-il venu mettre fin à ces pratiques, en disposant que les billets gratuits et les billets à prix réduit, ne correspondant pas au même but, ne devaient pas, dès lors, être accordés indifféremment par les directeurs de théâtre.

« Sont considérées, comme entrées gratuites, et « par conséquent imposables au prix normal de la « place, toutes celles qui sont accordées à titre « personnel. » C'est ainsi que doivent rentrer dans cette catégorie les invitations, les billets d'auteurs,

les entrées remises aux propriétaires des salles de
spectacle. Le décret considère également que les
billets donnés comme contre-partie, et à titre de
rémunération d'un service rendu, sont accordés à
titre personnel : ce serait le cas, notamment, des
billets offerts aux entrepreneurs de publicité qui
sont chargés de l'affichage du spectacle.

D'après le décret du 21 juin 1921, il faut, au contraire, considérer « comme entrées à prix réduit,
« imposables à ce prix, les entrées répondant à un
« procédé normal et régulier d'exploitation, et accor-
« dées sans considération de la personne qui en
bénéficie ». Le législateur a envisagé ici le cas des
billets répandus dans le public, par des directeurs
de théâtre, cherchant à soutenir le succès un peu
chancelant des pièces qu'ils représentent. Le décret
précise que ces billets, délivrés par l'intermédiaire
d'agences, de banques ou de commerçants, peuvent
seuls bénéficier de la mesure édictée par l'article 92, § 13 de la loi du 1920. Des billets à prix
réduit, accordés dans d'autres conditions, seraient
considérés comme billets gratuits, et imposables
d'après le prix normal des places.

Une hypothèse assez particulière est celle où un
commerçant remet à ses clients les billets à prix
réduit que lui concède l'exploitant du spectacle
moyennant une rémunération, en nature ou en
espèce. L'impôt est-il dû sur la somme versée par
le spectateur, sur le prix augmenté de la rétribution

payée par le commerçant ou sur le prix normal des places ?

La Cour de cassation s'est prononcée le 29 avril 1925 (*D. H.*, 25, p. 406), en faveur de la troisième solution, qui semble, en effet, la plus logique.

L'espèce soumise à la jurisprudence était la suivante : La Société des chocolats Poulain, insérait dans chacun de ses paquets deux billets à prix réduit pour l'Eden-Cinéma de Luxeuil-les-Bains, exploité par les frères Bédard. « Attendu, dit la « Cour, que le jugement attaqué constate qu'en sus « du prix payé par les spectateurs, la chocolaterie « Poulain s'engage à rémunérer les tenanciers de « l'Eden-Cinéma par d'autres avantages : soit pécu- « niaires, tels qu'une redevance annuelle de « 500 francs, soit en nature, tels que la publicité « par les billets délivrés aux acheteurs de chocolat, « ou la garantie contre toute exploitation de spec- « tacle concurrente ; qu'il en conclut que ces avan- « tages constituent la contre-partie des billets con- « cédés, et qu'en conséquence les dits billets « malgré leur libellé, sont en réalité entièrement « payants, attendu dès lors qu'il les a justement « soumis à l'intégralité de la taxe frappant le prix « normal de la place occupée, par application de « l'article 1er du décret du 29 juin 1921... » La Cour estime donc qu'il y a lieu, dans ce cas, de taxer les billets à prix réduits, comme s'ils étaient délivrés gratuitement.

La Cour de cassation s'est, d'autre part, prononcée

le même jour, sur une autre combinaison imaginée par les mêmes chocolats Poulain. Cette société, fertile en artifices publicitaires, exploitait elle-même à Alais, un cinéma « le Familia Cinéma » où les spectateurs, porteurs d'un bon accompagnant chaque tablette, avaient droit à un billet à demi-tarif. Dans cette hypothèse encore, la Cour décida que ces billets devaient être taxés d'après le prix normal des places. « Attendu, que les billets à demi-« tarif, font partie d'une combinaison commerciale, « dont le cinéma n'est que l'accessoire ; que cette « constatation suffit à rendre inapplicable l'article 2 « du décret du 29 juin 1921, qui ne range dans les « billets à prix réduit que « les seuls billets consti-« tuant un procédé régulier de l'exploitation de l'en-« treprise de spectacles » ; que tel n'est pas le cas « de la combinaison adoptée par la chocolaterie « Poulain qui n'a d'autre objet que de favoriser la « vente du chocolat. »

Ces décisions jurisprudentielles, tout à fait logiques, sont d'ailleurs en parfait accord avec la conception du ministre des Finances, qui admettait dans sa circulaire du 31 juillet 1921, que les « billets « donnés par des commerçants en vue de favoriser « la vente de leurs produits doivent être assimilés « aux billets gratuits et sont passibles de l'impôt « d'après le prix normal des places ».

Pour que des billets à prix réduits bénéficient du régime institué en leur faveur par l'article 92 de la loi de 1920, il est nécessaire, en effet, qu'ils correspondent toujours à « un procédé régulier d'exploitation du spectacle ».

Mais cette condition essentielle n'est pas considérée comme suffisante par le décret de 1921 : il faut encore « que la somme déboursée par le spec- « tateur ne soit pas inférieure à celle qui serait « payée, pour la même place, au seul titre d'impôt, « droits et taxes, par le porteur d'un billet gratuit ». Cette règle, tout à fait logique, interdit qu'un billet à prix réduit puisse être plus avantageux pour le spectateur qu'un billet gratuit.

Pour assurer une exacte application des règles posées par les articles 1 et 2 du décret de 1921, pour éviter que les billets à prix réduit soient accordés frauduleusement à la place de billets gratuits, il était nécessaire d'exiger que ces différents coupons portent une mention précise qui évite toute ambiguïté sur la nature véritable des entrées auxquelles ils donnent droit. Cette obligation, qui résulte de l'article 3 du décret, permet à l'Administration d'exercer un contrôle efficace et de déceler les manœuvres irrégulières auxquelles pouvaient se livrer les directeurs de théâtre.

4° SPECTACLES COMPORTANT DES ATTRACTIONS DIFFÉREMMENT IMPOSÉES.

Certains établissements offrent au public des attractions appartenant à des catégories de spectacles inégalement taxées : c'est ainsi, par exemple, que

Gaumont-Palace, ou le Théâtre des Champs-Elysées, présentent successivement des films et des numéros de music-hall.

On pourrait se demander ici, quel est le tarif qu'il convient d'appliquer. L'article 93 § 12 de la loi du 25 juin 1920 a tranché la difficulté en admettant que « la taxe est calculée d'après le tarif « le plus faible, lorsque le spectacle passible de cette « taxe, considéré isolément, a une durée au moins « égale aux trois quarts de la durée totale de la repré- « sentation ».

CHAPITRE IV

**RECOUVREMENT. — SANCTIONS.
CONTENTIEUX.**

En raison de sa nature même, on devait tout naturellement appliquer à la taxe sur les spectacles,
les règles de recouvrement et de contentieux propres aux Contributions Indirectes : le décret du
5 août 1920, précisant un principe qui ressort nettement de la loi du 25 juin, déclare que « le recou-
« vrement des droits est opéré comme en matière
« de contributions indirectes, les contraventions
« sont constatées et les poursuites exercées suivant
« les formes propres à cette Administration ». Un
certain nombre de dispositions particulières à
l'impôt sur les spectacles, ont été cependant édictées par les deux textes précités.

Nous étudierons successivement comment s'effectue le recouvrement de la taxe, de quelles sanctions dispose l'Administration, et dans quelles conditions peuvent être entamées les poursuites judiciaires.

SECTION I

Recouvrement.

Le montant de la taxe sur les spectacles n'est pas versé directement aux agents du fisc, par le public ; cette procédure nécessiterait en effet un personnel nombreux, et serait la cause de complications et de frais excessifs. Aussi le recouvrement de l'impôt s'opère-t-il en deux phases : les organisateurs de spectacles sont d'abord chargés de prélever eux-mêmes sur les spectateurs le montant de la taxe; la recette encaissée au nom du Trésor est ensuite versée aux représentants de l'Administration (1).

Les entrepreneurs, étant les premiers collecteurs de l'impôt, il importe qu'aucun spectacle ne soit donné à l'insu des agents du fisc ; la première condition, en effet, pour que ceux-ci puissent exercer un contrôle efficace, est évidemment qu'ils soient tenus au courant des manifestations passibles de la taxe. Aussi l'article 92, dernier alinéa, de la loi du

---

1. Il est à remarquer que ceux-ci ne sont pas nécessairement des fonctionnaires des Contributions Indirectes ; des traités peuvent en effet intervenir entre cette Administration et les établissements de bienfaisance, aux termes desquels des agents locaux seraient chargés de la perception de la taxe d'État en même temps que du Droit des pauvres ; c'est ainsi qu'à Paris c'est l'Assistance publique qui est substituée aux Contributions Indirectes, sauf toutefois, en ce qui concerne la taxe supplémentaire sur les recettes autres que les prix d'entrée.

25 juin 1920, exige-t-il que tous les organisateurs se fassent connaître, en temps opportun, de l'Administration : « une déclaration doit être faite vingt-« quatre heures avant l'ouverture des établisse-« ments permanents, et avant toute séance isolée ou « représentation exceptionnelle » ; la déclaration sur papier timbré est adressée au receveur-buraliste des Contributions Indirectes, sauf à Paris où elle est reçue par l'Administration générale de l'Assistance publique.

Cette formalité une fois accomplie, les organisateurs sont tenus de percevoir l'impôt à l'entrée du spectacle, en même temps que le prix des places. Mais leurs obligations sont très différentes, suivant qu'un abonnement leur est accordé, ou non, par l'Administration.

Conformément au vœu du législateur, c'est la perception par voie d'exercice, qui doit être la règle tout à fait générale ; elle permet seule d'assurer une application exacte et rigoureuse de la loi, et d'imposer le spectateur dans les conditions mêmes, que déterminent les textes.

En cas d'exercice, l'entrepreneur est contraint par les règlements, et notamment par les articles 2 à 5 du décret du 5 août 1921, de tenir une comptabilité minutieuse, de toutes les recettes encaissées au nom du Trésor ; les articles précités indiquent, avec un grand luxe de détails, comment doit être effectué et constaté le paiement de l'impôt par le spectateur.

L'observation de ces formalités est nécessaire

pour permettre aux agents administratifs de surveiller les établissements de spectacle, et d'arrêter le montant total de l'impôt exigible ; dans chaque établissement, en effet, un contrôleur doit examiner les documents établis par l'entrepreneur, en vérifier l'exactitude, et enfin dresser un relevé récapitulatif des entrées, servant de base à la liquidation de l'impôt.

La seconde phase du recouvrement se réalise aussitôt après : le montant des droits encaissés par l'exploitant est alors versé, dès la fin de la représentation, à l'agent administratif qui en délivre quittance.

Si telle est la procédure normale du recouvrement, le législateur a pensé qu'il pouvait parfois y avoir intérêt à y déroger, dans une vue de simplification et d'économie. Des abonnements peuvent être, exceptionnellement, accordés à certains organisateurs de spectacles. Ceux-ci échappent alors aux nombreuses formalités édictées par le décret du 5 août 1920, et ne sont tenus qu'au versement à l'Administration, d'une somme forfaitaire payable d'avance, par mois ou par décade. L'article 8 du décret indique que le taux de l'abonnement doit toujours être fixé de façon à correspondre le plus exactement possible à la réalité des faits : l'Administration pourra, par exemple, se baser sur les recouvrements effectués au cours d'une période pendant laquelle les entrées auront été contrôlées ; elle pourra parfois se borner à compter, par épreuve, le nombre moyen de spectateurs.

C'est aux établissements de peu d'importance, et surtout aux cinémas, que sont accordés des abonnements.

Ce procédé, malgré sa commodité, ne doit pas recevoir une extension excessive. Il demeure toujours une faveur qu'il y a lieu d'accorder avec la plus grande prudence ; on a constaté, en effet, que cette combinaison était toujours désavantageuse au Trésor, et qu'en définitive, l'économie de personnel était le plus souvent compensée par la diminution du rendement.

Un régime un peu spécial a été établi par l'article 9 du décret du 5 août, en faveur des établissements ambulants, tels que théâtres ou cirques : des abonnements inter-départementaux peuvent être conclus, dont le montant est fixé d'après le nombre des représentations données. Le paiement a lieu d'avance, mais, à la fin de chaque période mensuelle, il est tenu compte sur le mois suivant, en plus ou en moins, de la différence entre le nombre de représentations effectivement données, et celui pour lequel le versement de l'abonnement a été effectué.

SECTION II

Sanction administrative.

L'article 94 de la loi du 25 juin 1920 met à la disposition de l'Administration, une sanction très énergique, que les organisateurs de spectacles

redoutent particulièrement : « la fermeture provi-
« soire des établissements pourra être ordonnée, en
« cas d'empêchement ou de résistance à l'action des
« agents, chargés de la constatation, ou encore de
« retard dans le paiement des droits ».

La fermeture pourra être effectuée vingt-quatre
heures après la notification qui en sera faite aux
intéressés par écrit, et la réouverture ne pourra
avoir lieu qu'après les délais fixés par l'Administration.

SECTION III

Poursuites et contentieux.

Le contentieux en matière de contributions indirectes étant toujours judiciaires (1), c'est devant
les tribunaux de cet ordre que seront portés les
litiges relatifs à la taxe sur les spectacles. Mais la
procédure sera suivant les cas, civile ou correctionnelle.

Les affaires civiles sont engagées, soit par les
particuliers qui assignent l'Administration en restitution des droits indûment payés, soit, à la suite
d'une contrainte décernée pour refus de paiement ;
le tribunal de première instance est saisi dans ce
cas du litige, sur opposition du redevable à la con-

---

1. En cas de contestation sur le montant des abonnements,
c'est cependant le Conseil de Préfecture qui statue : il ne s'agit
pas, en effet, de l'assiette de l'impôt, mais du fonctionnement
intérieur d'un service administratif.

trainte. Le jugement rendu en matière civile, n'est pas susceptible d'appel, mais seulement d'un pourvoi en cassation.

A la base des poursuites correctionnelles, il doit y avoir une fraude régulièrement constatée par procès-verbal. Le cas le plus fréquent est celui de l'absence de la déclaration que l'article 92 de la loi de 1920 rend obligatoire.

L'Administration des Contributions indirectes, interprétant d'une façon peut-être un peu large, cette notion de fraude, engage les poursuites correctionnelles, en cas de simple refus de paiement : le décret du 5 août 1920 ordonnant le versement des droits à l'issue de la représentation, le refus de l'entrepreneur constituerait une infraction susceptible d'être constatée par procès-verbal. Les tribunaux n'ayant jamais contesté la légitimité de cette procédure, peut-être plus rapide que l'autre, c'est aux juridictions répressives que sont actuellement déférées la plupart des questions relatives à la taxe sur les spectacles.

Les pénalités applicables aux infractions ou manœuvres frauduleuses, sont fixées par l'article 94 de la loi de 1920 : outre la condamnation au quintuple des droits fraudés, il peut être prononcé une amende de 500 francs au moins, et de 2.000 francs au plus.

TITRE TROISIÈME

TAXES MUNICIPALES

La guerre de 1914 n'a pas été aussi défavorable aux budgets des communes qu'à celui de l'Etat. Un certain nombre de grandes villes avaient été néanmoins obligées de s'endetter sérieusement, pour subvenir aux dépenses nouvelles qu'avaient fait naître les circonstances : par suite de la désorganisation provoquée par les hostilités, et de l'insuffisance de l'initiative privée, les communes furent souvent obligées de créer des services publics dont l'un des plus onéreux et des plus importants concernait l'alimentation de la population.

Bien que la plupart de ces organismes aient disparu après la guerre, les municipalités demeurèrent néanmoins chargées, en général, d'attributions plus nombreuses qu'auparavant.

Les ressources normales des communes ne présentaient pas alors une souplesse permettant d'en augmenter facilement le rendement. Elles consistaient presque uniquement en centimes additionnels aux quatre vieilles contributions, supprimées pendant la guerre, en tant qu'impôts d'Etat ; ce système, dont on a maintes fois signalé le caractère artificiel et peu équitable, paraissait insuffisant pour subvenir aux charges nouvelles, et parfois considérables que les communes devaient supporter. On a pensé, alors, qu'il y aurait intérêt à autoriser les municipalités à créer, suivant leurs besoins, un certain nombre de taxes, nécessaires à l'équilibre de leur budget ; cette tendance, qui n'a reçu son plein développement qu'en 1926 (1), apparaît déjà dans la loi du 25 juin 1920.

L'article 92 de ce texte, porte en effet dans son dernier alinéa que « les communes sont autorisées à « percevoir des taxes municipales, dont les tarifs « devront être approuvés par les préfets, sur les « cinémas et les établissements publics où l'on joue « de la musique, et où se donnent des représenta-« tions théâtrales. »

Cette disposition votée sans observation par le Parlement, est d'une brièveté excessive : elle reste muette sur un certain nombre de points qu'il y aurait eu le plus grand intérêt à préciser.

Une circulaire du ministre de l'Intérieur, est venue le 20 septembre 1920 (2), donner quelques indications complémentaires sur la taxe nouvellement autorisée ; mais cette circulaire ne se borne pas à cela : elle n'hésite pas en effet, à interpréter la volonté du législateur d'une façon beaucoup plus large que le texte ne le permet.

L'article 92, § 14, dispose que des taxes munici-

1. Loi du 13 août 1926.
2. *Bulletin officiel* du ministère de l'Intérieur, 1920.

pales peuvent être perçues sur les « cinémas et éta-
« blissements publics où l'on fait de la musique, et
« où se donnent des représentations théâtrales. » On
voit que l'assiette des taxes municipales, est limitativement définie, et qu'elle est, d'après ce texte,
sensiblement plus restreinte que celle de l'impôt
d'Etat ; elle ne comprend en effet, que des théâtres,
cinémas, concerts, music-halls, ou cafés-concerts.

Les ministres des Finances et de l'Intérieur, ont
estimé que l'expression de l'article 92, § 14 ne devait
pas être prise dans un sens littéral, et qu'il fallait
tenir compte beaucoup plus de la volonté du législateur, que d'un texte hâtivement rédigé :

« Il convient de ne pas interpréter dans un sens
« restrictif, les mots « cinémas et établissements
« publics où l'on joue de la musique, et où se don-
« nent des représentations théâtrales. » D'accord avec
« mon collègue le ministre des Finances, j'estime —
« dit le ministre de l'Intérieur — que les communes
« peuvent établir des taxes municipales dans tous
« les spectacles dont les recettes sont déjà soumises
« à l'impôt d'Etat, et au Droit des pauvres . »

L'autorité, ici invoquée, au ministre des Finances,
est évidemment d'un grand poids, puisqu'il s'agit
de l'auteur même de la loi : la conception adoptée,
est d'ailleurs logique et rationnelle. La formule trop
étroite de l'article 92, § 14 doit probablement tenir à
l'inadvertance suivante : le rédacteur de ce texte,
s'est reporté sans doute à la loi, alors en vigueur,
de 1916, qui ne frappait précisément que les théâ-

tres, music-halls et cinémas, sans songer que le projet de loi auquel il collaborait, modifiait largement par ailleurs, l'assiette de l'impôt sur les spectacles.

Quoiqu'il en soit, il serait souhaitable, qu'un texte législatif vienne à bref delai, consacrer la décision du ministre de l'Intérieur.

L'article 92, § 14, restant muet sur la question des exonérations, on s'est demandé, s'il convenait d'appliquer aux taxes municipales, celles que prévoit l'article 93. Le ministre de l'Intérieur s'est très logiquement prononcé pour l'affirmative : malgré la rédaction défectueuse de l'article 92, § 14, les taxes municipales apparaissent bien comme de simples taxes additionnelles à l'impôt d'Etat ; si le législateur avait voulu instituer, dans ce cas, un régime différent, on ne pourrait s'expliquer de sa part une pareille brièveté.

L'assiette de la taxe étant ainsi définie, quelle en peut être la quotité ? La loi de 1920 ne pose pas de maximum aux tarifs, mais exige qu'ils soient approuvés par les préfets. Ces derniers sont tenus de respecter à cet égard, les instructions qui leur sont données par la circulaire du 20 septembre. Le ministre fait valoir que la situation est très différente suivant les communes, mais qu'il faut, dans tous les cas, éviter des taxes exagérées qui « risque-
« raient d'affaiblir le rendement de l'impôt d'Etat,
« et d'apporter des mécomptes aux communes ;
« elles auraient en outre des répercussions fâcheuses
« sur le développement de l'art dans notre pays. »

H. Béchet   9

Aussi est-il décidé que le taux des taxes municipales, ne devra pas être supérieur à la moitié de
celui de l'impôt d'Etat ; cette limite ne pourrait être
déposée que dans des circonstances exceptionnelles,
soumises à l'examen du ministre lui-même.

Il convient de remarquer que le prix d'entrée
seul, est susceptible d'être atteint par les taxes municipales ; bien que dans les dancings, thés-concerts,
et autres établissements analogues, les recettes,
autres que les entrées soient frappées par la taxe
d'Etat, et le Droit des pauvres, il est précisé par
l'article 4 de la loi du 31 décembre 1921, qu'elles ne
sauraient supporter en aucun cas de taxe municipale : les entrées seules, peuvent être imposées par
les communes.

Le silence de la loi et de la circulaire au sujet
des diverses règles que l'article 92 applique à la
perception de l'impôt d'Etat, est de nature à soule-
ver certaines questions délicates. Les municipalités,
notamment, sont-elles tenues d'observer le régime
des billets à prix réduits, et des billets gratuits, tel
qu'il est institué par la loi de 1920 ?

La solution la plus rationnelle consiste, semble
t-il, à considérer comme obligatoires, parmi les
dispositions de l'article 92, celles qui sont le plus
favorables aux spectateurs, les autres étant au contraire facultatives. Les municipalités sont libres,
en effet de créer ou non une taxe sur les spectacles ;
si elles recourent à cette contribution, il est légitime de les autoriser à la percevoir, avec tous les

ménagements jugés utiles. On peut ainsi **admettre** que les communes affranchissent du droit, les billets délivrés à titre gratuit, alors qu'il leur est interdit de taxer d'après le prix normal des places, les entrées à prix réduit.

En matière de recouvrement et de poursuites, la circulaire du 20 septembre, indique qu'il y a lieu d'assimiler exactement les taxes municipales, à l'impôt d'Etat, et au Droit des pauvres. Des décrets du 15 janvier 1917 et 20 décembre 1917, avaient autorisé les établissements de bienfaisance, et l'administration des Contributions Indirectes, à passer des traités aux termes desquels, le même agent percevrait à la fois les deux droits ; une disposition analogue est prévue, en ce qui concerne les taxes municipales, par la circulaire du 20 septembre.

D'après une réponse écrite, au ministre des Finances à M. Piquemal, les taxes municipales étaient perçues en 1925 dans les conditions suivantes :

Par les Contributions Indirectes dans 379 communes ;

Par les Etablissements de bienfaisance dans 86 communes ;

Par les municipalités dans 367 communes.

Si l'on ne perd pas de vue que la très grande majorité des 36.000 communes de France, est privée de toute salle de spectacle, on voit d'après ces chiffres, que le nombre des municipalités qui ont utilisé la disposition de l'article 92 de la loi de 1920, les autorisant à créer des taxes sur les spectacles est relativement élevé. A l'exception de Paris, presque toutes les grandes villes ont fait appel à cet impôt : si quelques-unes se contentent d'un taux réduit, n'infligeant aux spectateurs qu'une charge assez faible, la plupart appliquent le tarif maximum autorisé par la circulaire du 20 septembre 1920.

Cette inégalité de régime, entre les différentes localités, a suscité des protestations fort vives, contre le principe même, des taxes municipales : on a fait valoir qu'elles se superposent à deux impôts déjà très lourds, le Droit des pauvres, et la taxe d'Etat, et qu'il est dès lors imprudent, de laisser aux municipalités, le droit d'infliger aux spectacles une charge supplémentaire, pouvant dans certains cas être suffisante pour décourager le public d'une façon définitive.

Malgré le mouvement d'idées qui s'est manifesté, en ce sens, après 1920, il semble que l'on ait renoncé aujourd'hui, aux projets de réforme plusieurs fois établis, et que l'on veuille conserver, malgré ses inconvénients, l'impôt local établi par la loi du 25 juin 1920.

TITRE QUATRIÈME

LE DROIT DES PAUVRES

L'étude du Droit des pauvres ne nécessitera, malgré son importance, que des développements assez brefs. La comparaison effectuée dans le deuxième chapitre de notions générales, entre les différents impôts sur les spectacles, a permis de constater qu'il y avait généralement lieu d'appliquer les mêmes règles au Droit des pauvres, qu'à la taxe d'Etat ; cette taxe ayant déjà fait l'objet d'une étude spéciale, il suffira le plus souvent de s'y reporter. On n'insistera, dans ce titre quatrième, que sur les dispositions particulières au Droit des pauvres.

CHAPITRE PREMIER

ASSIETTE

La législation révolutionnaire a donné au Droit des pauvres, une assiette extrêmement large. Les deux lois du 9 frimaire et du 8 thermidor de l'an V concernent, non seulement, les « théâtres, concerts, « feux d'artifice, courses et exercices de chevaux », mais aussi « les autres fêtes où l'on est admis en « payant ».

Les termes employés en l'an V sont significatifs et montrent que l'on s'est proposé de frapper sans exception, toutes les fêtes et spectacles payants.

Il résulte d'ailleurs des circonstances dans lesquelles est né l'impôt que c'est bien le plaisir qui est frappé; il n'y a pas lieu d'insister à nouveau sur ce principe indiscutable que l'exposé des motifs de la loi de l'an V exprime au surplus de la façon la plus nette (V. *supra*, p. 28-29).

Mais il faut se demander maintenant si les tribunaux ont toujours fait application des textes révolutionnaires conformément à l'esprit dans lequel ils ont été élaborés.

JURISPRUDENCE ANTÉRIEURE A 1920

La jurisprudence administrative au cours du
XIXᵉ siècle, apparaît en vérité comme étroite, arbitraire et incohérente. Le Conseil d'Etat admet en
effet, sans donner à l'appuis de sa thèse aucun motif
juridique, qu'il faut tenir compte du but envisagé
par les organisateurs de spectacles, et que l'impôt
n'est dû qu'en cas d'entreprise commerciale exploi-
tée en dehors de toute considération d'intérêt général.

C'est dans un arrêt du Conseil d'Etat de 1857 (7 mai
1857, Lebon, 57, p. 256) relatif au Droit sur les entrées
à l'Exposition de 1855, qu'apparaît pour la première
fois, croyons-nous, cette notion de l'intérêt général : il n'y aurait pas lieu à la perception « considé-
« rant — dit le Conseil d'Etat — que l'Exposition
« universelle de l'industrie et des beaux-arts, qui
« a eu lieu en 1855 dans le Palais de l'industrie et
« dans les bâtiments qui y sont annexés, a été or-
« donnée par nos décrets des 8 mars et 22 juin 1853,
« qu'elle a été organisée, dirigée, et surveillée par
une Commission spéciale nommée par nous, comme
« étant une œuvre exclusivement nationale et d'une
« utilité publique générale. »

Voilà donc que l'on devra prendre désormais en
considération le but cherché par l'entrepreneur,
qu'il faudra se demander à quel emploi doivent être
affectées les sommes versées par les spectateurs,

pour décider si ceux-ci doivent ou non payer l'impôt. Or rien, absolument rien dans la loi, ne permet de faire cette distinction, contre laquelle nous ne saurions trop nous élever, car elle fausse tous les principes que le législateur de l'an V avait mis à la base de son édifice.

C'est le plaisir du spectateur qu'il impose ; nulle part on ne voit qu'il se soit préoccupé de l'affectation des sommes versées par le public, et il est clair qu'il n'avait pas à en tenir compte, puisque le plaisir, qui est la véritable assiette de l'impôt, ne change ni de nature, ni d'intensité quelque soit le but que se propose d'atteindre l'entrepreneur.

Pour faire une pareille distinction, il faudrait qu'un texte bien précis l'autorisât ; or, encore une fois il n'en est rien.

Cette disposition nouvelle n'en a pas moins été, maintes fois appliquée par le Conseil d'Etat, et les Conseils de Préfecture depuis 1857.

C'est ainsi que les salons de peinture ont été exemptés en 1888 du Droit des pauvres (1) : « Considérant, dit le Conseil de Préfecture de la Seine, « que la Société a été fondée, dans le but de défendre « les intérêts des artistes, d'encourager leur talent, « et que les recettes de la Société sont affectées « intégralement à une œuvre d'utilité publique. » Le tribunal ne tient pas compte de ce fait que

1. Conseil de Préfecture Seine : 3 juillet 1888, confirmé par le Conseil d'Etat le 7 août 1891.

le public vient à ces expositions pour y goûter un
plaisir artistique analogue à celui que vont chercher les auditeurs au concert, et que dans les deux
cas, c'est ce plaisir, si élevé et si respectable soit-il,
qu'il y a lieu d'imposer.

C'est encore en considérant le but envisagé par les
organisateurs de spectacles, que la jurisprudence a
de même affranchi, les courses de chevaux, du paiement des droits. Cette exonération est d'autant plus
étonnante, que ces manifestations sont expressément visées par la loi de l'an V. Les tribunaux ont,
il est vrai, répondu que les textes concernaient seulement des exercices comme carrousels, simples exhibitions et divertissements, et que les courses actuelles,
importées d'Angleterre au xix° siècle, ne pouvaient
être prévues par le législateur. Le Conseil d'Etat,
qui s'autorise de cette affirmation contestable, pour
négliger la disposition de la loi relative aux courses
de chevaux, applique alors sa théorie habituelle et
déclare le 13 juin 1873 (Lebon 1873, p. 353), que
les courses de la Société rouennaises sont exemptées
du Droit, « attendu que cette société, poursuit
« l'œuvre d'intérêt général et national d'améliora-
« tion de la race chevaline — que d'ailleurs toutes
« les recettes sont intégralement affectées à cette
« œuvre d'intérêt public. »

Il est à la fois illégal et choquant, de ne pas frapper, en faveur des pauvres, les dépenses que font
les personnes désireuses de satisfaire leur passion
du jeu, ou d'assister à des manifestations de luxe

et d'élégance, comme en offrent les pesages d'Auteuil et de Longchamp.

Le Conseil d'Etat a fait plus récemment application de son même principe, aux matches et championnats organisés par des sociétés sportives. C'est ainsi que, tenant compte du but poursuivi par « l'Union des Sociétés françaises de sports athlétiques, le Conseil d'Etat (1) a dispensé du Droit des pauvres, les entrées aux exhibitions sportives qu'elle présente au public.

Comment expliquer que cette Jurisprudence erronée se soit perpétuée jusqu'à présent ?

Il semble bien que l'erreur initiale, cette évocation « d'une utilité publique générale », soit due aux circonstances de fait, qui ont inspiré le premier arrêt ayant fait appel à cette notion.

L'exposition de 1855, organisée par le gouvernement du Second Empire, alors au faîte de sa puissance, devait participer de sa grandeur. Faire payer aux visiteurs, l'impôt du Droit des pauvres, c'était rabaisser « les grandes assises du commerce et de l'industrie » , comme on disait jadis, au niveau d'une simple foire.

Au surplus, le souci de ne pas compromettre le prestige de l'exposition, dissimulait, peut-être bien une préoccupation d'un ordre moins élevé.

L'exposition de 1855 coûta fort cher. Deux ans

---

1. Cet arrêt, daté du 27 février 1925 concerne des faits antérieurs au 24 juin 1920 ; on sait qu'après cette date, le contentieux du Droit des pauvres est devenu judiciaire.

après sa clôture, lorsque le Conseil d'Etat rendit son arrêt, on savait que l'Etat, aurait à supporter presqu'entièrement les dépenses qui s'élevaient à 11.500.000 francs, alors que le chiffre des recettes ne dépassait pas 3.200.000francs. De ce faible total, allait-on encore distraire une somme relativement élevée, pour la verser dans la caisse de l'Assistance publique de Paris.

Quoiqu'il en soit, cette prise en considération des buts visés par l'entrepreneur, de l'emploi des prix d'entrée versés par les spectateurs, une fois érigée en principe par cet arrêt solennel, fut par la suite, souvent appliquée, on l'a vu, sans discussion, sans que semble-t-il,sa valeur légale ait été jamais sérieusement contrôlée.

Cette jurisprudence des tribunaux administratifs, pour ancienne, et bien établie qu'elle soit, présente cependant des incohérences et des contraditions surprenantes ; c'est ainsi que les tribunaux, ont toujours fait abandon de leur théorie habituelle, précisément dans le cas où elle eût été cependant le moins inadmissible : ils ont toujours admis, en effet, que le Droit des pauvres était dû sur les représentations quelles qu'elles soient, données en faveur d'œuvres de bienfaisance. Un arrêté du Conseil de Préfecture de la Seine le déclare nettement (1). Le Conseil d'Etat, dans un arrêt du 20 novembre 1885 spécifie même que la généralité des termes des lois révolu-

1. 10 juin 1872.

tionnaires, ne permet pas d'exempter certaines manifestations par ce seul fait qu'elles sont organisées en faveur d'œuvres de bienfaisance.

Cette décision est incompréhensible de la part du Conseil d'Etat : il s'agit alors bien de spectacles organisés dans « un but d'utilité générale », et non par des entrepreneurs poursuivant uniquement la réalisation de bénéfices ; les œuvres de bienfaisance sont certainement aussi intéressantes notamment que l'amélioration de la race chevaline.

Rien ne permet donc de justifier la théorie du Conseil d'Etat, qui, arbitaire dans son principe ne comporte d'exceptions, qu'au détriment des manifestations les plus dignes d'encouragement.

JURISPRUDENCE POSTÉRIEURE A 1920.

Le maintien de cette jurisprudence serait plus inadmissible encore, depuis les lois de 1920, qui, nous l'avons établi (p. 26 à 34), admettent indiscutablement qu'il y a identité d'assiette entre le Droit des pauvres et la taxe d'Etat. Puisque, comme l'a proclamé le ministre « les faits générateurs des deux impôts sont les mêmes », il est clair que lorsque la taxe est exigible, le Droit des pauvres l'est également. Or nous savons que deux conditions seulement doivent être réunies pour qu'il y ait lieu à la perception de la taxe d'Etat : il faut et il suffit qu'il y ait plaisir, et qu'il y ait spectacle ; peu importe notamment que le but visé par l'entrepreneur soit ou non d'intérêt général.

Ce sont les mêmes règles qu'il y a lieu d'appliquer sans aucun doute à la perception du Droit des pauvres, en remarquant toutefois que les exonérations prévues par la loi de 1920 ne concernent que l'impôt d'Etat.

Bien que la législation nouvelle, ait, on le voit précisé l'assiette du Droit des pauvres, la Jurisprudence, désormais judiciaire, est encore flottante et souvent contradictoire.

En effet, une décision de la chambre civile de la Cour de Cassation (13 juin 1925 .D. H., p.485) isolée il est vrai, mais très importante en raison de l'autorité dont elle émane, justifie encore l'exonération du Droit des pauvres, par le caractère d'utilité générale que peut revêtir une manifestation.

Mais avant de développer cette idée, la Cour de Cassation a senti la nécessité de dissocier entièrement le Droit des pauvres de la taxe d'Etat, qui, à n'en pas douter, est exigible quelque soit le but que l'organisation se propose.

Aussi la Cour a-t-elle déclaré, au début de son arrêt, que les deux impôts étaient « régis par des principes différents » ; après cette affirmation, absolument inadmissible, et dont on a montré précédemment la faiblesse juridique (*supra*, p. 31 à 34) la chambre civile, s'est alors sentie libre de reprendre la jurisprudence traditionnelle, mais arbitraire du Conseil d'Etat.

Deux affaires étaient présentées le 13 juin 1925 à la Cour de cassation : il s'agissait des entrées au salon d'Automne, d'une part, et de manifestations sportives organisées par le Stade français, d'autre part.

La Cour, faisant valoir que dans les deux cas, il n'y avait pas exploitation commerciale à but lucratif déclare que le « Droit des pauvres n'est pas exi-« gible sur les recettes des réunions qui n'ont qu'ac-« cessoirement le caractère de spectacle, et qui ont « en même temps un but d'utilité générale. »

Cette affirmation qui ne s'accompagne d'aucun argument juridique, n'est d'ailleurs pas clairement exprimée. Que signifie cette expression « réunions n'ayant qu'accessoirement le caractère de spectacle ». Toute attraction a un double caractère : pour les acteurs et les exécutants, elle est uniquement un moyen de gagner de l'argent, de se faire connaître de participer à une œuvre de bienfaisance, ou tout simplement de se divertir : pour le public au contraire, qui consent à payer un prix d'entrée, elle est uniquement un spectacle. La situation, à cet égard, est la même qu'il s'agisse d'un match de football ou d'une représentation théâtrale.

Quant au but d'utilité générale invoqué par la Cour il est superflu de rappeler que les lois de l'an V ne permettent aucunement de le considérer comme une cause d'exemption : ces lois ont une portée générale, que nulle disposition ne vient restreindre.

Il semble que dans cet arrêt, la Cour ait abdiqué

tout esprit critique : après avoir posé le principe
absolument erroné de la non-assimilation des deux
impôts sur les spectacles, elle s'est contentée de reprendre la théorie arbitraire du Conseil d'Etat.

D'autres décisions judiciaires ont fait heureusement une application beaucoup plus judicieuse des
divers textes concernant la législation du Droit des
pauvres.

Certains jugements antérieurs il est vrai à l'arrêt
du 13 juin 1925, déclarent explicitement qu'il ne
doit être tenu aucun compte du but poursuivi par
organisateurs de spectacles.

Le Tribunal de Perpignan s'est fort bien exprimé
dans les termes suivants en date du 25 novembre
1924 (*D. H.*, 1925, p. 114).

« Attendu que le Droit des pauvres, étant à la
« charge du spectateur, et non à la charge de celui
« qui donne le spectacle, c'est dans les actes du spec-
« tateur que doit être cherché le critérium de l'exi-
« gibilité du droit et non dans les paroles, actes ou
« intentions de la Société « l'Union Sportive » —
« que les lois de l'an V ne s'inquiètent pas de savoir
« si celui qui donne le spectacle se propose de pro-
« curer un divertissement aux spectateurs, ou s'il
« poursuit un autre but — s'il a ou non le désir de
« faire des bénéfices, s'il en réalise, ou s'il n'en réa-
« lise pas — qu'il n'est pas douteux que c'est surtout
« pour se procurer le plaisir d'un spectacle que le
« public se rend aux matches de « l'Union Sportive. »

Ce jugement, remarquablement motivé, est l'expression claire et nette de la volonté du législateur de l'an V.

La Chambre criminelle de la Cour de cassation, dans un arrêt rendu le 12 décembre 1924 (*D. H.* 1925, p. 22) admet la même théorie. A propos de courses cyclistes, elle déclare « que l'arrêt attaqué a écarté « comme non justifié le motif d'exemption de cette « taxe, que les premiers juges avaient cru pouvoir « tirer du caractère d'utilité générale que présentait « l'œuvre poursuivie par le « Véloce Club de Cholet »; « qu'en décidant que ces manifestations sportives « constituaient un spectacle, et devaient à ce titre « être assujetties à la perception du Droit des pau- « vres, l'arrêt attaqué a donné une base légale à sa « décision, et n'a violé aucun des textes visés... »

Même après le 13 juin 1925, diverses juridictions n'ont pas cru devoir adopter la conception de la Chambre civile. C'est ainsi que le 5 février 1926, (*D. H.*, 1926, p. 236), la Chambre criminelle de la Cour de cassation, a admis, implicitement mais avec netteté cependant que d'une part le Droit des pauvres et la taxe de l'Etat ont une assiette identique, et que d'autre part le caractère d'utilité générale d'un spectacle ne saurait justifier la non-perception des droits.

L'espèce, déjà étudiée à propos de la taxe de l'Etat, était la suivante : Une société d'amateurs s'était formée à Carcassonne en vue d'encourager et de développer le goût de la musique classique ; elle organisait annuellement un certain nombre de concerts, auxquels ses adhérents, assujettis au paiement d'une cotisation, avaient seuls le droit d'assister. Il s'agissait, on le voit, d'une association à caractère désintéressé, et poursuivant un but d'utilité générale, le développement de la culture artistique, trop souvent négligée dans les petites villes de province.

La Chambre criminelle traite simultanément de la taxe d'Etat et du droit des pauvres. Elle constate, au début de son arrêt, que, d'après la loi de 1920, les deux impôts sont perçus dans les mêmes conditions, aussi bien sur le prix des places que sur les cotisations ou abonnements. « Attendu — dit-« elle — qu'aux termes de l'article 92 de la loi du « 25 juin 1920, cet impôt (la taxe d'Etat) s'applique « dans la généralité de ses termes, à toutes les re-« cettes, soit qu'elles proviennent du prix des places, « soit qu'elles résultent de cotisations ou d'abonne-« ments — que les articles 96 de la loi du 25 juin « 1920, et 39 de la loi du 31 juillet 1920 disposent « que la perception du droit des pauvres s'appli-« quera aux recettes brutes totales des établissements « de spectacle, dans les conditions fixées par l'ar-« ticle 92 de la loi du 25 juin 1920... »

Après avoir rappelé cette règle indiscutable, mais d'une portée limitée, la Cour poursuit son argumentation, en assimilant désormais les deux impôts, aussi bien au point de vue de leur assiette que de leurs conditions de perception. Elle déclare en effet, que le caractère privé de l'association et son but désintéressé ne font pas obstacle à la perception

des droits ; c'est alors d'une question d'assiette qu'il
s'agit, question à laquelle la Cour donne une solution identique pour le droit des pauvres et la taxe
d'État. « Attendu — dit-elle — que l'arrêt attaqué
« a cependant relaxé le prévenu, motif pris, de ce
« que les personnes admises au concert ne pouvant
« en principe être que des sociétaires ou des mem-
« bres de leur famille, ces auditions revêtaient un
« caractère privé, que la cotisation était uniquement
« destinée à soutenir la marche de l'œuvre, et reçue
« sans esprit de lucre — mais attendu qu'en statuant
« ainsi, l'arrêt attaqué a donné une fausse interpré-
« tation des articles susvisés, dès lors que les re-
« cettes étaient effectivement réalisées et que le
« public était admis moyennant paiement. »

Les articles auxquels fait allusion l'arrêt, sont les
articles 92 et 96 de la loi du 25 juin, et 39 de la loi
du 31 juillet : le premier concerne la taxe d'État, et
les deux autres le droit des pauvres. On voit que la
Cour, confondant les deux impôts dans un même
raisonnement, semble bien admettre le principe de
leur assimilation.

La décision de la Chambre criminelle, qui est la
plus récente de la Cour de cassation sur la matière,
est donc particulièrement intéressante : elle reconnaît, en effet, l'identité d'assiette des deux impôts ;
elle constate en outre, que dans les deux cas, le but
désintéressé poursuivi par les organisateurs du spectacle, ne saurait être un motif d'exemption.

Cette jurisprudence tout à fait légitime, tenant

compte à la fois de la nature véritable du Droit des pauvres, telle qu'elle résulte des lois de l'an X, et des précisions apportées par les lois de 1920, est d'ailleurs continuée par les jugements les plus récents, qui tous admettent, plus ou moins nettement, qu'il y a identité d'assiette entre le droit des pauvres et la taxe d'Etat.

Ce principe, reconnu expressément par le Tribunal civil de la Seine (1), est également admis par le Tribunal correctionnel, quoique implicitement dans un jugement déjà étudié du 25 juin 1927. On voit que la théorie erronée de la Chambre civile ne s'est pas imposée aux juridictions inférieures.

Le principe juridiquement indiscutable de l'assimilation des deux impôts étant enfin appliqué, semble-t-il, par la jurisprudence la plus récente, on n'insistera pas ici sur les nombreuses difficultés que soulève en pratique, la perception du droit des pauvres. Ces difficultés, nous les avons toutes rencontrées en matière de taxe d'Etat ; il est inutile d'y revenir, puisque, en raison de l'identité d'assiette des deux impôts, elles doivent, en ce qui concerne le droit des pauvres, recevoir les mêmes solutions, et pour les mêmes motifs, qu'il s'agisse par exemple de cérémonies religieuses, de visites de châteaux historiques, de spectacles naturels, d'associations sportives ou musicales, et de tirs forains.

Malgré le principe de l'identité de matière impo-

---

1 Affaire Hébertot, 18 décembre 1920.

sable, auquel l'Administration s'est justement attachée, et qu'elle est en train de faire admettre par la
jurisprudence la plus récente, les établissements
d'assistance ne perçoivent pas le droit des pauvres
sur des manifestations très en faveur, cependant passibles expressément de la taxe d'Etat.

Les courses de chevaux étant, en effet, soumises à
la taxe, en vertu de l'article 95 de la loi du 25 juin
1920, il est surprenant que les entrées aux hippodromes ne supportent aucun prélèvement en faveur
des indigents et des malheureux.

La législation nouvelle, aurait dû faire disparaître
une situation que le Conseil d'Etat avait cru pouvoir
consacrer dans son arrêt précédemment étudié de
1873 (V. *supra*, p. 137). L'Administration de l'Assistance publique de Paris, se disposait, en effet, à
émettre en 1925 des prétentions tout à fait légitimes
à la perception du droit, lorsque le fameux arrêt de
la Chambre civile, niant toute assimilation entre le
droit des pauvres et la taxe d'Etat, vint restaurer la
jurisprudence arbitraire du Conseil d'Etat, aux termes
de laquelle tout spectacle organisé sans esprit de
lucre et ayant un but d'intérêt général, doit échapper au droit des pauvres.

Il est à espérer que l'exemption illégale et choquante, dont bénéficient ces courses de chevaux,
disparaîtra à brève échéance, et que l'intérêt des
malheureux ne souffrira plus longtemps d'une situation injuste et choquante. Les tribunaux feraient
œuvre à la fois juridique et rationnelle, en faisant

disparaître une anomalie regrettable, et en déclarant nettement que l'on ne saurait établir de distinction entre l'assiette du droit des pauvres et celle de la taxe d'Etat.

CHAPITRE II

QUOTITÉ DE L'IMPOT

La loi du 7 frimaire de l'an V avait fixé uniformément à 10 % le tarif applicable à tous les spectacles assujettis au droit des pauvres :

« Il sera perçu un décime par franc, en sus du prix
« de chaque billet d'entrée dans tous les spectacles
« où se donnent des pièces de théâtre, des bals, des
« feux d'artifices, des concerts, des courses et exer-
« cices de chevaux pour lesquels les spectateurs
« paient. »

Diverses lois successives sont venues modifier la règle édictée par ce texte fondamental.

La plus importante est celle du 8 thermidor de l'an V, aux termes de laquelle tous les spectacles autres que les théâtres sont frappés désormais d'un droit de 25 % « le même droit d'un décime par franc...
« à l'entrée des bals, feux d'artifice, concerts, des
« courses et exercices de chevaux, et autres fêtes où
« l'on est admis en payant, est porté au quart de la
« recette ».

Le régime établi par la Révolution n'a subi aucune modification pendant près d'un demi-siècle.

Le taux de 25 % semblait cependant particulièrement lourd à l'égard des concerts, manifestations purement artistiques, qu'il eût été logique d'assimiler aux théâtres. Il y avait là une anomalie que la loi du 16 juillet 1840 fit disparaître en décidant que le tarif applicable aux concerts, serait ramené de 25 % à 10 %.

En 1875 on fit bénéficier d'une réduction nouvelle les concerts non quotidiens donnés par des artistes ou des associations d'artistes : c'est surtout en faveur des grands concerts de Paris, comme le Conservatoire, Pasdeloup et Colonne, que la loi du 3 août 1875 décida d'abaisser en ce cas à 5 % le taux du droit des pauvres.

Enfin la loi du 25 juin 1920 dispose que les établissements d'assistance auront droit à la moitié du produit de la taxe de 25 % établie sur les recettes autres que les entrées, dans « les dancings, bals, « skatings, matches de lutte, courses de taureaux, « tirs aux pigeons, combats de coqs, thés-concerts, « soupers-concerts, thé-dancings, dîners-dancings, « soupers-dancings, et autres établissements simi« laires ».

Indépendamment de cette dernière ressource supplémentaire, la législation du droit des pauvres comporte donc actuellement trois tarifs différents :

25 % sur les « bals, feux d'artifice, courses et exercices de chevaux, et autres fêtes où l'on est admis en payant ».

10 % sur les théâtres et concerts.

5 % sur les concerts non quotidiens donnés par des artistes ou des associations d'artistes.

Bien que les divers textes sur la matière soient parfaitement nets, et ne laissent place à aucune imprécision, il s'en faut que les tarifs appliqués en pratique soient rigoureusement conformes à ceux qui sont prévus par les lois.

Certaines libertés, d'ailleurs favorables aux redevables, ont été prises avec les textes.

C'est ainsi que la loi du 8 Thermidor de l'an V semblait bien indiquer que le tarif maximum de 25 % devait être appliqué à toutes les manifestations non prévues par les textes, et rentrant dès lors dans la formule « et autres fêtes où l'on est admis en payant ». Or, l'Administration, estimant à juste titre que le taux de 25 % serait exagérément lourd, considère, depuis plus d'un siècle, que toutes les manifestations ayant uniquement le caractère de spectacle sont seulement passibles d'un prélèvement de 10 % en sus de leurs recettes brutes. C'est en fait ce dernier tarif qui est appliqué de la façon la plus générale, et notamment aux cinémas, music-halls, cirques, exhibitions sportives..., etc.

L'Assistance publique de Paris consent en outre un véritable abandon de ses droits, dont la légalité est fort douteuse, en faveur des représentations données au profit des œuvres de bienfaisance : celles qui figurent sur une liste dressée par la section permanente du Conseil supérieur de l'Assistance publique, n'ont à verser au fisc que 5 % en sus de leurs recettes.

Il est à remarquer que l'Assistance publique de Paris ne percevait, avant la guerre, que 15 % de la recette brute dans les bals publics ; elle a renoncé depuis quelques années à consentir cette faveur, et les établissements susvisés sont aujourd'hui soumis au tarif légal de 25 %.

CHAPITRE III

MODALITÉS DE PERCEPTION, RECOUVREMENT ET CONTENTIEUX

Les lois du 25 juin 1920 article 96 et du 31 juillet article 39 disposent que, pour tout ce qui concerne les modalités de perception, le recouvrement et le contentieux, il y a lieu d'appliquer au droit des pauvres exactement les mêmes règles qu'à la taxe d'Etat.

I. — D'après la loi du 31 juillet, en effet « la per- « ception du droit des pauvres, au profit des éta- « blissements d'Assistance, est effectuée dans les « conditions de l'article 92 de la loi du 25 juin 1920 ».

Il s'agit, on le sait, des prix de location ou de fourniture joints ou substitués obligatoirement au prix d'entrée, des cartes d'abonnement, des billets gratuits et à prix réduit. Toutes ces questions ayant été étudiées dans le chapitre III du titre deuxième relatif à la taxe d'Etat, ne seront pas ici l'objet d'un nouvel examen.

II. — D'après l'article 96 de la loi du 25 juin, d'autre part, « le recouvrement des droits sera opéré « comme en matière de contributions indirectes, « les contraventions seront constatées et des pour-

« suites exercées suivant les formes propres à cette
« Administration ».

Là encore, les règles indiquées à propos de la
taxe d'Etat (chap. IV du titre 2ᵉ) sont applicables
sans modification au droit des pauvres.

Il faut rappeler, toutefois, que le principe posé
par la loi de 1920 est tout à fait nouveau, et que,
jusqu'à cette époque, on observait pour le recouvrement et le contentieux du droit des pauvres, les
règles en vigueur, en matière de contributions
directes.

Un décret du 8 Fructidor de l'an XIII, fort mal
rédigé d'ailleurs, semblait en effet justifier cette
pratique ; d'après ce texte « les poursuites à faire
« pour assurer le recouvrement des droits ci-dessus
« mentionnés (droit des pauvres), seront désormais
« dirigées suivant le mode fixé par l'arrêté du
« 16 Thermidor an VIII, et les autres lois ou règle-
« ments relatifs au recouvrement des contributions
« directes et indirectes ».

Que devait-on inférer de ce texte obscur, qui
renvoyait expressément à deux procédures distinctes, et, pourrait-on dire, opposées ? L'arrêté du
16 Thermidor an VIII, cité par le décret, concernant
les poursuites et le contentieux en matière de contributions directes, on a conclu, à juste titre semble-
t-il, que c'étaient ces mêmes règles qu'il y avait lieu
d'appliquer au droit des pauvres. Les mots « ...et
indirectes » placés à la fin du décret de l'an XIII,
furent dès lors entièrement négligés ; ils n'étaient

cependant peut-être pas dénués de toute portée juridique : le droit des pauvres, étant par sa nature même une taxe indirecte, on devait admettre que, pour toutes les questions non traitées par l'arrêté de l'an VIII auquel se reporte le décret, il fallait observer les principes ordinaires des contributions indirectes.

Quoi qu'il en soit, le recouvrement du droit des pauvres était opéré, et les poursuites exercées depuis l'an XIII, comme en matière de contributions directes ; c'est ainsi notamment que les tribunaux administratifs étaient seuls compétents pour juger les litiges que pouvait provoquer la perception du droit.

Ce principe est aujourd'hui retourné. La loi de 1920 a fait disparaître, en effet un régime tout à fait illogique : le droit des pauvres, étant sans aucun doute un impôt indirect, on devait tout naturellement lui appliquer les règles en vigueur, en matière de contributions indirectes.

Tout ce qui concerne le recouvrement, les poursuites et le contentieux de la taxe d'Etat, ayant été précédemment étudié (chap. IV du 2e titre), il n'y a pas lieu de répéter ici à propos du droit des pauvres, les mêmes explications.

On notera que, dans une vue de simplification et d'économie, l'Administration des Contributions indirectes, et les établissements d'Assistance, sont autorisés à passer des traités habilitant les mêmes agents à percevoir à la fois la taxe d'Etat et le droit des pauvres. C'est aux termes de l'une de ces conventions notamment, qu'à Paris, l'Administration générale de l'Assistance publique est seule chargée du recouvrement des deux impôts sur les spectacles.

CHAPITRE IV

RÉPARTITION DU DROIT DES PAUVRES

Le produit du droit des pauvres, est affecté, on le sait, aux établissements communaux d'Assistance.

Aux bureaux de bienfaisance que la loi du 7 Frimaire de l'an V avait seuls considéré, il faut ajouter les hôpitaux et hospices, en vertu de la loi du 8 Thermidor, et enfin les bureaux d'assistance, dont la création récente ne remonte qu'à 1893.

La loi du 15 août 1893, organisant l'assistance, médicale gratuite, n'avait pas parlé, en réalité, de l'affectation à ce service d'une partie du droit des pauvres. C'est le ministre de l'Intérieur, qui estimant que les hôpitaux et les bureaux d'assistance poursuivaient le même but, a décidé dans une circulaire du 18 mai 1894 que ces divers organismes pouvaient prétendre, dans les mêmes conditions, à recevoir une portion du montant du droit des pauvres.

Si les bureaux de bienfaisance, hôpitaux et hospices, et bureaux d'assistance sont susceptibles de participer au produit de cet impôt, il ne s'ensuit pas qu'ils aient à cet égard des droits véritables : ils n'ont qu'une aptitude à bénéficier de cette ressource supplémentaire.

D'après l'arrêté du 7 Fructidor de l'an VIII, le préfet est chargé de répartir le produit du droit des pauvres, sans être tenu par aucune règle impérative; il est absolument libre à cet égard, et peut, notamment, s'il le juge convenable, affecter le montant du droit des pauvres, tout entier à un seul des établissements commerciaux d'Assistance.

En l'absence de tout organisme de cette nature, situation tout à fait exceptionnelle, puisque la loi de 1893 prescrit la création d'un bureau d'assistance dans chaque commune, on estime que le préfet pourrait remettre le produit du droit des pauvres à une œuvre privée d'assistance ou de bienfaisance.

CONCLUSION

Il serait superflu d'insister ici sur la légitimité des impôts sur les spectacles. Le droit des pauvres, mettant à contribution le plaisir, pour venir en aide aux malheureux, est bien, comme on disait sous l'Ancien régime, le « droit sacré », que les hommes de cœur ne peuvent qu'approuver. La taxe d'Etat, si elle ne se justifie pas par des considérations aussi élevées, ne saurait, toutefois prêter raisonnablement à la critique : pour alimenter les caisses publiques, il est tout naturel, en effet, que l'on s'adresse en premier lieu, à ceux qui n'hésitent pas à dépenser pour leur divertissement des sommes parfois considérables.

Mais, si les impôts sur les spectacles n'ont pas besoin, en réalité, d'être défendus en leur principe, on ne saurait trop combattre, au contraire, l'application étriquée, qui en est souvent faite par les tribunaux. Nous avons eu l'occasion, au cours de cette étude, de montrer à maintes reprises que la jurisprudence n'avait pas toujours compris ou dégagé les principes importants qui sont à la base des impôts sur les spectacles.

Bien des erreurs et bien des discussions seraient évitées, si l'on ne perdait pas de vue que le droit des pauvres, et la taxe d'Etat, frappent tous les plaisirs payants, à condition seulement qu'il s'agisse de manifestations ayant essentiellement le caractère de spectacle. Etant donné d'autre part que le redevable de l'impôt n'est pas l'entrepreneur, mais bien le spectateur, le but que l'organisateur se propose ne doit jamais dès lors être pris en considération.

C'est au prix d'une application rigoureuse de ces deux principes, dont l'exactitude ne peut être mise en doute, que les impôts sur les spectacles constitueront vraiment l'institution homogène et logique que le législateur s'est proposé de mettre en œuvre.

Il est à espérer que la jurisprudence, appréciant plus sainement les textes, se dirigera résolument désormais dans la voie que les décisions les plus récentes, semblent d'ailleurs tracer avec netteté.

DEUXIÈME PARTIE

TRAITÉ PRATIQUE

Les numéros renvoient aux articles traités dans la nomenclature.

Les pages renvoient au traité théorique.

ABRÉVIATIONS

B. C. I. : Bulletin des Contributions indirectes.
D. : Répertoire pratique Dalloz.
D. P. : Recueil périodique et critique Dalloz.
D. H. : Recueil hebdomadaire Dalloz.
R. E. B : Revue des établissements de bienfaisance.

Le décret de codification de la législation en matière de Contributions indirectes est du 28 décembre 1926 (*Journal Officiel*, 4 janvier 1927).

NOMENCLATURE PAR ORDRE ALPHABÉTIQUE

Abonnement (carte d').

1. L'abonnement est un contrat conclu entre une direction théâtrale et un spectateur et qui donne à celui-ci le droit d'assister au spectacle, soit périodiquement, soit pour un nombre de séances déterminé.

L'administration considère comme abonnements, imposables d'après les prix ordinaires de la location, les cartes d'entrée donnant droit à une place retenue à l'avance, tenue à la disposition de l'abonné et restant libre s'il n'en profite pas. Au contraire, bien que désignées généralement sous le même nom, les cartes qui peuvent être utilisées, soit par le détenteur, soit par ses invités, pour un ou plusieurs spectacles de leur choix, sans que les places soient retenues à l'avance, ne sont pas imposées au tarif de la location, et sont même considérées comme billets à prix réduit, s'il est consenti une réduction sur le prix normal.

V. n° 61.

Abonnement (recouvrement de l'impôt par). V. n° 163.
Actionnaires (places d'). V. n°ˢ 78, 101.
Amendes. V. n° 168.
Amnistie. V. n° 168.

Appareils automatiques.

2. Un certain nombre d'appareils automatiques fonctionnant à l'aide de l'introduction d'un jeton ou d'une pièce de monnaie constituent, par leur objet, des divertissements imposables : orchestres mécaniques, phonographes, vues, jeux de force, tels que coups de poing, etc. La déclaration est obligatoire et l'on applique le tarif habituel d'impôt. Le meilleur système de recouvrement consiste en un abonnement établi par appareil et payable par le commerçant qui le détient, ou établi pour un ensemble d'appareils et payable par l'exploitant. En cas de difficulté pour la fixation de l'abonnement, les appareils peuvent être mis sous scellés, de façon que la recette ne puisse être reconnue qu'en présence du service qui perçoit l'impôt (D. 5 août 1920, art. 4).

Les appareils automatiques, employés pour la distribution de marchandises, les balances automatiques, ne sont pas assujettis à l'impôt sur les spectacles.

Artistes : places exonérées. V. n° 105 ; représentation au bénéfice des artistes : n° 18.

Assiette de l'impôt : taxe d'Etat. V. page 38 ; droit des pauvres. V. pages 134, 144.

Assimilation de la taxe d'Etat et du droit des pauvres. V. pages 25, 144.

Auteur de la pièce. V. n° 102.

Auteur (billets d'). V. n° 74.

Avions (promenade en avion ; évolutions d'avions). V. n° 169.

Bals, dancings, etc.

3. L'article 40 de la loi de finances du 30 décembre 1921 (décr. de codif. art. 88-6°) a modifié le régime établi par l'article 92 de la loi du 25 juin 1920.

A l'énumération contenue dans cet article, qui comprenait « les dancings, bals... thés-dancings, dîners-dancings, soupers-dancings », est substituée la formule générale : « établissements où sont organisés des bals ».

Ces établissements, au lieu de supporter la taxe d'Etat sur les entrées et les autres recettes au taux de 25 %, sont soumis à des taux variables suivant leur classement en trois catégories.

4. *Classement*. — Le classement est effectué par la commission départementale prévue par l'article 64 de la loi du 25 juin 1920 et chargée de statuer sur le classement des hôtels, cafés et restaurants en vue de leur taxation à l'impôt sur le chiffre d'affaires. On peut appeler des décisions de

cette commission départementale à la commission supérieure, créée par le même article.

Le classement est fait « d'après la nature ou l'importance » des établissements. Ces deux éléments, nature de l'exploitation et importance de l'entreprise, doivent être considérés, soit séparément, soit simultanément, pour déterminer la catégorie dans laquelle est classé l'établissement. C'est ainsi que la première catégorie comprend normalement les bals ayant un caractère de luxe, les dancings, thés-dancings, dîners et soupers-dancings, en raison de la nature de ces établissements et non exclusivement en raison de leur importance.

Dans la deuxième catégorie, figurent les bals proprement dits et les autres établissements de danse, dans lesquels les prix d'entrée et de consommation sont moyens.

La troisième catégorie doit comprendre les bals organisés dans des débits de boissons ou n'ayant qu'un orchestre très réduit, et notamment les bals du dimanche, organisés par de petits débitants que l'Administration avait, par tolérance, antérieurement assimilés aux bals occasionnels et forains.

L'orchestre peut, d'ailleurs, être réduit à un orchestre mécanique ou à un phonographe: il y a bal, si ces appareils sont utilisés pour la danse.

Rien n'empêche que le même établissement ne soit classé dans une catégorie pour certaines réunions, et, pour d'autres, dans une catégorie différente (bals de jour ou de nuit).

5. Un *professeur de danse* donnant, en dehors de ses leçons, des réunions dansantes, qualifiées « cours de perfectionnement », auxquelles sont admises, moyennant un prix d'entrée, des personnes autres que ses élèves, est soumis aux obligations des entrepreneurs de bal et doit l'impôt pour toutes les personnes assistant à ces réunions (C. d'App. Paris, 14 novembre 1922).

Tarifs de perception.

6. A) *Droit des pauvres.* — Le taux légal est de 25 % du prix net des entrées. La loi du 8 thermidor an V le fixait au « quart de la recette brute »; mais la loi du 31 juillet 1920 ayant une portée générale, l'impôt doit être perçu *en sus* du prix d'entrée.

Le taux légal est appliqué à Paris.

7 . *B*) *Taxe d'Etat*. — Les bals et dancings supportent un double impôt : 1° droits sur les entrées ; 2° droits sur les autres recettes.

a) *Droits sur les entrées*.

8. La taxe d'Etat est, double-décime compris, de 3o % pour les établissements classés en première catégorie ; 14,40 % pour ceux classés en deuxième ; 7,20 % pour ceux classés en troisième catégorie.

Les impôts étant toujours perçus en sus du prix net, le tarif sera déterminé en tenant compte, non seulement de la catégorie à laquelle appartient l'établissement, mais également du montant du droit des pauvres, et, s'il y a lieu, de la taxe municipale.

Exemple : à Paris, où le droit des pauvres est de 25 % et où il n'existe pas de taxe municipale, les tarifs seront déterminés par les fractions suivantes du prix total d'entrée :

	Taxe d'Etat	Droit des pauvres	Total
Etablissements de 1re catégorie	$\dfrac{3o}{155}$	$\dfrac{25}{155}$	$\dfrac{55}{155}$
— 2e —	$\dfrac{14,4}{139,4}$	$\dfrac{25}{139,4}$	$\dfrac{39,4}{139,4}$
— 3e —	$\dfrac{7,2}{132,2}$	$\dfrac{25}{132,2}$	$\dfrac{32,2}{132,2}$

9. A défaut de prix d'entrée ou lorsque le prix d'entrée est inférieur au montant de la première consommation, l'impôt d'Etat, le droit des pauvres et la taxe municipale portent sur le montant de la première consommation (loi du 3o décembre 1921, art. 40 ; déc. de codif., art. 88-6°).

Cette disposition a modifié le régime de la loi de 1920. La loi ne fait plus de distinction entre les consommations obligatoires ou facultatives. Elle pose en principe que, dans les bals, l'obligation de consommer résulte de la nature même de l'établissement. L'exigibilité de l'impôt n'est donc plus subordonnée au caractère obligatoire de la dépense (Trib. de Boulogne-sur-Mer, 27 novembre 1925 : *B. C. I.*, 1926-4). Les soirées dansantes offertes gratuitement dans les hôtels, aux seules personnes logées dans cet hôtel, semblent devoir être désormais imposables, alors que, sous le régime antérieur à la loi de 1921, elles avaient été exemptées (Trib. de Boulogne-sur-Mer, même jugement).

Le prix de la consommation est parfois fixé d'une manière invariable : tel est le cas, par exemple, d'un thé-dancing où le prix du thé est bien déterminé et doit servir de base à l'impôt. S'il n'en est pas ainsi, on fixe un prix moyen de première consommation, dont la quotité sera applicable à tous les assistants : ce prix moyen peut être déterminé de gré à gré avec l'exploitant, ou par des constatations effectuées par le service (V. n° 165).

10. Les entrées gratuites sont taxées au même titre que les entrées payantes.

Les entrées à prix réduit sont taxées sur le prix réellement payé, à condition que ce prix ne soit pas lui-même inférieur à celui de la première consommation.

Dans certains établissements, des places ou des loges sont réservées à des clients tenus de prendre une consommation d'un prix plus élevé, du champagne, par exemple. Pour déterminer le prix de base de la perception afférente à ces places, il faut tenir compte de la majoration de prix qui, en fait, est obligatoire.

11. Dans certains bals, il est demandé, pour chaque danse, une rétribution modeste, inférieure au prix de la consommation. C'est, en ce cas, le prix de la consommation qui sert de base à la perception. La rétribution des danses sera imputée sur les « autres recettes ».

b) *Droits sur les autres recettes.*

12. Toutes les recettes autres que celles qui sont imposées comme entrées sont frappées de droits variables suivant la catégorie à laquelle appartient l'établissement, et qui comprennent en même temps la part revenant au Trésor, et la part revenant à l'Assistance publique, la première étant seule majorée du double décime.

Ces droits sont déterminés par les fractions suivantes des recettes brutes :

	Taxe d'État	Droit de pauvres	Total
Établissements de 1re catégorie	$\dfrac{15}{127,5}$	$\dfrac{12,5}{127,5}$	$\dfrac{27,5}{127,5}$
— 2e —	$\dfrac{7,2}{113,2}$	$\dfrac{6}{113,2}$	$\dfrac{13,2}{113,2}$
— 3e —	$\dfrac{3,6}{106,6}$	$\dfrac{3}{106,6}$	$\dfrac{6,6}{106,6}$

Aucune taxe municipale ne peut exister sur les recettes autres que les entrées.

13. Les recettes autres que les entrées sont surtout constituées par le montant des *consommations*. Dans les établissements où il y a un prix d'entrée supérieur au prix de la première consommation, les consommations sont comptées pour la totalité dans les « autres recettes ». S'il n'y a pas de prix d'entrée, ou si ce prix est inférieur à celui de la première consommation, on déduit du montant total réel des recettes la valeur des consommations correspondant aux droits sur les entrées ; le surplus est intégralement frappé des droits sur les autres recettes.

On doit taxer toutes les recettes réalisées dans l'établissement à quelque titre que ce soit, vestiaire, lavabo, téléphone, vente de programmes, location ou vente de tous objets. Ces recettes sont atteintes, même lorsqu'elles sont encaissées par un concessionnaire ou un sous-exploitant, et l'impôt porte, en ce cas, non sur le prix payé à l'exploitant par le concessionnaire, mais sur la recette encaissée par ce dernier (C. de Cass., 22 janvier 1926. *B. C. I.* 1926-6). Les pourboires n'entrent pas dans le compte de la recette quand ils ne sont qu'un supplément facultatif que s'impose le client ; ils doivent y figurer, quand ils sont le seul mode de rétribution du service rendu (vestiaire, etc.).

14. L'impôt « sur les autres recettes » étant, en réalité, un impôt sur le chiffre d'affaires, il doit être perçu en totalité sur déclaration des intéressés : on ne peut recourir au système de l'abonnement. Les établissements d'assistance n'ont pas qualité pour effectuer eux-mêmes la perception directe de la part qui leur revient. L'administration des contributions indirectes perçoit la totalité des droits, et reverse chaque mois la part revenant à l'établissement d'assistance.

Dans les localités où il n'existe pas de droit des pauvres, la totalité de l'impôt sur les « autres recettes » est acquise au Trésor.

Bals de société, bals forains ou occasionnels.

15. Ces bals dont l'énumération figure à l'article 88-1° du décret de codification (anc. art 92-1°) sont soumis au régime prévu par ce paragraphe : le taux de la taxe d'Etat est de 7,20 %, applicable au prix d'entrée et à toute dépense obligatoire s'ajoutant à ce prix ou en tenant lieu ; mais ils ne sont pas assujettis à l'impôt sur les « autres recettes ».

Le droit des pauvres est, légalement, de 25 %.

D'après l'article 11 du décret du 5 août 1920, sont considérés comme *bals occasionnels*, « les bals n'ayant pas de caractère de périodicité, organisés à l'occasion de fêtes ou de réunions » ; — comme *bals forains*, « les bals ambulants qui se déplacent de localité en localité » ; — comme *bals de société*, « les bals *exceptionnels*, organisés par des sociétés locales ».

Il résulte de ces dispositions que les bals *périodiques*, ayant lieu, par exemple, une fois par mois, prennent le caractère d'une entreprise régulière et ne bénéficient pas du régime d'exception.

Les bals donnés par des professeurs de danse ne peuvent être considérés comme occasionnels. Ils sont donc imposés au taux fixé par le classement de l'établissement où ont lieu les danses. L'Administration tolère cependant, au tarif des bals occasionnels, un bal unique donné dans l'année.

Voir : *Paris, perception du droit des pauvres.* n° 155.

Ballons captifs V. n° 169.

16. Banquets en musique. V. n° 23.

Banquets suivis de bals.

17. Ces réunions ne sont pas soumises à l'impôt si la fête est offerte à des invités par une personne ou une famille prenant les frais à sa charge : ce n'est pas le caractère plus ou moins privé de la réunion qui exempte des droits, c'est son caractère gratuit pour les assistants. Les réunions, au contraire, sont taxables si les personnes qui y participent paient soit un prix d'entrée au bal, soit seulement le prix du banquet. Si le bal est payant, tous les assistants sont taxés sur le prix d'entrée. Si le bal est gratuit, le prix de la première consommation se détermine en pratique, non d'après le prix du repas, mais en prenant comme base une somme équivalente au prix d'entrée habituel des bals analogues donnés dans l'établissement (V. n° 146).

Les réunions de cette nature, lorsque le bal est gratuit, ne peuvent avoir le caractère de représentations données *au profit* des groupements qui les organisent. Même si ces groupements rentrent dans la catégorie des œuvres ou associations appelées à bénéficier de l'exonération de la taxe d'Etat, les banquets suivis de bal ne remplissent pas la condition nécessaire de « l'affectation des recettes à l'œuvre au profit de laquelle la représentation set donnée ». Il ne saurait donc y avoir exonération de la taxe d'Etat, sauf le cas où le prix du banquet serait majoré au profit de l'œuvre.

Bénéfice (représentations à).

18. *Les représentations à bénéfice* sont celles qui sont données au profit d'artistes âgés ou malheureux, de leurs veuves et enfants : telles sont les représentations de *retraite* des artistes.

Le décret impérial du 9 décembre 1809 décide qu'elles sont « exemptes des droits sur l'augmentation mise au prix ordinaire des billets ».

L'article 89 du décret de codification (al. 2) prescrit que, pour ces représentations, « l'impôt est calculé d'après le tarif normal des places, lorsque le prix d'entrée est majoré ».

La perception de la taxe d'État et du droit des pauvres ne s'exerce donc que sur le prix normal des places. Si l'on applique à des représentations à bénéfice le prix habituel, il ne peut y avoir aucune réduction.

Bienfaisance (œuvres de). V. n°⁵ 86 et s. ; 115 ; 147 et s.

Billards (matches de).

19. Ils sont soumis, pour la taxe d'État, au taux de 12 %. Les droits s'exercent sur le prix d'entrée, ou, à défaut, sur le prix de la consommation obligatoire.

Billets. V. n°⁵ 42 et s. ; 59 et s.
Blessés de guerre. V. n° 106.

Boxe (matches de).

20. Les matches de boxe suivent un régime de perception qui leur est propre. Les places dont le prix net est inférieur à 20 francs sont soumises au taux de 12 % pour la taxe d'État ; les places dont le prix est égal ou supérieur à 20 francs sont soumises au taux de 30 %.

Le prix net s'entendant déduction faite des impôts, le prix-limite réel, au-dessous duquel le taux n'est que de 12 %, est égal à 20 francs, plus le montant total de l'impôt.

A Paris, où le droit des pauvres est de 10 % et où il n'y a pas de taxe municipale, le prix global à partir duquel s'applique la taxe de 30 % est de $20 + 2 + 6$ ou 28 francs. Toutes les places inférieures à ce prix sont donc taxées à $\frac{10}{122}$ pour le droit des pauvres, $\frac{12}{122}$ pour la taxe d'État. Les places de 28 francs et au dessus sont taxées à $\frac{10}{140}$ (droit des pauvres), et $\frac{30}{140}$ (taxe d'État) (1).

1. Suivant que l'on ajoute à 20 francs, prix net, la taxe calculée à 12 ou à 30 %, on obtient deux prix-limites différents,

Les matches de boxe ne sont pas soumis à la taxe complémentaire sur les recettes autres que les entrées, ni à la taxation des billets gratuits.

Les exhibitions de boxe présentées dans les baraques foraines rentrent dans la catégorie des attractions diverses et ne sont taxées qu'à 7,20 %.

Cabarets d'auteur.

21. Ce sont les établissements dans lesquels les auteurs eux-mêmes déclament ou chantent leurs œuvres. Lorsque le genre de l'entreprise répond exactement à cette définition, celle-ci est passible de la taxe d'État au taux de 7,20 %.

Mais il n'en est pas toujours ainsi. Dans certains cabarets d'auteur, il est donné des revues, des spectacles variés, nécessitant un personnel de scène autre que les auteurs eux-mêmes et les rendant, par conséquent, passibles de la taxe de 12 %.

L'administration n'applique le tarif de 7,20 % que s'il y a au moins trois auteurs chansonniers pour un interprète. Si, concurremment avec les tours de chant, il est donné une revue, celle-ci ne doit pas tenir plus de la moitié de la durée du spectacle. Enfin, que la revue accompagne des tours de chant ou constitue uniquement le spectacle, l'auteur de la revue doit y jouer, et la moitié au moins du personnel masculin doit être composé de chansonniers-auteurs.

Si ces conditions ne sont pas remplies, la taxe est de 12 %. Le droit des pauvres est, en tous cas, de 10 %.

Cafés-concerts.

22. Sont considérés comme cafés-concerts, assujettis à la taxe de 7,20 %, les établissements ou débits, ouverts d'une façon permanente durant la journée et dans lesquels est organisé accessoirement dans la même salle, à certaines heures, un concert vocal, pendant lequel la vente des consommations continue (Décr. 5 août 1920, art. 11).

24 francs dans le premier cas, 28 francs dans le second. Entre 24 et 28 francs de prix global, le prix net est donc, suivant le mode de calcul, inférieur ou supérieur à 20 francs. En pratique, on adopte la solution la plus favorable à l'exploitant, soit 28 francs.

Cette définition du café-concert, estimée trop restrictive, a fait l'objet d'une requête en annulation pour excès de
pouvoir présentée par la chambre syndicale des directeurs
de spectacles de France. Le Conseil d'Etat (15 juin 1923) a
rejeté la requête, estimant que le décret a pu « à bon droit et
en conformité des dispositions légales », réserver la dénomination de cafés-concerts aux débits présentant les caractères
ci-dessus indiqués.

Cafés avec orchestre.

23. L'administration des Finances admet que les cafés, etc.,
dans lesquels un orchestre purement instrumental se fait
entendre à certaines heures de la journée, sans concert vocal,
ni attraction, ne sont pas soumis à la taxe sur les spectacles
quand il n'y a pas de prix d'entrée. Les recettes sont, sans distinction, soumises à la taxe sur le chiffre d'affaires. V. n° 185.

La même règle s'applique quand, dans un café, est installé
un orchestre mécanique (v. n° 131), ou un piano, sans organisation de concerts, ou qu'il s'y donne des auditions de T. S. F.

Les établissements de cette nature restent soumis au
droit des pauvres, généralement prélevé par abonnement
mensuel (V. n° 156).

24. Le caractère accidentel des concerts instrumentaux
donnés dans un café, restaurant, hôtel, n'en rend pas moins
l'établissement taxable, et notamment les *repas, banquets
en musique*, donnent lieu à un prélèvement qui, en pratique,
est fixé forfaitairement.

Carnets. V. n° 43.
Cérémonies religieuses. V. page 69.

Chiffre d'affaires.

25. Les affaires effectuées par les entrepreneurs de spectacles, attractions ou divertissements assimilés, sur lesquelles l'impôt d'Etat sur les spectacles est perçu, sont
exemptées de l'impôt sur le chiffre d'affaires (L. 25 juin 1920,
art. 59, § 10).

Mais, dans les établissements de spectacles, l'impôt sur le chiffre d'affaires subsiste pour toutes les recettes qui ne sont pas atteintes par la taxe sur les spectacles : concessions diverses, buvette, programmes, consommations autres que celles qui sont taxées au titre de prix d'entrée (dans les établissements autres que les bals).

Cinémas. V. n° 181.

Cirques.

26. Les cirques sont soumis à la perception de 10 % pour le droit des pauvres, et de 7,20 % pour la taxe d'Etat, soit, sur le prix global, respectivement $\dfrac{10}{117,20}$ et $\dfrac{7,20}{117,20}$.

Claque (billets de). V. n° 75.
Combattants (associations d'anciens). V. n° 91.
Commanditaires. V. n°° 78, 101.

Concerts symphoniques. — Concerts d'artistes. Concerts donnés par des associations subventionnées.

27. A) *Concerts symphoniques.* — Les concerts symphoniques sont assujettis, pour la perception de la taxe de l'Etat, au taux de 7,20 % (D. de Codif., art. 89 1°). Sont considérés comme concerts symphoniques « les concerts dans lesquels sont exécutés ou interprétés soit des morceaux de musique classique ou religieuse, soit des œuvres de maîtres ». (Décr. du 5 août 1920, art. 11.) On admet que ces concerts puissent comprendre exceptionnellement des chants ou des danses rythmées, lorsqu'il s'agit de musique d'art et d'interprétation d'œuvres de maîtres.

Les concerts de sociétés composés d'auditions variées (chansonnettes, monologues, etc.), et comportant même une ou deux attractions, bénéficient du même taux.

En ce qui concerne le droit des pauvres, la loi de finances du 16 juillet 1840 (art. 9) réduit le taux de perception à 10 % pour les *concerts quotidiens*. Les concerts *non quotidiens* sont donc soumis légalement au taux de 25 % ; en fait, le tarif de 10 % est généralement appliqué.

28. B) *Concerts d'artistes.* — L'article 23 de la loi de finances du 3 août 1875 réduit à 5 % la perception du droit des pauvres sur la recette « des concerts non quotidiens donnés par les artistes ou les associations d'artistes ».

Ce texte est d'une interprétation délicate. Comme l'a fait remarquer le ministre de l'Intérieur (D. P. 1887.3.53) tous les concerts sont donnés avec le concours d'artistes. Le législateur n'a cependant pas eu l'intention de faire bénéficier du taux exceptionnel de 5 % tous les concerts non quotidiens. La jurisprudence du Conseil d'Etat, dans les arrêts rendus en la matière, témoigne de son hésitation à préciser les limites d'application du taux de 5 %.

Ce qui est bien certain, c'est que l'auteur de l'amendement devenu l'article 23 et le rapporteur, M. Tirard, qui soutint cet amendement dans sa forme définitive, n'ont eu en vue que les trois concerts, alors organisés par des artistes: les concerts du Conservatoire et du Châtelet, et le concert Pasdeloup, (*J. O.*, 4 août 1875, p. 6345). L'Assistance publique exerçait, sous forme d'abonnement forfaitaire, un prélèvement qui représentait moins de 5 % pour le Conservatoire, 7 % pour Pasdeloup, et près de 10 % pour le Châtelet. Après avoir exposé la situation différente de ces trois concerts, M. Tirard s'exprimait ainsi : « Il a paru nécessaire de fixer un taux unique qui s'appliquât uniformément aux trois concerts *dont il s'agit*. Nous disons donc à l'Administration : vous prélèverez 5 % sur la recette des concerts donnés par les habiles et vaillants artistes qui, pour un maigre profit, mettent chaque dimanche leur temps et leur talent à la disposition de la population parisienne. »

29. Quoi qu'il en soit, la réduction à 5 % ne s'applique qu'autant que le concert est donné au profit des artistes eux-mêmes (Cons. d'Etat, 20 novembre 1885, D. P. 87.3.54 ; 17 février 1899, D. P. 1900.3.59 ; 2 février 1900, D. P. 1901. 3.58 ; 22 février 1907, D. P. 1908.3.52.)

On ne saurait, par conséquent, admettre la réduction à 5 % pour un concert organisé par un entrepreneur de concerts, fût-il artiste lui-même, avec le concours d'artistes rémunérés par voie de cachets. Il y a, en ce cas, entreprise réelle, et l'impôt est dû au tarif normal.

Le mot « concerts » désigne un ensemble de morceaux de

musique exécutés par des voix ou des instruments. Le tarif d'exception de 5 % ne doit donc légalement être appliqué qu'aux ensembles vocaux ou instrumentaux : la jurisprudence et les commentateurs ont toujours pris le mot « concerts » dans son sens propre. En pratique, tout au moins à Paris, le tarif d'exception de 5 % a été étendu aux *récitals instrumentaux*, et même aux récitals vocaux, à condition qu'ils conservent le caractère exclusif d'exécution musicale ou d'interprétation d'œuvres de maîtres. Accompagnés de pièces, de morceaux de diction, de danses sur scène, ils sont taxés au tarif ordinaire.

30. *Organisateurs de concerts.* — Fréquemment, les artistes ont recours à un organisateur qui se charge de la location de la salle, de la publicité, de l'affichage, etc. Le concert devant être donné au profit exclusif des artistes, l'organisateur ne doit avoir aucune part dans le bénéfice, aucun pourcentage sur la recette. Il ne peut être rétribué que moyennant une redevance fixée à l'avance. La réduction à 5 % constituant un régime d'exception, l'Administration a le droit d'exiger la preuve que la rétribution de l'organisateur de concerts est indépendante de la recette et du bénéfice.

31. C) *Associations d'artistes et sociétés de concerts classiques.* — L'article 16 de la loi du 19 décembre 1926 (D. de codif., art. 88, al. 21) concède un dégrèvement de 50 % de la taxe d'état pour les concerts non quotidiens donnés par des associations d'artistes ou sociétés de concerts classiques, sous la condition que ces groupements soient subventionnés par l'État, les départements ou les communes.

Ces mêmes sociétés jouissant généralement de la réduction à 5 % du droit des pauvres, l'impôt qui leur est applicable est, sur le prix global, de $\dfrac{5}{108,60}$ pour le droit des pauvres, de $\dfrac{3,60}{108,60}$ pour la taxe d'État, à Paris aussi bien qu'en province.

Les associations d'artistes donnant des concerts et les sociétés de concerts classiques, qui peuvent justifier que la subvention qui leur est allouée existait pendant la période des trois années antérieures au 1er août 1914, et qu'elle résulte de contrats ou cahiers des charges contenant des obligations réciproques, bénéficient en outre, d'une exonération complète de la taxe d'État sur les places inférieures à 12 francs à Paris, et 6 francs ailleurs (Décr. de codif., art. 89) (V. n° 98). La perception sur ces places s'exerce donc, au titre du droit des pauvres, à raison de $\frac{5}{105}$ du prix global.

La « Société nationale de Musique », en vertu d'une disposition spéciale (L. 27 décembre 1927, art. 23), jouit de cette même exonération sur les places d'un prix inférieur à 12 fr. (Paris), 6 fr. (ailleurs).

Pour bénéficier soit du dégrèvement de 50 %, soit de l'exonération, il faut que les concerts soient organisés par les groupements intéressés et *à leur profit*. Si ces groupements sont engagés pour une somme fixe, par un directeur d'établissement ou un impresario, il n'y a lieu à aucune déduction.

Concerts dans les églises. V. p. 69.
Concessions. Billets de concession. V. n° 79.
Concours agricoles. V. n° 111.

Concours hippiques.

32. Ces réunions ont, sans contredit, le caractère de spectacles payant. Néanmoins ils sont exemptés du droit des pauvres lorsqu'ils sont organisés par des sociétés « fondées pour l'amélioration du cheval de service et de guerre, et dont toutes les recettes sont affectées à cette œuvre » (C. d'E., 11 janvier 1907 *R. E. B.*, 1907-147).

L'expression « concours hippiques » figurait dans la rédaction du texte voté par la Chambre en 1920 ; mais elle disparut du texte voté par le Sénat. L'Administration a cru pouvoir en conclure que ces réunions devaient être soustraites au paiement de la taxe d'État.

Conférences.

33. La loi du 25 juin 1920 ne vise pas spécialement les conférences.

D'autre part, il a été jugé que le droit des pauvres ne

s'exerçait pas à l'occasion de conférences ayant pour objet la diffusion d'idées ou de doctrines ou l'exposé de notions historiques, scientifiques, artistiques ou littéraires, dans un but documentaire ou enseignant, même si quelques-unes ont été accompagnées accessoirement de projections ou d'auditions, alors surtout qu'un grand nombre de places étaient réservées aux élèves des Facultés (C. d'Etat, 9 mars 1923, 8 juin 1923. D. P. 1923.3.46).

L'impôt est dû si la conférence n'a pas uniquement un bu. documentaire ou enseignant, si elle est suivie de représentations des pièces commentées (Cons. Préf. Seine, 17 mars 1875, D. P. 1876.5.432 ; C. d'Etat, 24 juin. D. P. 1923.3.46) ou accompagnée d'auditions, chants, projections variées lui donnant le caractère de spectacle.

Les séances d'*hypnotisme*, présentées parfois sous le nom de conférences, sont imposables (Décr. de codif., art. 880).

Consommations : mode de paiement du prix d'entrée. V. n° 157 ; dans les bals. V. n° 9 et 13.

Contentieux

34. Le recouvrement du droit des pauvres est opéré comme en matière de contributions indirectes. Les poursuites sont exercées suivant les formes propres à cette administration (L. 25 juin 1920, art. 96).

Antérieurement à la loi de 1920, le recouvrement et les poursuites concernant le droit des pauvres étaient effectués par voie de rôle et de contrainte comme en matière de contributions directes et le contentieux relevait de la juridiction administrative. Actuellement c'est à l'autorité judiciaire qu'il appartient de connaître des litiges relatifs à l'assiette et au recouvrement du droit des pauvres (C. d'Etat, 23 novembre 1923, *R. E. B.*, 1924-122 ; 28 mars 1924. *R. E. B.*, 1924-314).

La procédure est exactement la même pour les deux impôts (Cassation. 23 mai 1927 ; *Gaz. des Trib.*, 21 juin 1927).

Un contribuable qui s'estime indûment imposé peut soit introduire une demande en restitution par la voie gracieuse, soit engager une action en répétition de l'indû.

L'Administration, d'autre part, dispose de deux modes pour

obtenir le règlement des litiges, la voie civile, la voie répressive.

35. A) *Demande en restitution*. — La demande en restitution est adressée, en ce qui concerne la taxe d'Etat, au directeur départemental des contributions indirectes ; en ce qui concerne le droit des pauvres, au directeur de l'Assistance publique à Paris, ou au maire représentant des établissements d'assistance. La demande faite à chaque administration doit être établie sur papier timbré : la pétition qui n'est pas sur timbre est irrégulière et l'Administration peut la considérer comme non avenue (Cass., 10 déc. 98, *B. C. I.* 98-1). La quittance des droits perçus doit être jointe à la demande.

36. B) *Action en répétition*. — Elle est introduite au moyen d'une assignation, instruite par simples mémoires (L. 8 avril 1910, art. 65), jugée par le tribunal civil du siège de la perception.

La *prescription* est acquise contre toute demande en restitution de droits six mois après le paiement (même article 65). L'Administration s'en tient également à ce délai de six mois pour les demandes amiables de restitution. A l'expiration de ce délai, la créance du contribuable est éteinte.

37. C) *Poursuites par la voie civile*. — La contrainte est la voie générale de poursuite que l'Administration emploie contre les redevables. L'instance naît d'une opposition à contrainte formée par le contribuable.

Chacune des administrations intéressées doit poursuivre séparément le recouvrement des droits qui lui reviennent : les contraintes délivrées contre un même débiteur doivent donc être distinctes.

La *contrainte* délivrée par l'Administration doit indiquer la somme réclamée, la nature des droits dus, les quantités soumises aux droits. Les quatre conditions essentielles à la validité d'une contrainte sont : le visa du juge de paix ; la signification par un officier ministériel ou un employé de l'administration ; l'élection de domicile au bureau où les droits doivent être acquittés ; l'enregistrement de l'acte de signification dans les quatre jours de sa date (V. modèle de contrainte, p. 260.)

La contrainte est *exécutoire* nonobstant opposition : elle permet de saisir et de vendre sans autre titre.

L'*opposition* à contrainte doit contenir assignation à *jour fixe*, sous peine de nullité radicale ; elle doit indiquer les *motifs* invoqués par le redevable, ce qui met à la charge de celui-ci le fardeau de la preuve (D. 1er germinal an XIII, art. 45).

L'instruction ne peut se faire que par mémoires respectivement signifiés et l'observation de cette procédure doit résulter du jugement lui-même (Cass. 21 octobre 1924, *B.C.I.*, 1924-23 ; 23 mai 1927, *Gaz. Trib.*, 21 juin 27). Le redevable a le droit de présenter par lui-même ou par le ministère d'un avocat inscrit au tableau des explications orales (L. 30 avril 1921, art 7, rendu applicable, par l'arrêt de cassation du 21 octobre 1924, aux litiges concernant les contributions indirectes). La délibération a lieu en chambre du conseil, le ministère public entendu, et le jugement est rendu en audience publique.

Les jugements rendus au civil dans des contestations relatives aux droits sont sans appel et ne peuvent être attaqués que par la voie de la cassation (L. 22 frim. an VII, art. 65). Le pourvoi doit être formé dans les deux mois de la signification.

La *prescription* est acquise aux redevables contre l'Administration pour les droits qui n'auraient pas été réclamés dans l'espace d'un an à compter de l'époque où ils étaient exigibles (D. 1er germ. an XIII, art. 50).

38. D) *Contentieux répressif* — En matière de contributions indirectes, les contraventions fiscales sont constatées par procès-verbal. Les contraventions, en matière de droit des pauvres sont constatées suivant les formes propres aux contributions indirectes (L. 25 juin 1920, art. 96).

Toute infraction à une disposition d'une loi ou d'un décret réglementaire constitue une *contravention* et peut donner lieu à l'établissement d'un procès-verbal : l'omission de la déclaration prescrite par l'article 92 de la loi du 25 juin 1920, le non paiement des droits à l'issue de la séance (art. 7 du Décret du 5 août 1920), l'inobservation des prescriptions de l'article 2 concernant l'utilisation des différentes catégories de carnets ou de billets (Cass. 2 novembre 1923. *B. C. I.*,

1924-1), le refus de laisser les agents exercer leur contrôle (Trib. Montpellier, 26 nov. 1919. *B. C. I.*, 1920 5) constituent des contraventions.

39. Le *procès-verbal* fournit la preuve de l'infraction : il est la condition et la garantie de la poursuite.

Les faits énoncés doivent avoir été constatés personnellement et directement par le verbalisant. Le procès-verbal, qui doit être écrit de la main de l'agent avec approbation des ratures, doit contenir les noms, qualités et demeure de celui-ci, énoncer les faits matériels constitutifs du délit, être daté et signé, et être visé pour timbre et enregistré dans les quatre jours (V. modèle de procès-verbal, p. 260).

Le procès-verbal peut être établi à toute époque; mais l'action publique étant éteinte, en matière de délits, par la *prescription* de trois ans, le procès-verbal serait sans effet passé ce délai.

En cas de contravention intéressant à la fois la taxe d'Etat et le droit des pauvres, on peut ne rédiger qu'un seul procès-verbal (1).

Les employés de la régie, dûment commissionnés et assermentés, peuvent verbaliser en tous lieux et en toute matière. Lorsque le service de perception de la taxe d'Etat est confié aux contrôleurs du droit des pauvres, ceux-ci reçoivent une commission de l'administration des contributions indirectes et prêtent serment en cette qualité : ils sont donc habilités à verbaliser.

Les agents du droit des pauvres qui ne seraient pas chargés du recouvrement de la taxe et à qui la loi reconnaît implicitement qualité pour verbaliser, doivent nécessairement être assermentés : on peut, semble-t-il, leur appliquer les mêmes règles qu'aux préposés de l'octroi.

40. Les contraventions constatées par procès-verbaux sont, en matière de contributions indirectes, jugées par le tribunal correctionnel (L. 5 ventôse, an XII, art. 90).

---

1. Cette disposition ne s'applique pas aux infractions concernant les taxes municipales. L'agent de recouvrement doit établir un procès-verbal distinct, à la requête du maire, qui y donne suite.

L'affaire est portée en justice par voie d'assignation ; l'assignation doit être donnée dans les trois mois de la date du procès-verbal, sous peine de déchéance.

Le jugement est susceptible d'appel.

Enfin l'arrêt définitif peut faire l'objet d'un pourvoi en cassation, sur lequel statue la chambre criminelle.

41. Avant de porter un procès-verbal en justice, l'Administration a la faculté de proposer et de consentir une *transaction*, qui doit être approuvée, suivant les cas, par le directeur départemental, le directeur général ou le ministre. En cas de contravention commune, intéressant à la fois la taxe d'État et le droit des pauvres, l'administration des Contributions indirectes est exclusivement chargée du soin de transiger ou de poursuivre : elle a donc, dans ce cas particulier, le droit un peu exorbitant de fixer transactionnellement la somme à laquelle se réglera la créance de l'établissement d'assistance.

41 *bis*. E) *Infractions purement pénales*. — Les infractions purement pénales constituées par des *violences*, *injures*, etc., à l'égard de l'agent de l'administration sont constatées par procès-verbal administratif qui n'est soumis à aucune forme spéciale et qui vaut comme plainte au parquet.

Des procédés employés par un directeur de théâtre pour jeter la défaveur sur l'Administration peuvent être interdites par ordonnances de référé (Seine, ord. de référé, 5 octobre 1912, *R. E. B.*, 1912-414).

Contraventions. V. n° 38.

Contrôle

42. L'impôt sur les spectacles est perçu en même temps que le prix de la place ; il se confond momentanément dans la caisse de l'entrepreneur avec sa propre recette. D'où la nécessité d'un contrôle rigoureux, d'un véritable « exercice » imposé à l'entrepreneur ou à l'organisateur de spectacles.

Le contrôle a pour but de constater le nombre exact de spectateurs et le prix global (droits compris) payé par chacun d'eux. Il s'exerce au moyen de la délivrance de billets.

Les billets sont individuels, sauf pour les places indivisibles de loge.

Pour constater le nombre d'entrées, on exige qu'aucun spectateur ne pénètre dans l'établissement sans être muni d'un billet. Cette obligation existe même au cas où le spectateur n'est imposé que sur le prix de la première consommation, lorsque l'établissement est soumis à un contrôle soit permanent, soit temporaire. L'entrée libre, avec paiement des places à l'intérieur de l'établissement, n'est pas tolérée. La sortie aux entr'actes doit être constatée par des contremarques ; l'emploi des coupons de contrôle permettrait leur réutilisation par des spectateurs n'ayant pas payé.

Le décret spécifie que le droit est dû pour toute personne « qui pénètre dans la partie de l'établissement à laquelle donne accès le contrôle ». La Cour d'Appel de Paris avait cru pouvoir déduire de ce texte que les places d'une loge en communication avec l'appartement privé du directeur n'étaient pas assujetties à la taxe sous prétexte que les spectateurs ne passaient pas par le contrôle (arrêt Gandon, 8 mai 1923). La Cour de Cassation a annulé l'arrêt, motif pris de ce que le texte cité « n'a pas eu pour but et n'aurait pu légalement avoir pour effet de restreindre les cas d'exigibilité de l'impôt » et « n'a eu d'autre objet que de déterminer le mode et le moment de perception de l'impôt et d'assurer le bon fonctionnement du contrôle » (2 novembre 1923, *B. C. I.*, 1924, 1).

43. a) *Carnets*. — Les billets doivent être extraits de carnets à souches numérotés en série ininterrompue, comprenant, outre la souche, un coupon de contrôle et un coupon qui doit être laissé aux mains du spectateur et constitue son acquit. Chacune des parties du billet doit obligatoirement indiquer le nom de l'établissement, le numéro du billet, la catégorie de la place, le prix *global* payé par le spectateur ou la mention de gratuité. En cas d'interruption dans l'ordre numérique des billets, les droits sont dus pour la série ou les numéros manquants, sauf faculté pour l'administration d'apprécier les justifications que présente l'exploitant.

Le numéro de la place attribuée au spectateur doit être exclusivement marqué sur le coupon du billet, et non sur un feuillet séparé. Les spectateurs porteurs de billets à prix réduit doivent présenter le titre de réduction à la caisse, et au contrôle ; et ce titre est retenu en vue de sa présentation aux comptes.

Les carnets doivent être rigoureusement spéciaux et distincts pour les différentes places, les différents prix, les diverses sortes de billets : tarif ordinaire, billets à prix réduit, billets à titre gratuit, billets de supplément (qui ne doivent être délivrés qu'à la caisse), billets de petite recette (exigibles en principe, sauf pour les cinémas de moyenne et petite importance). Ces dispositions réglementaires sont impératives, les tribunaux ne peuvent y apporter ni modification, ni tolérance ; et alors, même qu'aucun préjudice n'aurait été causé, le seul fait matériel de leur inobservation rend passible des pénalités édictées par la loi (Cassation Crim., 2 novembre 1923, *B. C. I*, 1924, 1).

Les *carnets de location* doivent être distincts pour chaque représentation (matinée ou soirée) donnée aux différents jours de la semaine : les billets de location ainsi que les billets d'abonnement doivent mentionner la date d'utilisation. L'établissement doit tenir et présenter à l'agent de perception, à l'ouverture des bureaux, une feuille de location ou un plan servant uniquement à la location.

44. b) *Carnets journaliers*. — L'administration peut autoriser l'usage de carnets journaliers (improprement appelés américains), comprenant, par catégories de places, un nombre de billets égal à celui des places susceptibles d'être occupées. Le numéro du billet correspond au numéro même de la place. Les billets doivent contenir les mêmes mentions que ceux des carnets ordinaires, et, en plus, la date d'utilisation. Ces carnets ne peuvent être employés ni pour les billets à prix réduit, ni pour la petite recette ; en cas de supplément, ils ne peuvent être échangés, et le prix supplémentaire est constaté par un billet ordinaire. Si les prix de location et de bureau sont différents, il doit être fait usage de deux carnets distincts.

45. c) *Distributeurs automatiques*. — L'administration considère comme exceptionnelle l'utilisation de distributeurs automatiques pour la délivrance des billets : elle exige une demande d'autorisation préalable, et elle reste seule juge des conditions auxquelles, dans chaque espèce, sera subordonnée l'autorisation d'emploi, toujours révocable en cas d'abus.

46. d) *Cas particuliers. — Séances accidentelles.* — L'Administration admet que les organisateurs de séances isolées, de réunions de sociétés, substituent aux carnets réglementaires des cartes d'entrée, pouvant même être vendues à l'avance. Ces cartes, dont le nombre doit être déclaré à l'avance, doivent comporter une partie détachable reproduisant le numéro d'ordre et le prix porté sur la carte. L'impôt porte sur toutes les cartes établies, déduction faite des cartes invendues qui doivent être représentées intactes.

47. *Petits établissements* à clientèle fréquemment renouvelée, tels que les établissements forains et les bals « à la danse » : on autorise la constatation par la simple remise d'un ticket numéroté détaché d'un carnet à souche.

48. *Constatation des recettes autres que les entrées.* — Dans les établissements astreints à une perception sur ces recettes (bals, thés concerts, établissements de patinage, etc., etc.), les entrepreneurs sont obligés de tenir un livre spécial aux pages numérotées, où sont inscrites, au jour le jour, toutes les recettes effectuées, en dehors de celles provenant des entrées. Ils doivent déclarer à l'Administration, par décade ou par mois, le relevé total de ces opérations. Ce livre spécial est distinct du livre tenu pour l'impôt sur le chiffre d'affaires, si l'établissement, par la nature de son exploitation, est astreint successivement aux deux impôts.

49. e) *Vérification.* — Les établissements peuvent en tout temps être soumis à l'exercice, soit d'une façon permanente, soit, en cas d'abonnement, pour la période jugée utile par l'Administration.

Ils sont également assujettis à la *vérification des comptes* par un agent supérieur. Ils doivent conserver et tenir à la disposition de l'agent vérificateur, pendant un délai limité à un an, tous les documents de contrôle, rigoureusement classés par journée, les souches de carnets et les coupons de contrôle, classés par catégories de places et numéros, la feuille de location, le livre des abonnements, les bordereaux des guichets de vente, le plan relevant les places occupées.

Coqs (combats de). V. n° 179.
Cotisations (paiement des entrées au moyen de). V. n° 158.

Courses automobiles.

50. Les courses automobiles ne sont pas considérées comme ayant pour objet le développement de l'éducation physique. On doit donc leur dénier le droit à l'exemption de taxe établie uniquement pour les réunions ayant le caractère de manifestations sportives (Cass. Crim., 20 novembre 1924, *B. C. I*, 1925-1).

N'étant pas comprises dans l'énumération des courses auxquelles la loi applique le tarif de 12 %, elles sont assujetties au tarif normal de 7,20 % pour la taxe d'Etat (même arrêt).

Courses de chevaux. V. pages 90, 137, 148. — Annexes : D. de codif., art. 91.

Courses pédestres et nautiques.

51. La perception s'exerce sur les entrées des tribunes, enclos, etc., disposés sur le parcours ou à l'arrivée des courses, et où est admis le public payant.

L'impôt s'applique aux spectacles analogues : joutes, traversées à la nage, etc.

Le tarif de perception de la taxe d'Etat est de 12 % (D. de codif., art. 88-2°). Le droit des pauvres, dans la pratique, est de 10 %.

Courses de taureaux.

52. Les courses de taureaux sont, en principe, assujetties au tarif de 30 % pour la taxe d'Etat (D. de codif., art. 88-4°).

Ce taux est réduit à 7,20 % pour les courses ne comportant pas de mise à mort : landaises et provençales (art. 88-4°).

Les courses de taureaux sont également soumises à l'impôt sur les recettes autres que les entrées. Mais l'article 39 de la loi du 31 juillet 1920 ne prévoyant que pour l'impôt de 30 % la répartition de ces recettes entre le Trésor et les établissements d'assistance publique, on en a conclu que dans les courses landaises et provençales, le prélèvement complémentaire, qui n'est que de 7,20 %, est acquis en totalité au Trésor.

Courses vélocipédiques.

53. Les courses vélocipédiques et cyclistes sont soumises au tarif de 12 % pour la taxe d'Etat (D. de codif., art. 88-29).

Des courses cyclistes, même organisées par une association sportive poursuivant un but d'utilité générale, constituent un véritable spectacle lorsque la publicité donnée à ces manifestations et la participation de coureurs professionnels font apparaître surtout un appel à la curiosité du public admis à la satisfaire moyennant un droit d'entrée. Ces manifestations sont assujetties à la perception du droit des pauvres (Cassation, Crim., 12 décembre 1924, D. P. 1925-22 ; 21 décembre 1927 ; 10 février 1928).

Critique (membres de la). V. n° 104.

Dancings.

54. L'article 92 de la loi du 25 juin 1920 visait expressément les dancings, thés-dancings, dîners-dancings et soupers-dancings.

L'article 40 de la loi du 31 décembre 1921 (D. de codif., art. 88-16°) comprend ces différentes entreprises sous la dénomination générale : établissements où sont organisés des bals.

V. n°ˢ 3, 165.

Danse (professeur de). V. n°ˢ 5, 15.

Déclaration.

55. Les propriétaires, directeurs d'établissements et organisateurs de réunions accidentelles sont tenus de faire une déclaration sur papier timbré, 24 heures avant l'ouverture ou la réouverture de l'établissement, ou avant l'heure de la réunion. Cette déclaration est reçue à l'Assistance publique, pour la ville de Paris, et à la recette buraliste des contributions indirectes, en tout autre lieu (D. 5 août 1920, art. 1er).

56. a) *Établissements réguliers*. — La déclaration sur papier timbré est exigée avant l'ouverture ou la réouverture des établissements. La déclaration de réouverture est obligatoire à la fin de la période de fermeture annuelle ou quand un établissement, ayant fermé ou fait relâche pendant un nombre de jours indéterminé, l'Administration doit être avisée de la reprise des séances.

La déclaration comporte les mentions suivantes : nature de l'établissement, caractère du spectacle, jours de représentation, et, au cas où sont données des attractions diversement imposables, les jours et heures exactes des différentes attractions (cafés-concerts, établissements où l'on danse). La déclaration doit être renouvelée lorsqu'un changement dans le caractère de l'établissement ou la nature du spectacle entraîne une modification du taux de l'impôt. Devant être signée par le directeur responsable, la déclaration doit être renouvelée, en cas de changement de direction, par le nouveau directeur.

57. b) *Séances isolées ou exceptionnelles*. — L'obligation de déclaration incombe solidairement au propriétaire de salle et à l'organisateur ; tous deux sont responsables, en cas d'omission ; mais il suffit que l'un d'eux fasse la déclaration. L'Administration admet que, dans le cas de réunions successives ou périodiques organisées par un même groupement, une seule déclaration, indiquant les diverses dates des réunions ou leur série périodique, soit effectuée au début de la saison ou de l'année ; mais, en cas de changement dans le programme indiqué, une déclaration complémentaire doit être souscrite.

58. L'obligation de déclaration est absolue. Les organisateurs de séances au profit de sociétés pouvant bénéficier de l'exonération de la taxe n'en doivent pas moins faire la déclaration préalable, « qui est nécessaire pour mettre l'Administration en mesure d'exercer son contrôle » (Cass., 19 avril et 31 mai 1923, *B.C.I.* 1923-18). L'omission de déclaration constitue une contravention fiscale et justifie l'application des pénalités prévues (Cass., 12 déc. 1924, *D H.* 1925-22).

Est personnellement tenu de la déclaration le concessionnaire de différents services qu'il exploite dans un dancing à son profit moyennant un prix forfaitaire et en dehors de tout contrôle du concédant (Cass. Crim., 22 janvier 1926, *B.C.I.* 1926-6).

Distributeurs automatiques : appareils automatiques. V. n° 2.

Distributeurs de billets. V. n° 45.

Education physique (sociétés d'). V. n° 90.

Education populaire (association d'). V. n° 92.

Elèves des facultés et écoles. V. n° 107.

Entrées.

59. Pour établir, en vue de la perception de l'impôt, la recette de chaque représentation, on doit faire le compte des *entrées* qui sont constatées par la présentation des *billets*.

Les entrées se présentent sous quatre formes essentielles : les entrées à tarif normal, par abonnement, à prix réduit, à titre gratuit.

1° *Entrées à tarif normal.*

60. Les établissements de spectacles comprennent certaines catégories de places qui doivent être nettement délimitées. Les prix de chaque catégorie, en principe, sont fixes ; mais on admet qu'ils puissent être majorés pour certaines représentations ou à certains jours de la semaine.

Des places peuvent être retenues à l'avance : il est souvent exigé pour ces places un prix un peu plus élevé, qui constitue le *prix de location*, différent du *prix du bureau*. Dans ce cas, toute place réservée doit être considérée comme place en location et taxée sur ce tarif.

2° *Entrées par abonnement.*

61. Les entrées par abonnement (V. n° 1) sont taxées d'après le « tarif normal » des places prises en location auxquelles les cartes d'abonnement donnent droit. Il n'est donc pas tenu compte, pour le calcul de l'impôt, de la réduction qui peut être consentie par la direction théâtrale au spectateur abonné. Par « tarif normal », il faut entendre, non le tarif habituellement pratiqué dans l'établissement, mais le tarif propre à la représentation dont il s'agit. Si postérieurement à la conclusion de l'abonnement, les prix des places sont, soit régulièrement, soit exceptionnellement majorés, les droits n'en sont pas moins dus sur ces nouveaux prix (Avis du Comité consultatif de l'Assistance publique, 4 juillet 1923).

62. L'article 22 de la loi de finances du 27 décembre 1927 apporte une exception à cette réglementation : dans les théâtres et concerts symphoniques subventionnés conformément aux dispositions de l'article 89 du décret de codification (V. n° 98), les cartes d'abonnement sont imposées d'après leur prix effectif. Mais l'impôt doit être perçu au moment du paiement de l'abonnement.

3° *Entrées à prix réduit*.

63. Les entrées à prix réduit sont imposées d'après le prix réellement acquitté par les spectateurs.

Cette catégorie est la seule qui soit imposée sur un prix inférieur au prix normal. Pour avoir le caractère d'entrées à prix réduit réduit, il faut :

64. *a)* Que ces entrées répondent à un procédé régulier et normal d'exploitation, c'est-à-dire qu'elles aient vraiment pour but d'attirer par la diminution du prix un public qu'aurait pu éloigner le tarif habituel. Si le nombre des billets à prix réduit apparaît important par rapport au nombre de places dont dispose l'exploitant, on pourra estimer que la condition est remplie.

65. *b)* Que ces entrées soient délivrées sans considération de la personne qui en bénéficie. Elles ne doivent pas constituer une faveur soit individuelle, soit collective (par exemple, les membres d'un cercle, d'un groupement déterminé). Les billets à prix réduit ne doivent pas, en conséquence, porter le nom du bénéficiaire ; et, pour que le porteur en connaisse bien le caractère, ils doivent essentiellement être revêtus de la mention en caractères très visibles « entrée à prix réduit ».

66. c) Que la somme déboursée par le spectateur ne soit pas inférieure à celle qui serait payée pour une même place, au seul titre d'impôt, taxes et autres charges, par le bénéficiaire d'une entrée gratuite.

67. Les billets à prix réduit étant destinés à attirer des clients nouveaux on ne saurait admettre qu'ils soient délivrés soit au contrôle, soit dans une partie quelconque du théâtre, ce qui leur donne indubitablement le caractère de faveur personnelle.

Bien que généralement déposés chez des commerçants, il n'est pas nécessaire qu'ils soient remis à tous venants ; ils peuvent être envoyés par la poste à une clientèle éventuelle d'une certaine catégorie.

Les directions théâtrales qui seules ont intérêt à ce qu'ils soient utilisés ont seules qualité pour les émettre.

68. L'Administration accepte cependant comme billets à prix réduit les billets connus sous le nom d'« abonnements Quinson ». Ce n'est pas un abonnement au sens propre. Le porteur est un abonné, non du théâtre, mais de l'agence Quinson qui lui délivre, moyennant redevance, une carte lui permettant d'obtenir, dans différents spectacles, une réduction sur le prix normal. L'utilisation des billets Quinson n'a lieu qu'à partir d'une date fixée d'accord avec la direction théâtrale, lorsque le premier succès de la pièce est épuisé. Conformément au règlement du préfet de la Seine du 28 juillet 1910, dont la validité a été reconnue par le Conseil d'Etat (23 juillet 1913. *R.É.B.*, 1913-427), l'Administration se garantit contre les abus auxquels pourrait prêter ce système, en validant chaque carte d'abonné, en exigeant sa présentation au contrôle et en imposant le paiement du prix de la place à la caisse de l'établissement.

69. Au lieu du billet à prix réduit, il peut être fait usage d'une carte permanente à prix réduit, généralement valable seulement certains jours de la semaine : ce procédé est surtout pratiqué dans les cinémas et les concerts populaires.

4° *Entrées à titre gratuit.*

70. Les entrées à titre gratuit sont imposées, comme si elles étaient payantes, au tarif normal de la place occupée.

Les entrées à titre gratuit ont deux objets différents : les unes sont des entrées offertes gracieusement, des invitations, des « faveurs » ; les autres constituent en réalité un paiement indirect, comme contre-partie ou rémunération de services rendus à l'établissement de spectacles.

71. a) *Entrées de faveur*. — Avant 1917, les entrées gratuites étaient, suivant une jurisprudence établie par l'arrêt du Conseil d'Etat du 5 août 1831, exemptes du paiement du droit des pauvres. La loi du 30 décembre 1916, créant une taxe de guerre, soumit à cet impôt les places gratuites. Depuis la loi du 25 juin 1920, les entrées de faveur sont astreintes au paiement des divers impôts, taxe d'Etat, droit des pauvres, taxe municipale.

Il est souvent réclamé au spectateur, à la caisse de l'établissement, plus que le montant exact des droits ; l'on s'est étonné parfois que l'Administration ne s'oppose pas à cette pratique. Mais recevant sur les places occupées le montant intégral de l'impôt, elle n'a pas à intervenir ; il est évidemment loisible à la direction théâtrale de ne pas accorder la gratuité complète des places qu'elle offre.

72. Les directeurs d'établissements de spectacles ont tout intérêt à substituer aux entrées de faveur, imposables sur le prix fort de la place, des entrées à prix réduit, passibles de l'impôt seulement sur le prix payé. Le caractère du billet dépend, non de la forme sous laquelle il est établi, mais des *conditions de sa délivrance*. Si le directeur a entendu faire une gracieuseté, s'il a voulu *perdre* sur le billet, c'est un billet de faveur ; s'il a cherché à attirer le spectateur, s'il a voulu *gagner* le prix du billet, c'est un billet à prix réduit. La distinction, qui repose essentiellement sur l'intention présumée du directeur, est délicate. On ne peut éviter la confusion entre les deux sortes de billets qu'en exigeant strictement, pour les entrées à prix réduit, la réunion des trois conditions qui les caractérisent (V. n° 63).

L'Administration attribue, entre autres, le caractère du billet gratuit aux « entrées de faveur pour les première et deuxième représentations, les entrées attribuées à certaines personnes en raison de leur situation, de leur fonction ou de leurs relations avec les exploitants ».

La Cour de Cassation par arrêt du 6 août 1925 (aff. Boyer, « les Noctambules », *B. I. C.* 1925-20), annulant, pour un motif étranger au fond du procès, un arrêt de la cour de Paris du 31 mars 1925, a imposé au tarif de la place occupée « des billets à tarif réduit (émis) dans le but unique d'éviter le paiement intégral des droits ». Le tribunal de la Seine, statuant en première instance sur la même affaire (14 avril 1923), avait jugé que : « dans la catégorie des entrées à prix réduit rentrent spécialement les entrées attribuées à certaines personnes en raison de leurs relations avec les exploitants ;... qu'il (le directeur) a voulu, à titre de gracieuseté personnelle, faire bénéficier les trois spectateurs d'une entrée non payante ; qu'il aurait donc dû leur retirer les billets à prix réduit et leur délivrer des billets gratuits soumis aux droits du prix normal de la place occupée ».

Les bons, cartes, etc., donnant droit à des entrées gratuites doivent porter d'une façon apparente les mots « entrée gratuite », ou « invitation », ou « entrée de faveur » ; ils peuvent mentionner le nom du bénéficiaire.

73. Les autres entrées à titre gratuit correspondent d'une manière générale à une rémunération, en nature, de services rendus. Elles étaient, dès avant 1920, soumises par la jurisprudence à la perception du droit des pauvres.

74. *Billets d'auteur.* — Ils constituent, pour les auteurs, un complément de la rétribution de leurs œuvres. Attribués en nombre fixe pour chaque représentation, ils sont mis dans le commerce (ils portaient autrefois l'empreinte : *jure emptum*) et sont généralement vendus par des agences. S'ils donnent droit à des places numérotées, ils sont taxés sur le prix de location ; sinon, l'impôt porte sur le tarif du bureau.

75. *Billets de service.* — Cette expression a une signification assez large : rentrent dans cette catégorie et sont

taxables sur le prix de la place occupée, les billets accordés
à la personne accompagnant le médecin de service, le commissaire de police, etc. ; — les billets délivrés au personnel
lorsqu'ils peuvent être considérés comme un complément
de salaire : il en est ainsi notamment si leur distribution est
régulière et s'ils sont acceptés même lorsqu'il y a affluence
de public payant ; — les billets de claque, vendus généralement à bas prix par un concessionnaire qui a charge de recru-
ter les applaudisseurs.

76. *Billets de publicité.* — Remis gratuitement, ou moyennant un prix réduit, à des commerçants apposant sur leur
devanture une affiche de théâtre, ils supportent l'impôt sur
le prix normal de la place occupée. Il en est de même des
billets remis aux commerçants se chargeant de la distribution des billets à prix réduit.

77. *Places réservées aux propriétaires de salles.* — Le
contrat de location d'une salle de spectacle contient assez fréquemment une clause réservant une loge ou des places au
propriétaire. Ces places représentent une partie du loyer;
elles ont toujours été assujetties au droit des pauvres (C.
d'Etat, 8 juin 1854, 16 mai 1879).

78. *Places d'actionnaires.* — Les actionnaires ou commanditaires, généralement bénéficiaires d'entrées gratuites,
sont soumis à l'impôt, nonobstant l'intérêt qu'ils ont dans
l'entreprise (C. d'Etat, 14 sept. 1830).

79. *Billets de concession.* — Ces billets répondent à un
procédé de gestion théâtrale qui permet à l'entreprise de se
procurer une avance de capital, moyennant la cession d'un
certain nombre de places pour chaque représentation : c'est
une sorte d'assurance, dont le caractère onéreux est peu sensible pour l'exploitant, la prime en étant payée, non en
argent, mais en places.

La concession a pris depuis quelques années une extension
nouvelle : elle est devenue, dans certains cas, un procédé
de majoration du prix des billets. Lorsqu'il est avéré que la
direction théâtrale n'est pas étrangère à l'opération, lorsque,
par exemple, la vente des billets se fait à l'entrée du hall de

l'établissement, ou qu'elle est effectuée par un agent de la direction, l'impôt doit porter, non seulement sur le prix normal, mais sur la majoration. Le Conseil d'Etat, décelant déjà il y a un siècle des procédés analogues, déclarait, dans son arrêt du 7 août 1831 : (l'impôt) « doit atteindre tous les billets d'entrée non gratuits, nonobstant les combinaisons qui tendent à dissimuler ce prix, soit par la vente des billets ailleurs qu'aux bureaux, soit en les faisant servir au paiement des frais ».

80 *Billets délivrés à titre de réclame ou de prime.* — Les billets donnés par des commerçants pour favoriser la vente de leurs produits sont taxables, non sur le prix payé par le spectateur, mais sur le prix de la place. « L'organisation ainsi adoptée a pour objet de favoriser la vente des marchandises et non l'entreprise de spectacles »(Cass. 29 avril 1925 *D. H.* 1925-406). Même solution lorsque « l'exploitant de l'entreprise théâtrale est rémunéré par des avantages, soit pécuniaires, soit en nature, qui constituent la contrepartie des billets à prix réduit concédés (Cassation, 2ᵉ arrêt de la même date) (V. pages 115-116).

Escrime (Matches d').

81. Ils sont soumis, pour la perception de la taxe d'Etat, au taux de 12 %.

Etablissements publics : exonération. V. nᵒ 85.
Etudiants (associations d'). V. nᵒ 88.
Exercice, mode de perception et de surveillance V. nᵒ 42.

Exonérations.

82. L'article 93 de la loi du 25 juin 1920 dispose que : « la taxe prévue à l'article précédent (92) ne s'applique pas aux représentations organisées au profit exclusif de : 1ᵒ..., etc. » Ce texte, avec les additions qui y ont été apportées par des lois ultérieures, constitue l'article 89 du décret de codification. Il appelle quelques observations essentielles :

La taxe « prévue à l'article précédent », c'est la taxe d'Etat sur les spectacles. L'article 96 de la même loi, relative au droit des pauvres, ne se réfère qu'à l'article 92, et non à l'article 93. On en a conclu — et la jurisprudence a confirmé cette interprétation — que la loi ne prévoit d'exonération que pour la taxe d'État, et non pour le droit des pauvres (V. nᵒˢ 144 et s.).

De plus, la loi exonère de la taxe « les représentations organisées au profit exclusif » des œuvres et groupements énumérés. Le bénéfice de l'exonération fiscale n'est donc pas attribué, d'une manière générale, à ces œuvres : il est attaché aux représentations qu'elles peuvent organiser, sous réserve que, dans l'organisation et le résultat de ces représentations, certaines conditions soient strictement réalisées.

Enfin, le mot « représentation » ne doit pas être pris dans un sens absolu. Le projet de loi ne prévoyait que les trois premiers cas d'exonération et n'envisageait que les représentations de bienfaisance. Le mot « représentation » est synonyme de « séances », et la jurisprudence, dans le cas des sociétés sportives, a limité l'exonération aux séances sportives excluant ainsi les représentations (V. nᵒ 90).

Dans l'ensemble, les exonérations s'appliquent : 1ᵒ à des représentations organisées par des associations à caractère désintéressé ; 2ᵉ à certaines entreprises commerciales ; 3ᵒ à certaines personnes.

Iʳᵉ CATÉGORIE. — Représentations organisées au profit
d'associations à caractère désintéressé.

83. La loi énumère limitativement les œuvres, associations ou groupements appelés à bénéficier de l'exonération. De plus, comme nous venons de le dire, elle subordonne, dans tous les cas, l'exonération à la réalisation de certaines conditions.

A. — Énumération.

84. Dans cette énumération figurent certaines œuvres dont la situation légale est bien déterminée ; pour d'autres, leur caractère est moins nettement défini et la pratique administrative ou la jurisprudence ont dû compléter ou interpréter la disposition légale les concernant.

Sont appelés à bénéficier de l'exonération :

85. *a*) Les *établissements publics* : communes, bureaux de bienfaisance, hôpitaux, écoles, caisses des écoles (la jurisprudence leur a reconnu la qualité d'établissements publics, C. d'Etat, 22 mai 1903), offices des pupilles de la Nation, créés par la loi du 27 juillet 1917. Lorsque les représentations sont organisées au profit des communes ou des établissements publics d'assistance, les fonds doivent être versés au receveur qui en fait recette ; toute autre attribution ne donnerait pas droit à l'exonération.

86. *b*) Les *œuvres reconnues d'utilité publique ayant un caractère de bienfaisance*. — Le caractère de bienfaisance est exigé par la loi pour qu'une œuvre même reconnue d'utilité publique puisse bénéficier de l'exonération. L'administration des Finances reconnaît d'abord le caractère de bienfaisance aux œuvres de bienfaisance privées reconnues d'utilité publique, qui sont appelées à élire des représentants au Conseil supérieur de l'Assistance publique et qui figurent sur la liste établie à cet effet, sur avis de la section permanente de ce conseil, par le ministre de l'Hygiène et de l'Assistance publique.

Pour celles qui ne figurent pas à cette liste, l'Administration consulte sur leur caractère de bienfaisance la section permanente du conseil supérieur de l'Assistance publique. C'est à l'œuvre intéressée qu'appartient l'initiative de la demande : celle-ci doit être adressée, appuyée des statuts et du bilan financier de l'œuvre, à la direction générale des Contributions indirectes qui saisit la section permanente.

87. *c*) Les *sociétés de secours mutuels, reconnues* d'utilité publique ou *approuvées* par arrêté ministériel, conformément à l'article 16 de la loi du 1er avril 1898 : ne peuvent être admises au bénéfice de l'exonération, ni les sociétés de secours mutuels *libres*, constituées en application de l'article 15 de la même loi, ni les sociétés de secours mutuels entre étrangers qui, en application de l'article 2 de la même loi, ne peuvent se constituer qu'en vertu d'un arrêté ministériel *d'autorisation*.

88. *d*) Les *associations d'étudiants reconnues d'utilité publique*, qui, en vertu d'une disposition spéciale (L. du

19 décembre 1924), sont assimilées aux sociétés de secours mutuels.

89. *e*) Les *œuvres de guerre*, autorisées par arrêté ministériel, conformément à la loi du 30 mai 1916 ; tel est, par exemple, le « Souvenir français ».

L'Administration a admis l'exonération de la taxe en faveur des comités municipaux constitués pour l'érection des monuments commémoratifs aux morts de la guerre, sans que ces comités soient obligés de se conformer aux dispositions de la loi du 30 mai 1916.

90. *f*) Les *fédérations et sociétés, contribuant au développement du sport, de l'éducation physique et de la préparation au service militaire*. — La loi exige, pour l'exonération prévue en faveur de ces sociétés, un « avis conforme de l'Office national des Sports ». A défaut de cet organisme, qui n'a pas été créé, le décret du 17 mars 1925 a constitué, en vue de permettre l'exécution de la loi, une *commission interministérielle*, composée de représentants du ministère de la Guerre (section de l'Education physique) et du ministère des Finances (direction générale des Contributions indirectes) et qui délivre, sous le nom d'*attestation*, l'avis exigé par le texte.

Deux arrêts de la Cour de cassation (Ch. civ., 13 juillet 1924, 20 novembre 1924, *B. C. I.*, 1925-1), fixent l'interprétation qu'il convient de donner au texte concernant ces sociétés : 1° le caractère sportif d'un divertissement ne constitue pas à lui seul une cause d'exonération ; il faut que la société justifie que toutes les recettes sont employées à son propre fonctionnement ; 2° il est nécessaire qu'elle poursuive *le triple but* du développement du sport, de l'éducation physique et de la préparation au service militaire ; 3° les sociétés peuvent avoir droit à l'exonération, non pas à l'occasion de tous spectacles quelconques qu'elles pourraient organiser, mais uniquement pour ceux qui, par leur nature, répondent au triple objet ci-dessus indiqué. Cette dernière condition exclut les représentations, bals, etc., donnés par ces sociétés, et les fêtes dans lesquelles le « triple objet » ne serait pas réalisé.

91. *g*) Les *associations amicales des réformés, mutilés et veuves de guerre*, les *associations amicales d'anciens* *combattants*. — Les termes de cette énumération doivent être pris dans leur sens restrictif : une société d'anciens militaires, par exemple, n'est pas nécessairement une société d'anciens combattants ; le caractère exact de la société sera déterminé par ses statuts. En application de la loi du 22 juin 1927, article 1er, le bénéfice de l'exonération s'étend aux sociétés d'anciens militaires pensionnés des campagnes antérieures à 1914.

L'exonération est subordonnée à deux conditions : 1° la société doit être *déclarée*, conformément à l'article 5 de la loi du 1er juillet 1901 : le récépissé de déclaration fera foi de l'accomplissement de cette formalité ; 2° elle ne doit poursuivre la réalisation d'aucun bénéfice commercial ou financier : il en sera justifié par la production des statuts et, s'il y a lieu, du bilan.

92. *h*) Les *associations d'éducation populaire* ne poursuivant la réalisation d'aucun bénéfice commercial ou financier.

Ces sociétés doivent avoir fait, au titre d'associations d'éducation populaire, la déclaration prévue par la loi du 1er juillet 1901, et elles doivent poursuivre effectivement, suivant un programme déterminé, et d'après les moyens qui leur sont propres (cours, conférences, réunions à caractère éducatif, etc.), le but d'éducation populaire *énoncé à leurs statuts*.

Les écoles libres sont comprises dans cette catégorie : considérées comme institutions d'éducation *autorisées*, elles sont dispensées de la déclaration au titre de la loi du 1er juillet 1901.

B. — *Conditions auxquelles est subordonnée l'exonération.*

D'une manière générale, il faut que le groupement soit, au jour de la représentation, dans la situation exigée par la loi pour bénéficier de l'exonération (Cour d'App. Paris, 13 mars 1923).

L'exonération est, de plus, subordonnée aux conditions suivantes :

93. 1° Il faut que la représentation soit donnée *au profit exclusif* d'œuvres exonérées. S'il y a plusieurs œuvres bénéficiaires, elles doivent toutes se trouver dans un des cas d'exonération. Une affectation partielle des recettes à des œuvres prévues par la loi, alors qu'une autre partie des recettes serait réservée à des œuvres non exonérées, ne constituerait pour aucune des œuvres un motif d'exemption.

94. 2° Seules les *représentations exceptionnelles et accidentelles* peuvent entraîner l'exonération, à l'exclusion des véritables entreprises de spectacles ayant un caractère permanent, quel que soit le bénéficiaire de l'exploitation (Circ. Fin., 12 février 1927) : telle serait, par exemple, l'exploitation d'un théâtre ou d'un cinéma, par une commune. Toutefois, il est fait exception pour les représentations théâtrales ou cinématographiques organisées périodiquement par les associations d'éducation populaire lorsque ces représentations sont une des formes de l'activité de ces groupements.

95. 3° Les organisateurs doivent justifier auprès de l'Administration que la *totalité des recettes* a bien été affectée, sous la seule déduction des frais, à l'œuvre au profit de laquelle la représentation est donnée. C'est à l'œuvre intéressée à faire la preuve que cette condition est remplie. L'impôt étant perçu légalement à l'issue de la séance, le montant en est généralement gardé en dépôt jusqu'à ce que les organisateurs aient fourni les justifications exigées, c'est-à-dire lorsque le bilan de la séance est définitivement établi.

L'Administration a le droit de discuter la nature et l'étendue des dépenses figurant au bilan. Le bénéfice de l'exonération est refusé à une société ayant pour objet la préparation militaire, lorsque, « sur la recette réalisée, une somme a été attribuée en primes aux coureurs professionnels indépendamment des indemnités et frais de déplacement ; et qu'une somme insignifiante est seule entrée dans la caisse de la société » (Trib. de Roanne, 2 février 1926, *B. C. I.*, 1926-10 ; Cass. Crim., 21 décembre 1927).

96. L'Administration, considérant que le texte de la loi, qui doit être interprété restrictivement, exige un « profit » pour l'œuvre, une « affectation du bénéfice » à l'œuvre, n'admet l'exonération que si la somme versée aux œuvres bénéficiaires et qui doit comprendre la totalité du bénéfice réalisé est au moins égale au montant de la taxe qui aurait dû être acquittée. L'exonération n'est donc pas acquise aux représentations se traduisant par un résultat nul ou déficitaire. En ce sens, le tribunal de Dax, par jugement du 4 décembre 1925 (*B. C. I.*, 1926-2) a condamné la ville de Dax à payer la taxe pour des courses de taureaux données au profit d'associations de mutilés et de combattants : « Attendu que ce texte (l'art. 93 de la loi du 25 juin 1920) doit recevoir une interprétation restrictive, car il apporte certaines exceptions à la règle posée par l'article 92 ; que le législateur a voulu encourager les initiatives privées ou publiques qui tentaient d'apporter une *aide effective* à des œuvres qui lui paraissaient dignes d'intérêt... ; que le vœu de la loi ne serait pas satisfait si les spectacles organisés par la ville ne donnent pas lieu à la perception de la taxe, alors que les sociétés bénéficiaires n'ont en fait rien reçu ; que, si l'on faisait application de l'article 93 à l'espèce soumise au tribunal, il n'y aurait jamais lieu d'appliquer l'article 92, les organisateurs ayant toujours la ressource de placer les spectacles sous le patronage de telle ou telle œuvre... »

2ᵉ Catégorie. — *Exonérations accordées
à certaines entreprises commerciales.*

Ces exonérations ne sont pas applicables au droit des pauvres, qui, dans les cas prévus, est perçu au taux normal de 10 %, c'est-à-dire au onzième de la recette.

97. 1° *Théâtres et concerts symphoniques subventionnés.* — L'article 89 du décret de codification (ancien art. 93), dernier alinéa, établit en faveur de ces établissements une exonération de taxe d'État sur les places dont le prix, droit des pauvres et taxe communale compris (prix global), est *inférieur* à 12 francs pour Paris, et 6 francs ailleurs qu'à Paris.

98. *Conditions* : a) Cette disposition ne s'applique qu'aux théâtres et aux concerts symphoniques qui sont subventionnés par l'Etat ou par les villes et qui l'étaient pendant la période des trois années antérieures au 1ᵉʳ août 1914. L'exonération s'applique également, en vertu de dispositions spéciales au Théâtre national populaire, créé depuis la guerre, et à la Société Nationale de Musique ; elle est subordonnée au maintien de la subvention.

b) La subvention doit, dans tous les cas, résulter de cahiers des charges contenant des obligations réciproques. N'a pas le caractère de subvention l'allocation accordée par le ministère des Beaux-Arts à titre d'encouragement, sans engagement de la part de l'Etat et sans obligations corrélatives à la charge du bénéficiaire (Cassat., 24 janvier 1923 *B. C. I.*, 1923-9).

En ce qui concerne les théâtres subventionnés par les villes, le total de l'exemption d'impôt ne peut dépasser le montant de la subvention annuelle ; dès que le montant de l'exonération atteint celui de la subvention, la taxe doit être perçue.

L'Administration admet qu'une *subvention en nature* justifie l'exonération, à condition qu'elle fasse l'objet d'une évaluation chiffrée dans le cahier des charges.

Le bénéfice de l'exonération ne peut être revendiqué que par l'exploitant à qui la subvention est accordée et à l'occasion des représentations imposées ou prévues par le cahier des charges. Un impresario, directeur d'une troupe fixe locale ou administrateur de *tournées théâtrales*, donnant des représentations dans un théâtre subventionné, ne bénéficie pas de l'exonération, à moins qu'il ne reçoive lui-même actuellement une subvention résultant d'un cahier des charges contenant des obligations réciproques.

L'exonération ne porte que sur les places dont le prix *normal* est inférieur à 12 francs (6 fr. ailleurs qu'à Paris). Elle ne s'applique pas aux places d'une valeur au moins égale à 12 francs (ou 6 fr.) et qui seraient occupées par des spectateurs ayant payé moins que cette somme au moyen d'un billet à prix réduit ou gratuit. Le théâtre ou concert subventionné comprend, en somme, deux catégories de places, les unes soumises à la perception habituelle ; les autres, soumises simplement au droit des pauvres et à la taxe municipale, s'il y a lieu.

99. 2º *Spectacles à faible prix d'entrée*. — Les représentations théâtrales ou cinématographiques enfantines ou scolaires ne sont pas soumises à la taxe d'État lorsque aucune des places n'est d'un prix supérieur à o fr. 5o : ne sont pas exonérées les places de ce prix, si, pour la même représentation, il y a des places d'un prix plus élevé.

Les autres spectacles, guignols, chevaux de bois, sont, de même, exonérés lorsque le prix de la place ne dépasse pas o fr. 25.

Cette exonération s'applique également aux attractions, telles que les gramophones, phonographes, les appareils automatiques à sous, pour lesquels la dépense peut être égale ou inférieure à o fr. 25.

3ᵉ Catégorie. — *Exonérations ou exemptions personnelles.*

100. Deux catégories de spectateurs peuvent être, à titre personnel, dispensés du paiement de l'impôt ; les uns sont exemptés en raison de la fonction qu'ils exercent et qui écarte, en principe, l'idée qu'ils viennent au spectacle pour se distraire ; les autres sont des spectateurs bénéficiant d'une véritable exonération.

Bien qu'aucune dispense d'impôt ne soit légalement applicable au droit des pauvres, on concevrait difficilement qu'il fût perçu dans la plupart des cas que nous examinons. L'Assistance publique de Paris consent donc exceptionnellement l'exonération totale du droit des pauvres.

1º *Exemptions.*

Les exemptions visent :

101. *a*) Le *directeur* de l'établissement et le *personnel* rémunéré : cette exemption ne s'applique pas à l'actionnaire, commanditaire, à tout intéressé à qui la direction aurait accordé la gratuité du spectacle en vertu de stipulations du cahier des charges ;

102. *b*) L'*auteur* de la pièce, pendant les représentations durant lesquelles celle-ci est jouée ; cette exemption est absolument personnelle ;

103. *c*) Certains *fonctionnaires* ou certaines personnes tenues d'assister au spectacle, du fait de leurs attributions ; l'article 10 du décret du 5 août 1920 limite l'exemption au médecin de service ; à l'officier ou sous-officier, au commissaire de police ou chef de la police municipale de service ; cette exemption est exclusivement personnelle et ne saurait s'étendre à la seconde place « de service », accordée généralement par la direction.

104. *d*) Les *membres de la critique* musicale ou dramatique. Ils doivent être porteurs d'une carte nominative, délivrée et visée par le directeur départemental des contributions indirectes. Cette carte, que l'on appelle en pratique la « carte rouge », porte la signature et la photographie du titulaire. Elle est strictement individuelle et personnelle. Elle doit être obligatoirement renouvelée tous les ans, et cesse d'être valable dès que les raisons qui en ont motivé la concession n'existent plus. Le ministre a décidé que seuls, à l'exclusion des autres membres de la presse, les critiques et courriéristes en exercice, c'est-à-dire ayant une rubrique dans un journal, pouvaient bénéficier de l'exemption, à la condition d'être accrédités auprès du directeur départemental, soit par l'Association de la Critique dramatique et musicale, soit par un des trois syndicats de la Presse parisienne, de la Presse départementale ou de la Presse coloniale. Les intéressés doivent adresser leur demande d'exonération au groupement dont ils relèvent, sans que, d'ailleurs, ils soient obligés d'adhérer à ce groupement.

Ces dispositions ont été étendues aux membres de la critique cinématographique, par le décret du 14 avril 1928.

105. *e*) Un décret du 11 mai 1923 donne aux exploitants de théâtres, concerts symphoniques, cabarets d'auteur, cirques et music-halls la libre disposition de *quatre entrées par jour* (non par séance), réservées aux personnes tenues d'assister au spectacle en raison de l'exercice de leurs fonctions, et notamment, dans la proportion des trois quarts, à des *artistes* dramatiques ou lyriques.

Ces dispositions s'appliquent également aux exploitants de cinématographes, en vertu du décret du 14 avril 1928.

Les exploitants ont la faculté, au cours d'une même semaine, comptée du lundi au dimanche soir, de reporter d'un jour sur l'autre, même par anticipation, les entrées dispensées d'impôt ; mais ils ne peuvent employer ultérieurement les billets restés inutilisés à la fin d'une semaine.

Cette exemption s'applique uniquement aux établissements énumérés ci-dessus, et n'est jamais admise dans les établissements où au prix de la place est joint ou substitué celui d'une fourniture quelconque.

Les entrées en franchise ne peuvent, en aucun cas, donner lieu au profit des exploitants, au paiement d'une redevance, ni être utilisées pour la rémunération de services ; reste en dehors de l'exemption, par exemple, la seconde place accordée au médecin ou à l'officier de police de service.

Ces entrées doivent être constatées par la délivrance de billets spéciaux établis sur papier de couleur différente de celle des autres billets d'entrée. Les billets doivent porter la mention « Entrée gratuite exonérée du paiement de l'impôt » et être revêtus de la mention de la date à laquelle ils sont utilisés.

En fait, ces quatre places par jour, dont il est très difficile de contrôler l'exacte attribution, sont devenues de véritables exonérations personnelles, sous réserve que leur utilisation soit soumise à la réglementation de forme ci-dessus indiquée.

2º Exonérations.

Ces exonérations s'appliquent :

106. *a*) Aux places offertes *gratuitement* aux blessés de guerre hospitalisés, aux mutilés et réformés de guerre (D. de codif., art. 89), même si l'origine de l'invalidité est antérieure à la guerre de 1914 (L. 22 juin 1927).

107. *b*) Aux places offertes *gratuitement* aux élèves des facultés, écoles, pensionnats, etc., à la condition expresse qu'ils assistent *en groupe* aux représentations.

Dans l'un et l'autre cas, l'exploitant ne doit prélever aucune sorte de redevance à son profit.

Expositions, salons, concours, foires.

108. En principe les expositions à entrées payantes sont soumises à la perception des impôts sur les spectacles. Elles réunissent, en effet, les deux caractères essentiels de la perception : appel à la curiosité du public, paiement d'un prix d'entrée.

L'article 92 de la loi du 25 juin 1920 (décr. de codif. : art. 88-1°) vise expressément les « salons et expositions diverses », et l'arrêt de la Cour de cassation du 22 janvier 1927 admet que « cette disposition, conçue en termes généraux et absolus, comprend toutes les expositions, quel qu'en soit l'objet » (*B. C. I.*, 1927-5).

Des lois ultérieures ont apporté certaines restrictions à la perception de la taxe d'Etat (V. page 44)

En l'absence d'une jurisprudence bien établie concernant la perception du droit des pauvres, on peut admettre que l'impôt est dû pour les salons et expositions qui font surtout appel à la curiosité du public, et qu'il ne doit pas être exigé pour les expositions et foires ayant pour objet essentiel la vente de marchandises.

Nous allons indiquer, pour chaque cas, l'état de la législation et de la jurisprudence :

109. a) *Expositions artistiques*. — Elles sont taxables par application de l'article 92, et, en vertu des principes, parce qu'elles constituent un plaisir offert au public moyennant paiement.

110. b) *Salons organisés par des sociétés artistiques reconnues d'utilité publique*. — L'article 40 de la loi du 30 juin 1923 (décr. de codif., art. 89) les exonère de la taxe d'Etat, en subordonnant cette exonération uniquement à la situation légale des sociétés, et sans la faire dépendre de l'affectation donnée aux recettes (V. n° 95).

Ces salons sont également exemptés du droit des pauvres (C. d'Etat, arrêt du 7 août 1891 ; Société des Artistes Français, D. P. 1892.3.105 ; 13 juin 1925. Salon d'Automne, *D. H.* 1925-485) (V. pages 136-141).

Ces deux décisions faisant état de la reconnaissance d'utilité publique dont bénéficient les deux Sociétés, on peut en conclure qu'à défaut de cette reconnaissance, qui est la consécration officielle du caractère d'utilité générale exigé comme condition de l'exemption, le droit des pauvres est dû, comme l'est d'ailleurs la taxe d'Etat.

111. c) *Concours, expositions et foires agricoles*, organisés par les sociétés et comices ; *manifestations agricoles commerciales ou industrielles, dites « foires »*, lorsqu'elles sont subventionnées par une collectivité publique (Etat, départements, communes, offices départementaux agricoles) et qu'il n'y est donné aucune attraction payante (V. page 46).

Par « foires », il faut entendre les lieux où des producteurs, des commerçants, des industriels sont assemblés pour *vendre* des produits ou marchandises offerts aux acheteurs. L'exemption ne peut donc s'étendre à des « foires », attirant surtout le public par l'élément attractif et n'étant qu'accessoirement un lieu de vente de marchandises. Si des attraction payantes, telles que divertissements, exposition, etc. sont installées, même dans une foire ayant un but commercial ou industriel, l'exonération ne joue plus et l'impôt doit être perçu sur le produit des entrées aussi bien que sur les recettes des attractions.

Comme dans le cas précédent, l'exonération est indépendante de l'affectation donnée aux recettes.

Par application du principe ci-dessus rappelé (n° 108), les mêmes distinctions peuvent être faites pour la perception du droit des pauvres.

Les *expositions horticoles* sont considérées comme ayant surtout un caractère artistique et de curiosité (Cons. de Surv. de l'Ass. publ., 24 mars 1892, 27 octobre 1893).

Une exposition d'électricité (Cons. de Préf. Bouches-du-Rhône, août 1908. *R.C.B.*, 1908-333), une exposition d'automobiles, ne sont pas des lieux de vente. Ces expositions sont passibles du droit des pauvres (V. n° 113).

112 d) *Expositions canines.* — L'arrêt de la Cour d'appel d'Aix du 22 février 1923 (*B.C.I.*, 1923-16) les soumet à la perception du droit des pauvres et de la taxe d'Etat, attendu que le caractère d'utilité générale de la société et l'absence de tout but de spéculation lucrative ne sauraient équivaloir à une exemption à son profit ».

Mais, par application de l'article 40 de la loi du 30 juin, 1923 exonérant les expositions agricoles, l'Administration a admis l'exonération de la taxe d'Etat pour les expositions canines et autres réunions analogues ayant pour but l'amélioration de races d'animaux.

113. e) *Expositions universelles*. — Organisées par un établissement public, elles bénéficient de l'exonération de la taxe d'Etat, en application de l'article 93 de la loi du 25 juin 1920. Dans tout autre cas, elles sont soumises à l'impôt.

Le Conseil d'Etat a, par arrêt du 7 mai 1857 (D. v° *Spectacles*), exempté du droit des pauvres l'Exposition universelle de 1855, organisée par décret, « œuvre exclusivement nationale ».

L'exemption ne s'étend pas aux expositions particulières situées dans l'enceinte de l'exposition, quel que soit l'intérêt qu'elles présentent, alors que le public n'y est admis qu'en payant un prix d'entrée au profit des organisateurs (C. d'Etat, 10 mai 1895 : exposition ethnographique de l'Afrique occidentale ; 25 mars 1904 : « exposition minière » et « exposition du Monde souterrain ». (D.P. 1905.3.82).

Faillite. V. n° 155.
Faveurs (billets de). V. n° 71.
Foires. V. n° 111.
Foot-ball. V. n° 119.

Forains (spectacles).

114. Les installations foraines qui ont le caractère de spectacle, attractions, jeux ou amusements sont soumises à la perception de l'impôt : manèges, carrousels, chevaux de bois ; exhibitions foraines ; billards japonais ; jeux d'anneaux (Trib. correct. Limoges, 6 mai 1925. *B. C. I.*, 1925-15) ; jeux de massacre ; tirs forains (Cass. 3 janvier 1925. *B. C. I.*, 1925 3).

Les attractions foraines ne comportant pas de place dont le prix est supérieur à 0,25 sont exonérées de la taxe d'Etat. Mais, dans un tir forain, le paiement d'un carton obligatoire de cinq balles à o fr. 25, le rend imposable à la taxe d'Etat (même arrêt).

Sont exclues de l'impôt les installations foraines n'ayant pour objet que la vente de marchandises. L'Administration des Contributions indirectes considère, à tort semble-t il, que les loteries et tourniquets forains rentrent dans cette catégorie et sont astreints, non à la taxe sur les spectacles, mais à la taxe sur le chiffre d'affaires : cette appréciation est sans effet sur la perception du droit des pauvres.

V. nᵒˢ 47, 150.

Gala (représentations de).

115. *A*) Les représentations de gala, *à titre payant*, lorsqu'elles sont organisées pour un *but de bienfaisance* par une œuvre ne remplissant pas les conditions exigées pour l'exonération, bénéficient d'une réduction, non du taux de perception, mais du prix sur lequel le taux doit s'exercer. Tel serait le cas d'une association de bienfaisance, déclarée, mais non reconnue d'utilité publique.

Pour ces représentions, la taxe d'Etat est « calculée, lorsque le prix d'entrée est majoré, d'après le tarif normal des places » (D. de codif., art. 89).

En ce qui concerne le droit des pauvres, aucune disposition légale n'autorise la même réduction, qui reste limitée aux représentations à bénéfice (nᵒ 18).

L'expression « d'après le tarif normal des places » impose que la représentation soit de même nature que celles qui sont données ordinairement dans l'établissement : la réduction ne s'appliquerait pas, par exemple, à un bal donné dans une salle de spectacle.

B) *Représentations de gala gratuites*. V. nᵒ 116.

Golf (jeu de). V. nᵒ 120.
Gramophones. V. nᵒ 154.
Gratuites (entrées). V. nᵒˢ 70-71.

Gratuites (représentations).

116. Les représentations à titre absolument gratuit, telles que les répétitions générales à « bureaux fermés », sont exemptes de tout impôt.

H. Béchet

14

Mais il peut n'y avoir gratuité qu'en apparence. Si le directeur ou organisateur perçoit, sous forme d'abonnement ou de cotisations, un prix d'entrée, la perception doit s'exercer sur les sommes encaissées (V. n° 157).

Il en est ainsi, notamment quand une représentation, sans entrées payantes, est offerte à un groupement, dont les membres ont dû verser une somme globale destinée à couvrir les dépenses incombant au groupement (congrès, voyage et séjour collectif, etc.)

Il a été jugé que les *représentations de gala gratuites*, données à l'Opéra en vertu de l'article du cahier des charges mettant le théâtre à la disposition du ministre, le directeur étant seulement couvert de ses dépenses, ne sont pas imposables. Il en est autrement dans le cas où le directeur reçoit, pour une représentation gratuite, une indemnité calculée sur la moyenne du mois précédent, et qui comprend, par conséquent, tant les dépenses d'une représention normale que le bénéfice pouvant en résulter (C. Préf. Seine, 11 janvier 1907. *R.E.B.*.1907-45).

Guerre (œuvres de). V. n° 89.
Hypnotisme (séances d'). V. n° 33.
Invitation (billets d'). V. n° 71.

Jeux

117. La réglementation ancienne (décret impérial du 2 mai 1807, circulaire ministérielle du 26 fructidor an X) soumet au droit des pauvres les « jardins et autres lieux publics, où l'on entre sans payer, mais où se donnent des jeux et autres divertissements pour lesquels des rétributions sont exigées sous quelque forme que ce soit ».

La loi du 25 juin 1920 comprend dans l'énumération de l'article 92 les « autres spectacles, attractions, exhibitions, jeux et amusements assimilables ».

La jurisprudence considère comme rentrant dans les prévisions de la loi des établissements, tels que les « roues joyeuses », les « hippo-palaces », fréquentés non seulement par les personnes qui veulent prendre part aux jeux, mais encore par nombre d'autres personnes attirées par le luxe de l'installation, le spectacle des attitudes des joueurs ou des divers aspects de la foule (Trib. Montpellier, 26 nov. 1919, *B. C. I.* 1920-5). Sont également taxables les jeux forains et notamment les *tirs forains* (Cass. 3 janvier 1925, *B. C. I.* 1925-4), les *jeux d'anneaux* (Trib. Limoges, 6 mai 1925, *B. C. I.* 1925-15).

Mais le droit des pauvres n'est pas dû sur un jeu de *petits chevaux* installé dans le parc d'une ville d'eaux, alors que l'entrepreneur ne se rémunère que par des sommes prélevées sur le montant des enjeux (C. d'Etat 21 février 1890, D. P. 1891, 380).

Jeux de boules, jeux de quilles, tirs à l'arc.

117. Les jeux de boules, jeux de quilles, tirs à l'arc, tenus d'ordinaire par des débitants de boissons, sont imposables sur le prix d'entrée ou sur le prix de la première consommation.

L'administration des Finances admet que la taxe d'Etat due pour ces divertissements ne soit pas exigée dans deux cas : 1° s'il s'agit de réunions *exceptionnelles* à l'occasion d'une fête locale, par exemple ; 2° lorsque ces jeux sont organisés par des *sociétés*, ne poursuivant pas la réalisation d'un but commercial ou financier ; dans ce cas, l'exonération *tolérée* par l'Administration s'applique tant aux cotisations qu'aux droits d'inscription des concurrents et aux recettes à l'entrée des réunions et concours.

Cette décision n'a d'effet que pour la taxe d'Etat. Le droit des pauvres reste dû sur les réunions dont il s'agit.

Jeux sportifs

118. La jurisprudence admet comme élément d'imposition le caractère commercial des entreprises de jeux, spécialement des jeux de tennis.

Quand les jeux sont organisés par des sociétés, la jurisprudence, et notamment l'arrêt de la Cour de cassation du 7 décembre 1927, établit une distinction suivant que la réunion, le jeu a un caractère public ou privé. « S'il est possible, dit cet arrêt, d'attribuer un caractère privé à des attractions ou jeux organisés par des sociétés, c'est à la condition qu'ils aient été offerts aux seuls sociétaires permanents ; au contraire ces attractions et jeux prennent un caractère incontestable de publicité lorsque la société y admet toute personne à titre de membre temporaire, ou encore lorsque des sociétaires introduisent à leur gré des invités ne faisant partie de la société à aucun titre et n'ayant avec elle ou ses membres aucun lien étroit ».

Le caractère de publicité, ainsi défini, est donc nécessaire pour que l'impôt soit dû.

119. A) *Sports athlétiques: gymnastique, foot-ball, rugby.* — Les réunions de cette nature sont, en général, organisées par des sociétés remplissant les conditions de l'article 89-4° du décret de codification. Lorsque ces conditions sont remplies, les réunions sont exonérées de la taxe d'Etat.

La jurisprudence manifeste une tendance certaine à les exempter également du droit des pauvres, dans tous les cas où les séances sont données par des sociétés pouvant invoquer le caractère d'*utilité générale*. Cette exemption s'appliquerait même à des réunions auxquelles l'affluence des assistants et l'importance de la recette donnent cependant le caractère de véritables spectacles publics et payants (Cons. d'Etat 27 février 1925 ; Cassation, 13 juin 1925. V. p. 141-142).

En sens contraire : Trib. d'Aix, 19 février 1924, *R. E. B.* 1924-256 ; Trib. de Perpignan, 25 novembre 1924. V. p. 143).

120. B) *Golf.* — Les sociétés de golf ne poursuivent évidemment pas le triple but du développement du sport, de l'éducation physique et de la préparation au service militaire nécessaire pour pouvoir prétendre à l'exonération de la taxe d'Etat.

La jurisprudence constate que les sociétés de golf constituent des organisations destinées à procurer soit aux joueurs, soit aux assistants, un jeu, un divertissement, un amusement et en conclut que les membres de ces sociétés doivent l'impôt sur toutes les recettes, sans distinction, soit qu'elles proviennent du prix des places des spectateurs, soit qu'elles résultent des cotisations ou abonnements des joueurs (C. d'App. d'Aix, 20 juin 1923 ; Trib. de Pau, 30 décembre

1924. *B. C. I.*, 1925-23 ; Cass. crim. 23 juillet 1924, *D. H.*
1924-563).

L'arrêt de cassation du 7 décembre 1927 conclut dans le
même sens, mais à raison de ce que les jeux « prennent le
caractère incontestable de publicité » lorsque la société
admet en dehors des membres permanents des membres
temporaires payant un tarif réduit et que les membres permanents amènent sur le terrain de jeu des invités, joueurs
ou non, moyennant un prix tarifé ».

L'organisation de jeux de golf donne lieu à la perception
du droit des pauvres aussi bien que de la taxe d'Etat (Cass.
23 juillet 1924, cité).

121. C) *Polo*. — Le polo tout en étant un sport est
avant tout un jeu : un match de polo est un divertissement,
que ne peuvent guère s'offrir que les personnes appartenant
aux classes aisées, et qui est passible de l'impôt, droit des
pauvres et taxe d'Etat. Une société qui organise des matches
de polo ne poursuit pas le triple but du développement du
sport, de l'éducation physique et de la préparation au service militaire et ne peut prétendre à l'exonération de la taxe
d'Etat (Cour d'App. Orléans, 12 janvier 1926, *B. C. I.* 1926,14 ;
Trib. corr. Seine, 25 juin 1927).

122. D) *Tennis*. — Si le caractère strictement privé
est reconnu, par les juges du fond, aux réunions données
par une société de tennis, ne permettant l'entrée des jeux
qu'aux seuls adhérents, le public n'y étant pas admis et
aucune entrée n'étant perçue, il doit être déduit, en droit,
que ces jeux ne sont pas taxables (Req. 3 août 1925, *B. C. I.*,
1925-17).

Doit être assujettie à l'impôt une société qui, fondée en
vue d'installer et d'entretenir un jeu de tennis, compte
comme adhérents des joueurs payant un abonnement à
l'année, au mois, à la semaine, et des membres ne parti-
cipant pas aux jeux, mais ayant le droit, moyennant
paiement d'une redevance ou d'une cotisation, d'assister
aux manifestations sportives, fêtes et réunions de la société
(C. App. Aix, 16 janvier 1924, *B. C. I.*, 1924-4 ; C. App.
Pau, 19 novembre 1926; C. App. Montpellier, 26 janvier 1928).
L'impôt, comprenant le droit des pauvres et la taxe d'Etat,

frappe toutes les recettes sans exception, sous quelque forme qu'elles soient perçues, abonnements ou cotisations. Ces réunions ne peuvent bénéficier de l'exonération de la taxe d'État prévue en faveur des sociétés sportives.

Lorsque des *courts de tennis* sont donnés en location par un entrepreneur, on considère qu'il y a divertissement offert moyennant paiement à tous les amateurs : l'impôt, droit des pauvres et taxe d'État, est dû (Trib. Seine 25 juin 1927). En sens contraire : Trib. Le Havre 11 mars 1927.

E) *Autres jeux sportifs.* — V. Courses, n°s 50 et s.; Patinage, n°s 151-152.

Joutes. V. n° 51.

Kermesses

123. Données dans un jardin ou dans une salle, les kermesses sont soumises à l'impôt sur le prix d'entrée et sur chacun des divertissements considéré isolément et imposé suivant la catégorie qui lui est propre.

Ne sont pas taxables les simples ventes de marchandises

Lieu où est donné un spectacle

124. L'impôt sur les spectacles atteint certains actes, pris en eux-mêmes, indépendamment du lieu où ils s'accomplissent. C'est le spectacle qui est taxé, fût-il donné en un lieu qui n'est pas régulièrement consacré à cet usage, par exemple, dans un préau d'école, une salle de patronage, un édifice particulier.

De même, le tarif applicable est généralement déterminé par la nature du spectacle, quel que soit le caractère habituel de l'établissement : un bal donné dans un théâtre suit le régime des bals.

Cependant le caractère de l'établissement est à considérer, quand il s'agit d'un music-hall, où l'on joue une pièce à caractère grivois et léger : le tarif des music-halls est alors applicable (V. n° 129).

Location (places prises en). V. n° 60. Carnets de location. V. n° 43.

Loteries foraines. V. n° 114.

Lutte (matches de)

125. A la différence des matches de boxe, les matches de lutte sont assujettis à l'impôt de 30 % sur les entrées pour la taxe d'Etat, et à l'impôt complémentaire de $\dfrac{27,50}{127,50}$ sur toutes les recettes autres que les entrées.

Médecin de service. V. n° 163.

Mixtes (spectacles)

126. Lorsque le spectacle est composé de catégories différemment imposées, on applique le tarif le plus faible à condition que le spectacle passible de cette taxe ait une durée au moins égale aux trois quarts de la durée totale de la représentation.

Monuments commémoratifs. V. n° 89.

Musées.

127. Les musées sont, en principe, soumis à l'impôt sur le prix d'entrée. Ils constituent des expositions permanentes, au profit des particuliers, des groupements artistiques ou des villes à qui ils appartiennent, et il n'y a aucun motif pour qu'ils ne soient pas taxés, comme le sont les expositions (Voir, en sens contraire, jugement du Tribunal d'Annecy, 10 novembre 1926, p. 75).

En ce qui concerne les « musées, collections et monuments appartenant à l'Etat », la loi de finances du 31 décembre 1921 (art. 118 à 120) a institué un droit d'entrée pour les visiteurs. C'est une véritable taxe, dont la quotité est fixée par la loi. Les visiteurs ne pouvant être taxés au-dessus du tarif légal, et le produit total de la taxe étant affecté spécialement à l'Administration des Beaux-Arts, il n'y a place ni pour une autre taxe d'Etat, ni pour le droit des pauvres (En ce sens, Trib. Versailles, 27 juillet 1927 *Sem. jurid.*, 1927-1133).

Musées de cire.

128. Ils sont expressément soumis à l'impôt (D. de codif. art. 89-1°)

Music-halls.

129. Le décret du 5 août 1920 (art. 11) pose le principe que, pour l'application des tarifs, il doit être tenu compte à la fois et du caractère de l'établissement et de la nature du spectacle.

On considère comme music-halls les établissements où la salle de spectacle est accessible au public seulement pendant les heures des représentations et dans lesquels sont donnés soit des concerts, soit des exhibitions, attractions ou autres spectacles coupés, soit des revues ou des spectacles du même genre.

Le caractère de music-hall est déterminé par la disposition matérielle et l'agencement de la salle, comportant un promenoir, une tribune où des musiciens viennent jouer pendant les entr'actes, et aussi par la nature du spectacle qui comprend soit des revues, soit des pièces analogues, même présentées sous un autre nom et même comportant une intrigue et une action suivies (Trib. Seine, 21 octobre 1922, *La Cigale*).

La nature des spectacles généralement donnés dans un établissement, leur caractère grivois et léger le font nécessairement comprendre dans les exhibitions, revues assujetties à la taxe des music-halls (Cassation. Requêtes, 11 juin 1925, la Renaissance-Music-Hall. *B. C. I.* 1925-14).

Obligations des entrepreneurs de spectacles.

130. Il faut considérer comme entrepreneur de spectacles non seulement le directeur d'une entreprise régulière, mais l'organisateur d'une séance exceptionnelle. Les droits sont dus par les spectateurs ; mais ils sont perçus par l'intermédiaire de l'entrepreneur, véritable collecteur de l'impôt.

Les entrepreneurs ont l'obligation générale d'assurer l'exacte perception de l'impôt. Cette obligation qui résultait de l'arrêté du 9 frimaire an V est confirmée par l'article 2 du décret du 5 août 1920 : « l'impôt est perçu en même temps que le prix des places, par les soins des directeurs d'établissements ou des organisateurs de réunions et doit être versé par eux au Trésor (et à l'Assistance publique). » Tout directeur d'établissement qui met des personnes non exonérées à même d'assister au spectacle a l'obligation, sous les sanctions édictées par la loi, d'assurer, à leur arrivée, la perception de l'impôt et des droits et l'exercice normal du contrôle (Cass., arrêt Gandon, 2 novembre 1923. *B. C. I.*, 1924-1).

Cette situation assez particulière, qui fait de l'entrepreneur de spectacles le percepteur de l'impôt sans qu'il puisse être considéré comme un comptable public, a conduit le législateur à lui imposer des obligations de diverse nature, sous peine de sanctions fixées par la loi (V. n° 168).

Les obligations imposées aux entrepreneurs de spectacles comportent : 1° la déclaration ; 2° la réglementation du contrôle ; 3° le paiement ou, plus exactement, le reversement de l'impôt (V. n°ˢ 55, 42, 161).

Orchestre (cafés avec). V. n° 23.

Orchestre ou piano mécanique.

131. Les orchestres ou pianos mécaniques donnent lieu à une perception spéciale lorsqu'ils fonctionnent par l'introduction d'une pièce de monnaie (V. n°ˢ 2, 99).

Si l'appareil est installé dans un café, on suit les mêmes règles que pour les cafés avec orchestre (V. n° 23) et s'il est utilisé pour la danse, l'établissement est soumis au régime des bals.

Organisateurs de concerts. V. n° 30.

Organisation du Service.

132. Les administrations intéressées à la perception de l'impôt, l'État, les établissements d'assistance publique, et, s'il existe une taxe municipale, les communes, ont la faculté d'effectuer chacune le recouvrement de son impôt.

Mais, en vue de réaliser une économie des frais de perception, ces administrations peuvent s'entendre pour exercer en commun le contrôle et le recouvrement. Le décret du 20 octobre 1917 autorise l'administration des contributions indirectes, d'une part, et l'Assistance publique de Paris ou les commissions administratives des établissements d'assistance, d'autre part, à conclure des *traités* confiant la constatation et la perception de l'impôt soit aux agents du droit des pauvres, soit aux agents des contributions indirectes. L'article 15 du décret du 5 août 1920 étend cette faculté aux municipalités pour la perception de la taxe municipale qui venait d'être créée. Les contrats de cette nature doivent être approuvés par le ministre des Finances si l'engagement annuel de dépense dépasse 12.000 fr. ; par le Directeur général des contributions indirectes, dans les autres cas.

Les traités ainsi conclus doivent déterminer le mode de participation aux frais de chacune des administrations intéressées : soit une indemnité forfaitaire, soit une redevance proportionnelle au nombre des vacations ou au chiffre des recettes, soit encore le partage des dépenses au prorata des encaissements effectués pour chaque service.

C'est ce dernier mode qui est adopté à Paris où la constatation et le recouvrement sont faits par les contrôleurs du droit des pauvres (Voir n° 137).

Obligations des agents.

133. Les fonctions des agents de perception peuvent se résumer en trois séries d'opérations :

134. 1° *Le contrôle.* — Il consiste essentiellement dans la surveillance des opérations effectuées au contrôle même de l'établissement : admission régulière des spectateurs et observation de la réglementation imposée aux entrepreneurs ; régularité des billets ; surveillance toute spéciale des billets à prix réduit et des billets à titre gratuit ; vérification de la location (V. n° 42). Pour que l'agent puisse exercer facilement et efficacement son contrôle, le décret de 1920 prescrit qu' « une place lui est réservée au contrôle » : cette disposition a un caractère obligatoire et son inobservation constitue une contravention. L'agent peut d'ailleurs se rendre dans tous les locaux où le public a accès (règlement du 28 juillet 1910, validé par le décret du 5 août 1920). Toute irrégularité doit être signalée à l'exploitant lui-même ou à son représentant.

135. 2° *Les comptes*. — Ils ont pour objet d'établir le montant de la *recette taxable*, généralement différente de la *recette réelle* de l'établissement, puisqu'elle comprend, en plus de celle-ci, la valeur au tarif normal des billets à titre gratuit. L'agent, qui doit viser à chaque représentation, sur les carnets, la souche de la dernière ampliation délivrée, détermine par différence entre les numéros de départ et d'arrivée le nombre de billets de chaque catégorie et totalise leur valeur. Le rapprochement des coupons de contrôle avec les souches, au moins par dénombrement, est essentiel ; car il permet de déceler l'emploi de carnets non présentés.

136. 3° *Le recouvrement*. — Les comptes étant arrêtés, l'agent encaisse et délivre quittance (V. n° 161).

Paiement de l'impôt. V. n° 161.
Paiement du prix d'entrée (modes de). V. n° 156.
Panoramas. V. n° 175.

Paris : organisation du service.

137. L'importance du service de perception à Paris a, dès longtemps, nécessité une organisation spéciale.

Soumise tout d'abord au régime de la mise en ferme, puis au régime de la régie intéressée, la perception du droit des pauvres est exercée en régie simple depuis l'année 1856.

Le « Service du Droit des pauvres », dépendant de l'Administration de l'Assistance publique à Paris, a été, dès la création de la taxe d'État, chargé de la perception du nouvel impôt, sauf cependant de la taxe sur les recettes autres que les entrées, qui en raison de son analogie avec la taxe sur le chiffre d'affaires, est recouvrée par les Contributions indirectes.

Le service du droit des pauvres comprend le service intérieur, constitué par des agents du cadre normal de l'Assistance publique, et le service des contrôleurs : il est dirigé par un chef de service.

138. Les contrôleurs du droit des pauvres sont, en principe, nommés par le préfet de la Seine, comme le personnel de l'Assistance publique. Mais l'emploi étant depuis la loi du 3o janvier 1923 réservé en totalité, 1° aux invalides de guerre ; 2° aux anciens sous-officiers rengagés, le préfet n'a pas eu depuis plusieurs années à exercer son droit de nomination.

Le cadre comprend actuellement environ 25o contrôleurs, dont dix sont plus spécialement chargés des établissements abonnés et des séances isolées. Ils sont rétribués suivant le nombre de vacations effectivement faites : le tarif de la vacation est de 16, 18 ou 21 francs selon l'importance de l'établissement ou la durée de la séance. Le service étant accompli normalement en soirée et le dimanche, il ne peut constituer qu'un travail supplémentaire.

Les frais de perception pour le service intérieur et le personnel des contrôleurs s'élève à environ 1,5o % du produit de l'impôt.

139. Chaque contrôleur exerce en principe un seul établissement qui lui est désigné, par roulement, pour une période maximum de quatre mois. Il peut avoir cependant à « relever » à l'issue d'une séance ordinaire la recette d'un second établissement de minime importance.

Le contrôleur doit se rendre à l'établissement avant l'ouverture des bureaux de façon qu'aucune personne ne puisse être introduite dans la salle en dehors de sa présence. Il arrête les comptes à l'heure convenue d'un commun accord avec la direction théâtrale et délivre une quittance mentionnant la recette taxable et dégageant le montant de chacun des deux impôts. Les encaissements, qu'il doit effectuer chaque jour, sont reversés par période de cinq jours à la caisse de l'administration.

140. Il est tenu de fournir un cautionnement de 4.000 fr. ou de se faire inscrire au cautionnement mutuel pour caution de cette somme. Mais, sous-comptable du receveur de l'Assistance publique, il n'est pas soumis personnellement au contrôle de la Cour des Comptes. Assermenté en qualité de préposé des Contributions indirectes, il peut déclarer procès-verbal.

Il est interdit aux contrôleurs de divulguer le montant des recettes de l'établissement qu'ils contrôlent ; de s'immiscer dans les attributions dévolues au personnel de l'établissement, d'accepter aucun billet de faveur ; de se faire accompagner par des parents et amis dans les établissements où ils sont appelés à exercer leur mandat.

Les contrôleurs sont soumis à des sanctions disciplinaires dont l'échelle et les conditions d'application sont fixées par arrêté du préfet de la Seine du 28 février 1923.

Paris : régime de perception du droit des pauvres.

141. Les textes régissant le droit des pauvres ne prévoient ni réduction, ni, à plus forte raison, exonération de cet impôt.

Il est admis cependant que des établissements d'assistance publique ont, sous réserve de l'approbation préfectorale, la faculté d'apporter des *modérations* au taux légal de perception (v. page 152).

Un arrêté, pris chaque année par le directeur de l'Assistance publique, après avis du conseil de surveillance, et approuvé par le préfet de la Seine, fixe les conditions et les taux de perception du droit des pauvres à Paris.

142. En vertu de cet arrêté, le taux légal de 25 % en sus du prix net n'est maintenu que pour les établissements où sont organisés des bals et des séances de patinage.

143. Le taux légal de 25 % est abaissé à 10 % en sus pour les concerts non quotidiens, les cinématographes, jeux, divertissements, salons et expositions diverses et autres attractions.

Le taux de 10 % est donc, à Paris, d'une application plus étendue que la loi ne le prévoit.

144. L'arrêté annuel établit enfin deux taux exceptionnels : 15 % pour les bals accidentels de société ; 5 % pour les séances de bienfaisance.

Le principe même de la réduction du droit des pauvres est contraire à la loi et n'a jamais été reconnu par les tribunaux. Mais, une fois ce principe admis en pratique, il ne peut en être fait une application arbitraire. Le texte de l'arrêté limite restrictivement les conditions auxquelles est soumise la réduction et réserve même, dans sa rédaction, le droit d'appliquer le tarif légal.

145. A) *Bals accidentels de société.* — « Le droit de 25 % *pourra* être abaissé à 15 % en sus quand l'Administration *appréciera* qu'il s'agit de réunions dansantes n'ayant pas un caractère permanent et qu'il n'entre dans l'organisation de ces réunions aucune idée de spéculation. » L'octroi de la réduction est dans une certaine mesure laissé à l'appréciation du service. En fait, elle est appliquée aux bals *accidentels* donnés par des groupements ou *sociétés*.

Ces réunions bénéficiant également de la réduction de la taxe d'Etat à 7,20 % (v. n° 15), le tarif applicable est, sur le prix brut de l'entrée, de $\dfrac{15}{122,20}$ pour le droit des pauvres, et de $\dfrac{7,20}{122,20}$ pour la taxe d'Etat.

Certaines sociétés organisant des bals accidentels peuvent prétendre à l'exonération de la taxe d'Etat (par exemple, sociétés d'anciens combattants, associations d'éducation populaire). Dans ce cas, le tarif de perception du droit des pauvres est de $\dfrac{15}{100}$ et non de $\dfrac{15}{115}$.

146. Lorsqu'il y a un prix d'entrée, la perception s'exerce sur ce prix et s'applique également aux entrées gratuites. Lorsqu'il n'y a pas de prix d'entrée, les dépenses du bal sont payées sur le montant des souscriptions ou cotisations des membres : le service exerce la perception, au taux de 15 % pour le droit des pauvres, de 7,20 % pour la taxe, sur les frais (location de salle, orchestre) occasionnés par la réunion. Lorsque le bal est gratuit, mais donné à l'issue d'un banquet, le service, pour déterminer la fraction taxable au titre de première consommation, applique pour les deux impôts an taux forfaitaire de 3 % sur le prix du banquet (v. n° 17).

147. B) *Séances de bienfaisance*. — « *Il pourra être accordé* des réductions jusqu'à un minimum de 5 % pour les représentations ou réunions dansantes données au profit exclusif des œuvres ci-après :… » (arrêté annuel, art. 4).

Le taux de 5 % n'étant pas prévu par la loi, l'Administration n'est pas tenue de percevoir le droit *en sus*. Elle applique donc le taux de $\frac{5,}{100}$ non de $\frac{5,}{105}$ sur la recette taxable comprenant la valeur des entrées gratuites.

La réduction de 5 % repose sur le même principe que l'exonération de la taxe d'Etat : ce n'est pas certaines œuvres qui bénéficient d'une manière générale de la réduction ; ce sont les représentations ou bals qu'elles donnent avec la réserve, que, dans leur organisation ou leur résultat, certaines conditions soient strictement remplies.

Nous avons donc à indiquer les œuvres susceptibles de bénéficier de la réduction, et les conditions exigées pour que la réduction soit accordée.

148. Le taux minimum de 5 % n'est pas étendu à toutes les sociétés exonérées de la taxe d'Etat. Outre les établissements publics, l'Assistance publique réserve ce taux aux œuvres qui, ayant le caractère de bienfaisance, contribuent, en quelque manière, à atténuer ses propres charges. La réduction ne peut être accordée que dans les cas suivants : 1° établissements publics ; 2° œuvres reconnues d'utilité publique ayant un caractère de bienfaisance ; 3° sociétés de secours mutuels reconnues d'utilité publique ou approuvées par arrêté ministériel ; 4° œuvres de guerre autorisées.

La situation légale de ces œuvres doit être appréciée suivant les règles que nous avons exposées en traitant des exonérations de la taxe d'Etat. Notamment, pour la détermination du caractère de bienfaisance, l'Administration s'en remet à l'avis du conseil supérieur de l'Assistance publique (V. n°° 85 à 89).

149. Pour que la réduction puisse être accordée, il faut :

1° Que la demande de réduction soit faite avant la représentation ; il est rationnel que le service soit avisé au préalable de l'intention de bienfaisance des organisateurs et puisse faire toutes vérifications utiles. Cette demande doit être rédigée sur papier timbré, mais peut être présentée sur la feuille de déclaration, obligatoirement imposée aux organisateurs. A la demande doit être jointe, suivant les cas, une copie du décret de reconnaissance d'utilité publique, ou de l'arrêté ministériel d'approbation ;

2° Qu'il soit prouvé que la représentation, déduction faite des frais, produit un *bénéfice* régulièrement et *exclusivement* affecté à l'œuvre bénéficiaire ;

3° Que le bénéfice soit au moins égal, en sus de la réduction prévue, au montant de l'impôt abandonné ; ce qui revient à dire que la différence entre les recettes et les dépenses (impôt non payé) doit être au moins le double de l'impôt.

L'Assistance publique, en abandonnant son droit, contrairement à toute disposition légale, alloue à une œuvre privée une sorte de subvention. Elle ne l'accorde que si, en compensation, l'effort des organisateurs, l'accueil bienveillant du public apportent à l'œuvre une *aide effective*, au moins égale au sacrifice pécuniaire que consent l'Administration.

En vue de s'assurer que ces conditions sont exactement remplies, le service perçoit généralement l'impôt au taux normal, l'encaisse en dépôt et en fait la restitution lorsque toutes les justifications (état détaillé des dépenses, appuyé des pièces justificatives, reçu donné par l'œuvre) ont été produites.

Ces précautions, qui peuvent paraître excessives, donnent aux œuvres elles-mêmes une garantie contre les manœuvres que pourraient tenter, au détriment de l'Assistance publique et des œuvres, certains intermédiaires peu scrupuleux.

150. C) *Fêtes foraines.* — La perception sur les attractions des fêtes foraines, qui sont nombreuses à Paris, s'exerce suivant un procédé particulier. On prélève, selon le genre et la situation de l'établissement forain, un pourcentage sur la redevance d'emplacement, soit qu'elle soit tarifée par la ville de Paris concessionnaire (foire aux Pains d'épices), ou qu'elle soit mise aux enchères (fêtes locales). A ce système forfaitaire peut toujours être substituée la perception au taux légal sur les recettes.

Patinage (Séances de).

151. Les établissements dans lesquels sont organisées des séances de patinage suivent le même régime que les bals. Ils font l'objet du classement prévu à l'article 88-6° du décret de Codification et supportent l'impôt sur les entrées et sur les recettes autres que les entrées, suivant la catégorie dans laquelle ils sont classés (V. n°⁵ 11 et s.).

Le droit des pauvres est perçu à Paris sur le taux légal de 25 %.

La réglementation s'applique au patinage sur glace naturelle, sur glace artificielle (Palais de Glace) et au patinage à roulettes ou skating.

152. *Piste de patinage.* — Le Conseil d'Etat a jugé que le droit des pauvres était dû par l'organisateur d'une piste de patinage en plein air, réservée moyennant rétribution aux patineurs, l'accès des abords de la piste étant d'ailleurs gratuit (23 mai 1919. *R. E. B.*, 1919-202).

Patronage.

153. Les représentations données dans un patronage dont l'accès n'est permis qu'aux personnes munies d'un billet délivré moyennant paiement d'un prix, alors même que les billets sont réservés à des invités et à leurs familles, ont le caractère de fêtes où l'on est admis en payant et sont passibles de l'impôt (C. d'Et. 27 juillet 1904: D.P. 1906.3.39 ; 22 février 1907 : D. P. 1908.3.52 ; 9 mai 1913 : *R. E. B.*, 1915-190).

Phonographes. Gramophones.

154. Les *phonographes* et *gramophones*, installés dans un débit de boissons, ne jouant ni à heure fixe, ni de façon continue, ne rendent pas l'établissement imposable. Au contraire le droit des pauvres est dû, s'il y a des concerts annoncés et à heures fixes (C. d'Etat, 28 juillet 1911. *R.E.B.*, 1911-383).

En ce qui concerne la taxe d'Etat, l'Administration estime suivant la règle applicable aux cafés avec orchestre qu'elle n'est pas exigible (V. n° 23).

H. Béchet

Si l'appareil est utilisé pour la danse, l'établissement est soumis au régime des bals.

Lorsque l'appareil fonctionne au moyen de l'introduction d'une pièce de monnaie, les deux impôts sont dus sur la recette provenant du fonctionnement de l'appareil sauf exonération de la taxe d'Etat si le prix du jeton n'est pas supérieur à o fr. 25 (V. n°s 2, 99).

Pénalités. V. n° 168.
Pianos. V. n°s 23, 131.
Places. V. n°s 59, 156.
Poursuites. V. n°s 37, 38.
Prescription. V. n° 36, 37, 39, 40.
Prime (billets délivrés à titre de). V. n° 80.

Privilège.

153. Le recouvrement de la taxe d'Etat est garanti par le privilège de la Régie sur tous les meubles et effets mobiliers du redevable. La faillite de celui-ci ne porte aucune atteinte aux droits de la Régie qui peut agir par voie de contrainte et faire vendre les meubles affectés à son privilège.

En ce qui concerne le droit des pauvres, l'Administration a un privilège sur la recette du jour et pour les droits afférents à la journée. « Les deniers payés par les spectateurs deviennent dès leur versement la propriété de l'Assistance et font virtuellement partie d'une caisse distincte sans rentrer aucunement dans la masse des recettes effectuées pour le compte de l'établissement » (Trib. Seine, 11 mai 1915. *R. E. B.*, 1915-194). Les créanciers n'ont aucun droit sur cette partie de la recette.

Quant au privilège sur toutes les recettes indistinctement pour paiement d'un prix de l'abonnement, il a été reconnu par un jugement du tribunal de Marseille du 4 mars 1843 (Watteville, Législation charitable, II-9). Sur cette même question, le Conseil de préfecture de la Seine (12 juillet 1899) s'est déclaré incompétent.

Prix d'entrée : modes de paiement du prix.

156. Le paiement d'un prix de place ou d'entrée permettant d'assister à une représentation ou de participer à une attraction taxable affecte différentes modalités. Ce paiement peut être direct et consister en un versement applicable à chaque entrée. Il peut aussi être indirect et résulter de cotisations, abonnements, remboursements de fournitures quelconques.

L'article 88 du décret de Codification (art. 92, L. 25 juin 1920), antépénultième alinéa, formule, à cet égard, une règle générale : « Si, à la perception de la place est jointe ou substituée obligatoirement celle d'un droit de location, de vestiaire, ou celle du prix d'un objet ou d'une fourniture quelconque, la taxe (l'impôt) s'applique également au prix perçu à ces divers titres. »

157. Cette disposition s'applique spécialement, en pratique, aux prix des *consommations* se substituant ou s'ajoutant obligatoirement aux prix d'entrée. La jurisprudence antérieure à 1920 avait, dans des espèces assez fréquentes, déduit des principes généraux l'assujettissement à l'impôt des établissements organisant des concerts ou des attractions sans autre paiement que celui de la consommation.

Ces décisions n'ont pas perdu de leur valeur d'interprétation en tant qu'elles visent les établissements autres que les bals, ceux-ci étant soumis, en ce qui concerne les consommations, à une réglementation spéciale (art. 88 6°. Voir n° 9).

L'arrêt du Conseil d'Etat du 14 juin 1895 résume en ces termes les motifs généralement invoqués pour discuter la perception : « Attendu que s'il (l'exploitant) fait faire, de temps à autre et à des heures variables, de la musique dans son café, cet établissement ne peut cependant être considéré comme un café-concert ; qu'en effet aucun droit d'entrée n'est perçu ; que le prix des consommations n'est pas majoré ; que les clients peuvent entrer et écouter la musique sans être tenus de se faire servir des consommations ; décider que le café du requérant n'était pas passible du droit des pauvres. »

L'arrêt déclare que « le droit étant exigible quel que soit

le mode usité dans l'établissement pour percevoir le droit
d'entrée », il est dû « à raison de la première consommation
prise par chaque client ». Même décision du Conseil d'Etat
le 17 mars 1911 (*R. E. B.*, 1911-278).

Postérieurement aux lois de 1920, le tribunal de la Seine a
statué dans le même sens pour des motifs analogues (24 novembre 1922).

Dans une autre espèce, l'exploitant d'un café prétendait
que l'impôt n'était dû que sur la majoration apportée, pendant la durée d'un concert instrumental, au prix habituel
des consommations ; la Cour de Cassation, par arrêt du
22 février 1923, a décidé que « la taxe doit porter sur l'entier
prix perçu, supplément compris » (*B. C. I.*, 1923-16).

C'est en application du même principe que, pour des
concerts donnés dans un jardin public, l'impôt doit être
établi sur le prix d'entrée sans déduction pour l'usage des
chaises, obligatoirement compris dans ce prix (C. d'Etat,
10 mai 1909 *R. E. B.*, 1909).

158. *Cotisations et abonnements*. — La perception de
l'impôt s'exerce également lorsque le paiement du prix
d'entrée a lieu sous forme de cotisations ou abonnements.

Une association, un groupement, donnant des séances en
apparence gratuites, mais dont les frais sont couverts par
les souscriptions des membres de la société, est assujetti à
l'impôt.

Le prix d'entrée se détermine, s'il n'y a pas d'autres places
payantes, en divisant le chiffre de la cotisation par le nombre
de séances. S'il y a d'autres places payantes, c'est le prix de
celles-ci qui fixe le montant de l'impôt, la réduction consentie aux sociétaires devant être considérée, non comme un
procédé d'exploitation, mais comme une faveur personnelle.

Le Conseil d'Etat, par arrêt du 24 juin 1921 (*R. E. B.*, 1923-
23) a décidé que des cartes d'associé « à la disposition de
toute personne versant la somme de 10 francs, montant de la
cotisation de membre titulaire, sans enquête préalable, ni
formalités d'adhésions, ni parrainage, ni conditions d'aucune
sorte » étaient passibles de l'impôt, non seulement sur la partie
de la somme pouvant, dans la cotisation, se rapporter à la
séance, « mais sur la totalité de la recette, *sans aucune ven-
tilation* ».

La Cour de cassation, par arrêt du 5 février 1926 (*B.C.I.*, 1926-6) a jugé passible de l'impôt une association de concerts symphoniques organisant des séances réservées à ses membres, attendu que cette association « comprend, outre les membres exécutants, des membres auditeurs qui ne sont assujettis à aucune autre obligation que celle de verser une cotisation annuelle de 30 francs, et dont le nombre est illimité ».

Même interprétation en ce qui concerne des séances sportives (jeu de golf) : « Attendu que cet impôt (taxe et droit des pauvres) s'applique, dans sa généralité, à toutes recettes soit qu'elles proviennent du prix des places des spectateurs, soit qu'elles résultent des cotisations et abonnements des joueurs » (Cass. 23 juillet 1924, *B.C.I.* 1924-18).

Le tribunal de Pau (30 décembre 1924, *B.C.I.*, 1925-3), la Cour d'appel de Pau (19 novembre 1926) rejettent également, comme « ayant pour effet de rendre la loi inapplicable et de faciliter la fraude », toute distinction entre un paiement « dont on se libère soit en entrant, soit sous forme de cotisation ou d'abonnement ».

159. *Autres modes de paiement.* — On trouve, en pratique, surtout dans l'organisation de séances exceptionnelles données par des sociétés, d'autres modes de paiement : par exemple, achat obligatoire du *programme*, ou de *billets de tombola*, droit de *vestiaire*.

Le vestiaire donne lieu à perception de l'impôt dès qu'il est obligatoire, fût-il tenu par un concessionnaire autre que le directeur ou organisateur des représentations et payé en supplément du prix d'entrée : ce qu'il faut considérer, c'est le paiement total imposé au spectateur.

Le prix de location, même sous forme de rétribution modeste d'une *place réservée*, est taxable : « Le prix de location d'une chaise, pour facultative que soit cette location n'en constitue pas moins le prix d'une place ». (Trib. Seine 6 déc. 1919 *B.C.I.*, 1921-4). Même solution du Conseil d'Etat (24 juin 1921 *R.E.B.*, 1923-23) pour des « places retenues », moyennant un léger versement.

160. Une quête, faite parmi les spectateurs, donne-t-elle lieu à perception de l'impôt ? Une quête, faite au cours d'une séance payante, échappe certainement à l'impôt. Mais s'il n'est pas demandé d'autre rétribution au spectateur, et si elle procure une recette destinée soit à payer les artistes, soit à couvrir les frais, on peut apprécier qu'elle a un caractère obligatoire : une perception de principe, sous forme de léger forfait, est généralement réclamée.

Recouvrement de l'impôt

161. Il existe deux modes de libération de l'entrepreneur astreint au paiement de l'impôt : le paiement normal qui s'effectue d'après le décompte de la recette taxable et suivant le taux applicable, et le paiement par abonnement.

162. 1° *Recouvrement normal.* — Les établissements de spectacle sont, en principe, soumis à l'exercice, et l'impôt, résultant des constatations de l'agent, doit être acquitté entre ses mains. L'article 7 du décret du 5 août 1920 prescrit que « dans tous les établissements de spectacles, ainsi que pour toute séance isolée ou représentation exceptionnelle, l'impôt doit être versé à *l'issue de chaque représentation* ». L'impôt est donc recouvrable immédiatement, et le refus de l'acquitter totalement, suivant le décompte de l'agent, constitue une *contravention* (v. nᵒ 38).

Pour les séances exceptionnelles le débiteur est celui qui fait la recette, soit l'organisateur de la séance, soit le propriétaire de la salle ; ce sera ce dernier, si, par exemple, comme propriétaire de restaurant, il a perçu le montant de la consommation tenant lieu de prix d'entrée, sauf à convenir avec l'organisateur que celui-ci s'engage à acquitter les droits.

163. 2° *Recouvrement par abonnement.* — L'Administration peut, à son seul gré, consentir des abonnements. Ce ne doit pas être un procédé de réduction de l'impôt, et le montant de la redevance doit être aussi rapproché que possible du chiffre de l'impôt qui serait perçu par voie d'exercice et qui peut être déterminé, par exemple, à la suite d'un contrôle temporaire. L'abonnement est surtout pratiqué à l'égard d'établissements dans lesquels en raison de leur peu d'importance le contrôle serait onéreux, ou d'établissements, comme les restaurants, où le contrôle permanent serait difficile à assurer.

Les abonnements sont, en principe, valables pour une durée déterminée, ne pouvant excéder le 31 décembre. La soumission d'abonnement établie par l'Administration en prévoit la résiliation en cas de changement dans la nature du spectacle, le nombre des places ou le prix des entrées, et en cas de contravention. Il est d'ailleurs spécifié que les établissements abonnés restent soumis à la surveillance du service.

L'abonnement conclu avec un directeur d'établissement n'est pas dû si les représentations correspondant à cet abonnement n'ont pas eu lieu (Cons. d'Etat, 19 mai 1904, *R. E. B.*, 1904-343). L'abonnement est payable d'avance. Le non-paiement ne donnerait pas ouverture à la procédure correctionnelle, l'article 7 cité plus haut ne pouvant être invoqué qu'à l'égard d'établissements soumis à l'exercice. Il faut donc recourir, pour obtenir paiement, à la procédure civile. Cependant, comme il y a, en cas de non-paiement, un motif suffisant de résiliation, l'établissement peut être mis au contrôle et, s'il n'acquitte pas davantage l'impôt, un procès-verbal peut être dressé et relever subsidiairement le montant de l'abonnement restant dû.

L'abonnement doit, en ce qui concerne la taxe, être approuvé par le directeur des contributions indirectes. En ce qui concerne le droit des pauvres, il est, à Paris, fixé par le directeur de l'Assistance publique, mais soumis, par trimestre, à l'approbation du conseil de surveillance et du préfet de la Seine (décret du 9 décembre 1809, modifié par la loi du 10 janvier 1849 et les décrets de déconcentration). En province, les conditions de l'abonnement doivent, pour le droit des pauvres, être approuvées par le préfet (Ord. du 31 octobre 1821).

164. En cas de constestation pour la fixation du montant des abonnements, qu'il s'agisse du droit des pauvres ou de la taxe d'Etat, le conseil de préfecture est appelé à statuer, sauf recours au Conseil d'Etat (le 25 juin, art. 94; décr. de codif. art. 91).

Réformés, mutilés (Associations de). V. n° 91.
Refus de paiement. V. n° 38.
Rémunération de services. V. n° 73.
Répartition du droit des pauvres. V. page 158.
Représentations enfantines ou scolaires. V. n° 99.

Restaurants-dancings.

165. Les restaurants où sont organisés des bals auxquels les clients peuvent participer sont, en principe, soumis au régime des bals : classement, perception du double impôt sur les entrées et sur les autres recettes (V. n° 3 et s.) Mais la taxation donne lieu à des difficultés particulières.

Dans ces établissements, en effet, il n'existe pas de prix d'entrée, et il y est servi, non seulement des consommations, mais surtout des repas. Il n'est pas aisé de déterminer, dans le prix très variable d'un repas, la quotité qui doit être considérée comme représentant le prix d'entrée. Il est encore plus difficile de discriminer la dépense faite par les dîneurs avant les danses, et après que celles-ci ont commencé : or, cette discrimination est très importante puisque, jusqu'à l'heure du bal, l'établissement n'est assujetti qu'à la taxe sur le chiffre d'affaires. Enfin, en raison de la nature de ces établissements, de leur fermeture tardive, ils ne peuvent être soumis à un contrôle direct et permanent : les droits sur les entrées sont donc généralement perçus par abonnement, et les droits sur les autres recettes sont établis sur la déclaration du contribuable.

166. L'Administration a adopté pour Paris et le département de la Seine un *modus vivendi*, basé sur la distinction entre les restaurants qui sont principalement des établissements de danse et d'attractions (soupers-dancings, restaurants de nuit), et ceux qui, au contraire, ont nettement le caractère de restaurants et où les danses ne sont qu'un accessoire de l'exploitation.

Les premiers restent soumis au régime des bals ; la totalité des recettes, dès l'instant où le bal commence est taxée au tarif de l'impôt « sur les autres recettes », généralement $\frac{27.50}{127.50}$; de plus, un abonnement représente l'impôt sur le supplément afférent au prix d'entrée.

Pour les seconds, l'impôt « sur les autres recettes » et l'abonnement complémentaire représentant l'impôt sur les entrées ne s'exercent que sur une fraction forfaitaire des recettes des *dîners* ; l'autre fraction de ces recettes est seulement assujettie à la taxe sur le chiffre d'affaires. Mais toutes les consommations autres que les repas, et les repas eux-mêmes à partir de minuit (soupers) sont frappés, en totalité, de l'impôt « sur les autres recettes » et de l'abonnement complémentaire sur les entrées.

Des obligations particulières en vue de l'efficacité du contrôle sont imposées à cette seconde catégorie d'établissements ; les directeurs doivent ouvrir deux livres de caisse distincts, de couleur différente, pour les recettes des dîners, et pour les recettes des consommations et soupers ; la clientèle des dîneurs doit régler, au plus tard à minuit, les dépenses afférentes aux dîners.

Retraite (représentations de). V. n° 18.

Revues.

167. Par application de l'article 11 du décret du 5 août 1920, les établissements où sont données des *revues*, même si elles sont présentées sous une autre dénomination, sont imposés au tarif des music-halls.

L'Administration cependant autorise la perception de la taxe d'Etat au tarif de 7,20 % (3,60 % dans les départements) dans les *théâtres* qui substituent exceptionnellement à leur programme ordinaire une revue qui n'est jouée que *temporairement*. Cette tolérance n'est admise que si les quatre conditions suivantes sont réunies : 1° qu'une seule revue soit jouée dans le courant de l'année : s'il y en a plus d'une, l'établissement a le caractère de music-hall et est imposé à ce tarif, même pour la première revue ; 2° que cette revue ne tienne pas la scène pendant plus de quatre mois ; passé ce délai, le tarif normal doit être appliqué ; 3° qu'il n'y ait pas de changement dans la direction de l'établissement ; 4° que le prix habituel des places ne soit pas augmenté.

L'Administration a également admis que les *cabarets d'auteur* bénéficient du tarif de 7,20 % lorsqu'il y est donné des revues, à condition que les auteurs jouent tous dans la revue et que la moitié au moins des rôles d'hommes soient tenus par des chansonniers-auteurs (V. n° 21).

Salons artistiques. V, nᵒˢ 109, 110.

Sanctions.

163. Toute infraction aux dispositions des articles des lois concernant l'impôt sur les spectacles, ou aux dispositions des décrets rendus pour leur application, de même que toute manœuvre ayant pour but ou ayant eu pour résultat de frauder ou de compromettre l'impôt, est punie : 1° du *quintuple des droits* fraudés ou compromis ; 2° d'une *amende* de 500 francs au moins et de 2.000 francs au plus, majorée de 5 décimes (L. 25 juin 1920, art. 94).

De plus, la *fermeture* provisoire des établissements peut être ordonnée en cas d'empêchement ou de résistance à l'action des agents chargés de la constatation ou en cas de retard dans le paiement des droits. Il suffit que les directeurs départementaux des contributions indirectes notifient par écrit cette sanction aux intéressés : celle-ci devient effective vingt-quatre heures après notification. Le concours de la police peut être demandé pour en assurer l'exécution.

Ces pénalités s'appliquent, dans les mêmes cas, en matière de droit des pauvres (L. 25 juin 1920, art. 96). Les sanctions pécuniaires pour fraude au droit des pauvres ont le caractère de réparations civiles et ne sont pas atteintes par une loi d'*amnistie* (Cass. Crim., 6 août 1925, *B. C. I.*, 1925-20).

Les directeurs d'établissements de spectacles sont solidairement responsables des fraudes commises par leurs agents, et peuvent être tenus, par conséquent, du paiement de l'amende et du quintuple des droits (Cour d'Appel, Paris, 21 octobre 1922).

Secours mutuels (Sociétés de). V. nᵒˢ 87, 148.

Sites aménagés, spectacles naturels.

169. L'impôt est dû lorsqu'un propriétaire aménage un site naturel en vue de sa présentation à des visiteurs payant un prix d'entrée : visite de grottes, cascades, gorges (Trib. de Pau, 27 juillet 1923, *B. C. I.*, 1923-1), ou lorsqu'un entrepreneur met à la disposition du public un moyen matériel permettant, moyennant paiement, de contempler un paysage : ballons captifs (Ordonn. 8 décembre 1824), Tour Eiffel.

Il a été jugé cependant que les promenades en avion, dites « baptêmes de l'air » ne pouvaient être assimilées aux ascensions en ballon captif, en raison de l'intention des organisateurs « de familiariser le public avec l'aviation » (Trib. Seine, 11 octobre 1923). Cette même décision légitime la perception « pour toutes les exhibitions où le public est admis dans une enceinte en payant une place lui permettant de voir les évolutions des avions ».

Skatings. V. nᵒ 151.
Soupers-concerts. V. nᵒ 186.
Soupers-dancings. V. nᵒˢ 3, 165.
Spectacles naturels. V. nᵒ 169.
Sports. V. pages 138, 143 ; nᵒ 118 ; Associations sportives. V. nᵒ 90.
Subventionnés (théâtres). V. nᵒ 97 (concerts). V. nᵒˢ 31, 97.

Tarifs de perception.

La loi a fixé, pour la perception du droit des pauvres et de la taxe d'Etat, des tarifs variables suivant la nature du spectacle.

170. *Droit des pauvres*. — La législation du droit des pauvres comporte trois tarifs différents : 25 %, 10 % et 5 %. Mais, en fait, le tarif de 10 % est le plus généralement appliqué aux spectacles assujettis légalement au taux de 25 % (v. page 153 ; Paris, nᵒˢ 141 et s.).

171. *Taxe d'Etat*. — La loi du 25 juin 1920 fixait plusieurs tarifs pour la perception de la taxe d'Etat ; des dispositions ultérieures ont encore augmenté la diversité des taux de perception.

La majoration du double décime, établie sur les impôts d'Etat par la loi de finances du 23 mars 1924, s'applique à la taxe sur les spectacles.

Par contre l'article 98 de la loi de finances du 13 juillet 1925 a réduit à 50 % la taxe d'Etat imposée aux théâtres, musics-halls et cinémas *autres que ceux qui sont exploités à Paris*.

172 *Taxe municipale*. — La loi de 1920 n'a pas fixé la quotité de la taxe municipale : elle exige seulement que les tarifs soient approuvés par le préfet. L'article 24 de la loi de finances du 27 décembre 1927 décide que : « sous réserve des droits acquis des communes où des tarifs supérieurs sont fixés par une loi (1), la taxe municipale sur les spectacles ne peut excéder 50 % de l'impôt d'Etat. »

Cette disposition, se combinant avec l'art. 98 de la loi du 13 juillet 1925, réduit à 25 % du taux normal de la taxe d'Etat le maximum de la taxe municipale qui peut être imposée aux théâtres, music-halls et cinémas autres que ceux de Paris.

1. Certaines villes (Lyon, Bordeaux), ont été autorisées par une loi à établir des taxes spéciales sur les spectacles, soit en remplacement des droits d'octroi, soit au profit d'œuvres municipales.

173. *Mode de calcul de l'impôt*. — Les impôts sur les spectacles sont, en vertu de l'article 39 de la loi du 31 juillet 1920, perçus *en sus* du prix des places (v. page 22).

L'entrepreneur de spectacle qui veut calculer le montant de l'impôt et le prix à demander aux spectateurs adoptera un *prix net*, égal à la somme qu'il entend retenir pour lui; il calculera l'impôt en appliquant à ce prix net le taux de perception du droit des pauvres, de la taxe d'Etat, de la taxe municipale ; le total constituera le *prix global*, celui qui doit être payé par le spectateur.

En pratique, l'agent de recouvrement doit calculer l'impôt sur les prix globaux qui seuls sont affichés et réclamés aux spectateurs. Pour dégager directement de la recette globale le chiffre des impôts on applique la règle suivante : le montant de chacun des impôts s'obtient en prenant une fraction de la recette globale, fraction dont le numérateur est égal au taux de l'impôt, et dont le dénominateur est égal à la somme des différents taux, augmentée de 100.

Exemple : droit des pauvres 10 % ; taxe d'Etat 7,20 % ; taxe municipale 3 %. Le dénominateur commun sera $100 + 10 + 7,20 + 3 = 120,20$. Les différents impôts, calculés sur la recette globale, seront pour le droit des pauvres, les $\dfrac{10}{120,20}$; pour la taxe d'Etat, les $\dfrac{7,20}{120,20}$; pour la taxe municipale, les $\dfrac{3}{120,20}$; au total, les charges fiscales seront les $\dfrac{20,20}{120,20}$ de la recette globale.

Différents tarifs de perception.

174. — La variété des tarifs de perception provient surtout de la différence des taux de la taxe d'Etat. En dehors des taux spéciaux prévus seulement pour certaines entreprises (cinémas, bals), il existe trois taux de taxe d'Etat ayant une application générale : ce sont, double décime compris, les taux de 7,20 % ; 12 % ; 30 %.

175. 1° *Taux de 7,20 %*. — Le droit des pauvres étant pratiquement en ce cas de 10 %, les tarifs sont, sur la recette globale, de $\frac{10}{117,2}$ pour le droit des pauvres ;

de $\frac{7,2}{117,2}$ pour la taxe d'Etat. S'il existe une taxe municipale, il faut modifier les tarifs de perception, comme il vient d'être dit (n° 173).

Sont soumis notamment à ce tarif :

Les concerts symphoniques (sauf certaines exceptions ; (v. n° 98 et s.) ; — les cafés-concerts ; — les cabarets d'auteur ; — les cirques et ménageries ; — les attractions diverses : panoramas, dioramas, phonographes, orchestres mécaniques, séances de prestigitation et d'hypnotisme ; — les salons et expositions diverses (v. n° 108) ; et, d'une manière générale, tous les spectacles non compris dans les énumérations de la loi (v. page 51).

176. *Théâtres.* — A Paris, où il n'existe pas de taxe municipale, les théâtres sont soumis aux tarifs de $\frac{10}{117,2}$ pour le droit des pauvres, et $\frac{7,2}{117,2}$ pour la taxe d'Etat ; au total $\frac{17,2}{117,2}$.

Ailleurs qu'à Paris, la taxe d'Etat est, pour les théâtres, réduite à 50 % par application de l'art. 98 de la loi du 13 juillet 1925. S'il existe une taxe municipale, celle-ci ne peut dépasser 50 % de la taxe d'Etat. Dans cette dernière hypothèse les tarifs de perception seraient : $\frac{10}{115,40}$ pour le droit des pauvres ; $\frac{3,60}{115,40}$ pour la taxe d'Etat ; $\frac{1,80}{115,40}$ pour la taxe municipale ; au total, $\frac{15,40}{115,40}$.

177. 2° *Taux de 12 %.* — Le droit des pauvres étant normalement de 10 %, les tarifs sont, sur le prix global, de $\frac{10}{122}$ pour le droit des pauvres et $\frac{12}{122}$ pour la taxe d'Etat sauf modifications résultant de l'existence et de la quotité de la taxe municipale.

Le tarif de 12 % s'applique aux music-halls (v. n° 129),

aux courses vélocipédiques, pédestres et nautiques, aux matches d'escrime et de billard ; enfin, par atténuation au tarif normal de 3o %, aux places dont le prix est inférieur à 20 francs dans les matches de boxe (v. n° 20).

178. — Les music-halls, ailleurs qu'à Paris, bénéficient de la réduction de 5o % de la taxe d'Etat (loi du 13 juillet 1925, art. 98), et la taxe municipale ne peut dépasser 5o % de la taxe d'Etat : les tarifs maxima sont donc pour le droit des pauvres $\frac{10}{119}$, pour la taxe d'Etat $\frac{6}{119}$, pour la taxe municipale $\frac{3}{119}$.

179. 3° *Taux de 3o %*. — Si le droit des pauvres est de 10 %, les tarifs sont, sur le prix global d'entrée, de $\frac{10}{140}$ pour le droit des pauvres, de $\frac{3o}{140}$ pour la taxe d'Etat : ces fractions doivent être modifiées s'il existe une taxe municipale et suivant la quotité de celle-ci.

Ces tarifs s'appliquent aux « matches de lutte, courses de taureaux (sauf les courses landaises, provençales et similaires : v. n° 52), tirs aux pigeons, combats de coqs, thés-concerts, soupers-concerts et autres établissements similaires, quel que soit leur mode d'exploitation » (décret de codification art. 88-4).

Un régime particulier est prévu pour les matches de boxe (v. n° 20).

180. Les attractions qui viennent d'être énumérées sont frappées, en plus de l'impôt sur le prix d'entrée, d'une taxe sur toutes les autres recettes. La majoration du double décime ne s'appliquant qu'aux impôts d'Etat, cette taxe est de 15 % pour le Trésor, 12,50 % pour les établissements d'assistance publique, on, sur le montant brut de ces « autres recettes » de $\frac{15}{127,5o}$ pour la taxe d'Etat, et de $\frac{12,5o}{127,5o}$ pour le droit des pauvres.

181. 4° *Tarifs des cinémas*. Il faut distinguer les établissements de Paris et les établissements hors Paris : ceux-ci bénéficient, en effet, de la réduction de 50 % résultant de l'article 98 de la loi du 13 juillet 1925.

Pour chacune des deux catégories, il existe cinq taux successifs de taxe d'Etat : A) pour Paris : 7,20 % ; 12 % ; 18 % ; 24 % ; 30 % ; B) hors Paris : 3,60 % ; 6 % ; 9 % ; 12 % ; 15 %.

Chacun des taux est appliqué successivement aux recettes comptées à partir du premier jour du mois : dès que les recettes, imposées d'abord au taux minimum (soit 7,20 % pour Paris) atteignent le premier *palier*, 15.000 francs, l'impôt est calculé sur le taux supérieur, soit 12 % ; — lorsqu'elles atteignent le second palier, 30.000 francs, l'impôt est calculé sur le taux supérieur, soit 18 % ; — et ainsi de suite jusqu'à la fin du mois.

Le chiffre du palier est déterminé d'après le montant des recettes *nettes*. Le chiffre de la recette *brute* de chaque palier doit donc être calculé en ajoutant au chiffre net le montant des impôts, taxe d'Etat, droit des pauvres et taxe municipale, s'il y a lieu.

Les entrées gratuites sont calculées d'après leur prix normal ; mais, ne constituant pas une recette, elles ne doivent pas entrer en compte pour la détermination des paliers.

182. A titre d'exemples, les deux tableaux suivants indiquent ; 1° pour Paris ; 2° pour toute autre localité, les taux successifs et les chiffres des différents paliers, en supposant le droit des pauvres à 10 % et en l'absence de taxe municipale.

A) Paris.

Recettes nettes mensuelles	Recettes brutes mensuelles	Taux de la taxe d'Etat	Taux du droit des pauvres
Jusqu'à 15.000	jusqu'à 17.580	$\dfrac{7,2}{117,2}$	$\dfrac{10}{117,2}$
De 15.000 à 30.000	de 17.580 à 35.880	$\dfrac{12}{122}$	$\dfrac{10}{122}$
De 30.000 à 50.000	de 35.880 à 61.480	$\dfrac{18}{128}$	$\dfrac{10}{128}$
De 50.000 à 100.000	de 61.480 à 128.480	$\dfrac{24}{134}$	$\dfrac{10}{134}$
Au-dessus de 100.000	au-dessus de 128.480	$\dfrac{30}{140}$	$\dfrac{10}{140}$

B) *Hors Paris* (sans taxe municipale).

Jusqu'à 15.000	jusqu'à 17.040	$\dfrac{3,6}{113,6}$	$\dfrac{10}{113,6}$
De 15.000 à 30.000	de 17.040 à 34.440	$\dfrac{6}{116}$	$\dfrac{10}{116}$
De 30.000 à 50.000	de 34.440 à 58.240	$\dfrac{9}{119}$	$\dfrac{10}{119}$
De 50.000 à 100.000	de 58.240 à 119.240	$\dfrac{12}{122}$	$\dfrac{10}{122}$
Au-dessus de 100.000	au-dessus de 119.240	$\dfrac{15}{125}$	$\dfrac{10}{125}$

Dans les localités où il existe une taxe municipale, les chiffres des paliers doivent être relevés du montant de cette taxe afférente à chaque palier.

183. Par recettes mensuelles, il faut entendre les recettes effectuées, non dans une période consécutive de trente jours, mais celles encaissées au cours du même mois. Pour un établissement ouvrant dans le cours du mois, la période mensuelle se termine à la fin dudit mois. L'Administration admet qu'au cas de changement de propriétaire, dûment prouvé par un contrat de vente enregistré, l'impôt soit calculé sur les recettes faites depuis la prise de possession du nouvel exploitant, sans tenir compte des recettes antérieures du mois.

Un exploitant de cinéma qui réserve, au cours du mois, certaines séances à la projection de films d'exclusivité ne lui appartenant pas et dont la location lui est consentie au moyen d'un pourcentage sur le bénéfice net, n'en doit pas moins l'impôt sur les recettes mensuelles totales de l'établissement, avec la progression attribuée aux divers paliers, du moment où il conserve l'exploitation de la salle avec le personnel qui y est attaché (Trib. de Boulogne-sur-Mer, 14 mars 1926 : *B. C. I.* 1926 20).

(Pour les tarifs des bals, séances de boxe, etc., voir l'article spécial à chaque entreprise).

Taxes municipales.

184. Les taxes municipales peuvent être perçues sur tous les spectacles imposés à la taxe d'Etat. Mais, lorsqu'il s'agit de bals ou d'établissements de patinage, les recettes autres que les entrées ne peuvent être atteintes par la taxe municipale.

V. n⁰ˢ 12, 39, 132, 172.

Tennis. V. n⁰ 122.
Théâtres. V. n⁰ˢ 167, 176.

Thés-concerts. — Soupers-concerts.

185. A) *Thés-concerts*. Par « thés concerts » il faut entendre les thés organisés, avec le concours d'un orchestre, dans certains établissements tels que restaurants, cafés, hôtels, et plus spécialement dans les « maisons de thé ».

La distinction est assez délicate entre les établissements où sont donnés des thés-concerts, et les cafés ou brasseries dans lesquels se fait également entendre un orchestre instrumental, et qui sont soumis à un régime tout différent (v. n⁰ 23).

Ce n'est évidemment pas en raison de la nature de la consommation que les thés-concerts ont été particulièrement frappés. Sous cette dénomination, le législateur a entendu atteindre des établissements de luxe, fréquentés, dès le milieu de l'après-midi, par une clientèle oisive.

Le caractère de l'établissement qui, aux termes de l'article 11 du décret du 5 août 1920, est un élément à considérer « pour l'application des tarifs d'impôt » permettra généralement de distinguer les thés-concerts des concerts symphoniques ordinaires. On peut retenir comme éléments d'appréciation le luxe de la maison, la nature de la clientèle, la qualité de l'orchestre, et surtout le prix élevé de la consommation par rapport à la valeur marchande de la fourniture.

186. B) *Soupers-concerts*. Il faut entendre par « soupers-concerts » les repas de nuit, accompagnés de musique instrumentale et pris généralement après la sortie des théâtres dans des restaurants, hôtels ou cafés.

Un établissement dans lequel des soupers-concerts ne seraient donnés qu'exceptionnellement, à l'occasion, par exemple, du réveillon de Noël, n'en est pas moins assujetti à l'impôt spécial. Le tarif étant d'ailleurs uniforme, l'établissement n'a pas à être classé, et le fait matériel de l'organisation d'un souper en musique justifie l'imposition.

L'Administration admet que le prix moyen de la première consommation servant de base à la perception ne soit pas le prix du repas lui-même, mais un prix inférieur. Pratiquement, on peut, au lieu d'un prix de base, convenir d'un pourcentage forfaitaire sur les recettes des soupers.

187. C) *Tarifs* — Les thés-concerts et soupers-concerts sont soumis au taux de 25 % pour la taxe d'Etat sur le prix d'entrée ou sur le prix de la première consommation. Au regard du droit des pauvres, c'est le concert qui constitue l'attraction taxable ; puisqu'il s'agit, en principe, de concerts quotidiens, on applique le taux de 10 % sur le prix global, l'impôt est donc de $\frac{30}{140}$ pour la taxe de l'Etat, de $\frac{10}{140}$ pour le droit des pauvres.

Les recettes de toute nature, autres que celles qui sont imposées comme entrées, sont frappées du droit complémentaire de $\frac{27,50}{127,50}$ sur leur montant global, soit $\frac{15}{127,50}$ pour le Trésor, $\frac{12,50}{127,50}$ pour les établissements d'assistance (D. de Codif., art. 88-4°).

Timbres.

188. Les quittances délivrées pour perception des contributions indirectes sont soumises à un timbre spécial de 50 centimes ; cette disposition ne peut s'appliquer qu'au cas où la perception est seulement exercée pour la taxe d'Etat.

Pour la perception du droit des pauvres, seule ou jointe à celle de la taxe d'Etat, les quittances délivrées par les comptables publics sont soumises au droit de timbre commun : 25 centimes pour les sommes n'excédant pas 100 francs ; 50 centimes pour les sommes comprises entre 100 et 1.000 francs ; 1 franc pour les sommes comprises entre 1.000 et 10.000 francs ; 3 francs pour les sommes comprises entre 10.000 et 50.000 francs , et, au-dessus de 50.000 francs, 1 franc en sus par fraction de 50.000 (L. 25 juin 1920, art. 55 ; 13 juillet 1925, art 7).

Toute quittance réglée par voie de chèque est exempte du droit de timbre de quittance (L. 31 décembre 1924, art. 8).

189. Les billets remis par les directeurs d'établissements de spectacles ou organisateurs de séances accidentelles, en échange du prix de la place, constituent des quittances et sont soumises au droit de timbre. Tout préposé des contributions indirectes peut verbaliser pour une infraction aux lois sur le timbre.

Tir à l'arc. V. n° 117
Tirs forains. V. n° 114

Tirs aux pigeons.

190. Compris dans l'énumération de l'article 88-4° du décret de codification, les tirs aux pigeons sont soumis à la taxe d'État au taux de 30 % et à l'impôt sur les recettes autres que les entrées au tarif de $\frac{27,50}{127,50}$.

Tombola. V. n° 158
Traités entre l'État, les établissements d'assistance et les communes pour le recouvrement de l'impôt. V. n° 132.
Transaction. V. n° 41
Traversée à la nage. V. n° 51.
T. S. F. (audition de). V. n° 23.
Utilité publique (œuvres reconnues d'). V. n°⁵ 86, 110, 117.

Ventes de charité.

191. Les ventes de charité ne sont pas soumises à l'impôt en tant qu'elles n'ont pour objet que la vente de produits ou de marchandises. Si elles comportent des divertissements, les droits sont dus sur le prix d'entrée et sur chacun des divertissements considéré isolément suivant la catégorie qui lui est propre.

Vestiaire. V. n°⁵ 13, 158.
Veuves de guerre (associations de). V. n° 91.

Visites de châteaux, monuments.

192. La visite de châteaux, monuments, etc, moyennant paiement d'un droit d'entrée, donne lieu à perception de l'impôt (Trib. Ploërmel, 9 déc. 1925 ; *contra* Trib. Annecy, 10 nov. 1926, V. p. 74).

L'Administration des Contributions indirectes admet cependant que lorsque aucune dépense spéciale n'a été faite en vue d'organiser ces visites et d'attirer les spectateurs, il n'y a pas lieu de soumettre à l'impôt les recettes des entrées.

L'impôt doit être exigé quand le propriétaire a fait des aménagements, exposé des frais en vue d'une exploitation commerciale.

ANNEXE I

Loi du 7 frimaire an V (27 novembre 1796).

ARTICLE PREMIER. — Il sera perçu un décime par franc en sus du prix de chaque billet d'entrée, pendant six mois (1), dans tous les spectacles où se donnent des pièces de théâtre, des bals, des feux d'artifice, des concerts, des courses et exercices de chevaux, pour lesquels les spectateurs paient. La même perception aura lieu sur le prix des places louées pour un temps déterminé.

Loi du 8 thermidor an V (26 juillet 1797).

ARTICLE PREMIER. — Le droit d'un décime par franc établi par la loi du 7 frimaire an V et prorogé... continuera à être perçu en sus du prix de chaque billet d'entrée et d'abonnement dans tous les spectacles où se donnent des pièces de théâtre ;

ART. 2. — Le même droit d'un décime par franc établi et prorogé par les mêmes lois à l'entrée des bals, des feux d'artifice, des concerts, des courses et exercices de chevaux et autres fêtes où l'on est admis en payant est porté au quart de la recette.

ART. 3. — Le produit des droits perçus en vertu des articles précédents sera uniquement consacré aux besoins des hospices et aux secours à domicile.

Décret impérial du 9 décembre 1809.

ARTICLE PREMIER. — Les droits qui ont été perçus jusqu'à ce jour en faveur des pauvres ou des hospices, en sus de chaque billet d'entrée ou d'abonnement dans les spectacles et sur la recette brute des bals, concerts danses et fêtes publiques, continueront à être indéfiniment perçus...

1 La perception du droit des pauvres a été prorogée successivement par des textes ultérieurs jusqu'à ce qu'elle fût rendue définitive par le décret du 9 décembre 1809.

Loi de finances du 16 juillet 1840.

Art. 9. — Continuera d'être faite pour 1841, conformément aux lois existantes,... la perception : du dixième des billets d'entrée dans les spectacles et *les concerts quotidiens*...

Loi de finances du 3 août 1875.

Art. 23. — Continuera d'être faite...

Toutefois, le droit à percevoir sur la recette brute des concerts non quotidiens donnés par les artistes ou les associations d'artistes ne pourra excéder cinq pour cent.

Lois annuelles de finances.

Loi portant fixation du budget général des dépenses et des recettes de l'exercice 1928.

État C. II. — Droits, produits et revenus dont la perception est autorisée au profit des départements, des communes, des établissements publics... conformément aux lois existantes :

Un décime par franc en sus du prix des billets d'entrée aux spectacles et concerts quotidiens ;

Droit de 5 % sur la recette brute des concerts non quotidiens donnés par les artistes et les associations d'artistes ;

Quart de la recette brute dans les lieux de réunion ou de fête où l'on est admis en payant.

Décret de codification.

Décret du 28 décembre 1926, portant codification de la législation en matière de contributions indirectes, modifié par les articles 22, 23, 24 de la loi de finances du 27 décembre 1927.

.   .   .   .

CHAPITRE III

Impôts sur les spectacles et les courses de chevaux.

Art. 88. — Sauf les exceptions prévues à l'article 89 ci-après, il est institué, sur les spectacles et autres attractions ou divertissements assimilés, une taxe dont le tarif est fixé comme il suit :

1° Théâtres, cafés-concerts, concerts symphoniques, cabarets d'auteurs, dioramas, panoramas, phonographes, orchestres mécaniques, séances de prestidigitation d'hypnotisme, cirques, ménageries et tous autres spectacles, attractions, exhibitions, jeux et amusements assimilables auxquels le public est admis moyennant payement, salons et expositions diverses, bals de sociétés, bals forains ou occasionnels :

7 fr. 20 p. 100 du prix net des places, c'est-à-dire déduction faite de la taxe d'Etat, du droit des pauvres et de toute autre taxe communale établie par la loi ;

2° Music-halls, courses vélocipédiques, pédestres, nautiques, matches d'escrime et de billard :

12 p. 100 du prix net des places, c'est-à-dire déduction faite de la taxe d'Etat, du droit des pauvres et de toute autre taxe communale établie par la loi ;

3° Cinématographes :

7,20 p. 100 jusqu'à 15.000 fr. de recettes nettes mensuelles, c'est-à-dire déduction faite de la taxe d'Etat, du droit des pauvres et de toute autre taxe communale établie par la loi ;

12 p. 100 pour les recettes comprises entre 15.001 et 30.000 fr. ;

18 p. 100 pour les recettes comprises entre 30.001 et 50.000 fr. ;

24 p. 100 pour les recettes comprises entre 50.001 et 100.000 fr. ;

30 p. 100 pour les recettes dépassant 100.000 francs ;

4° Matches de lutte, courses de taureaux, tirs aux pigeons, combats de coqs, thés-concerts, soupers-concerts, et tous autres établissements similaires, quel que soit leur mode d'exploitation :

30 p. 100 du prix net des places ou entrées, c'est-à-dire déduction faite de la taxe d'Etat, du droit des pauvres et de toute autre taxe communale établie par la loi, et 27 fr. 50 p. 100 sur toutes les recettes autres que le prix des places ou entrées ; cette dernière taxe, perçue également en sus des recettes, comprend 15 p. 100 pour l'impôt d'Etat et 12,50 p. 100 pour le droit des pauvres.

Toutefois, pour les courses de taureaux dites landaises, provençales et similaires, l'impôt est perçu au profit du Trésor au taux de 7 fr. 20 p. 100 sur toutes les recettes ;

5° 30 p. 100 sur le prix net des places à partir de 20 fr. dans les matches de boxe, et une taxe de 12 p. 100 sur le prix net des places inférieures à 20 fr. ;

6° Les établissements où sont organisés des bals ou des séances de patinage sont classés en trois catégories, d'après leur nature ou leur importance. Ce classement est effectué par les commissions départementales ou la commission supérieure, instituées pour le classement des établissements en vue de leur taxation à l'impôt sur le chiffre d'affaires et suivant les mêmes règles.

L'impôt qui atteint les établissements est de 30 p. 100 pour la première catégorie, 14,40 p. 100 pour la deuxième, 7,20 p. 100

pour les autres établissements. L'impôt, ainsi que le droit des pauvres et, le cas échéant, la taxe municipale, portent sur le prix net des entrées, et lorsqu'il n'y a pas de prix d'entrée ou que ce prix d'entrée est inférieur au montant de la première consommation, sur le montant de cette consommation elle-même. Quelle que soit la base d'imposition adaptée, l'impôt est perçu déduction faite de la taxe d'Etat, du droit des pauvres et de la taxe municipale.

Les recettes autres que celles énumérées ci-dessus sont assujetties, d'après le classement des établissements, à un droit de 27,50, 13,20 ou 6,60 p. 100, qui porte sur la recette nette, c'est-à-dire déduction faite de la taxe d'Etat et du droit des pauvres, et dont le produit comprend 15, 7,20 ou 3,60 p. 100 pour le Trésor et 12,50, 6 ou 3 p. 100 pour le droit des pauvres. Aucune taxe communale ne peut exister sur ces recettes.

En ce qui concerne les départements et uniquement pour les théâtres, music-halls et cinémas, l'Etat ne percevra que 50 p. 100 des taxes qu'il perçoit sur les théâtres, music-halls et cinémas exploités à Paris.

Quel que soit le régime et le taux d'imposition, le droit des pauvres, la taxe municipale et l'impôt d'Etat sont perçus en sus du prix des places ou du montant des recettes, suivant le cas.

Les concerts non quotidiens donnés par des associations d'artistes ou sociétés de concerts classiques, subventionnées par l'Etat, les départements ou les communes, ne payeront que 50 p. 100 des taxes prévues au présent article.

Si les attractions offertes au public par un établissement appartiennent par leur genre à plusieurs catégories de spectacles différemment imposés, la taxe est calculée d'après le tarif le plus faible lorsque le spectacle passible de cette taxe, considéré isolément, a une durée au moins égale aux trois quarts de la durée totale des représentations.

En ce qui concerne les trois premières et la sixième catégorie, les entrées à titre gratuit sont imposées d'après le prix des mêmes places payantes ; les entrées à prix réduit sont imposées d'après les prix des places effectivement payés ; les entrées avec des cartes d'abonnement sont taxées d'après le tarif normal des places prises en location, auxquelles elles donnent droit ; les cartes d'abonnement permanentes permettant un nombre indéterminé d'entrées sont imposées, soit comme les billets ordinaires pour chaque entrée à laquelle elles donnent effectivement lieu, soit, sur la demande des établissements, d'après un nombre d'entrées égal au nombre de jours pour lesquels ces cartes sont valables, dans ce cas l'impôt doit être acquitté au moment de la délivrance des cartes. Toutefois, dans les établissements visés au dernier paragraphe de l'art. 89 ci-après, les cartes d'abonnement sont imposées au moment du paiement de leur valeur d'après leur prix effectif.

Si, à la perception de la place est jointe ou substituée obligatoirement celle d'un droit de location, de vestiaire, ou celle du prix d'un objet ou d'une fourniture quelconque, la taxe s'applique également au prix perçu à ces divers titres.

Les communes sont autorisées à percevoir des taxes municipales, dont les tarifs devront être approuvés par le préfet, sur les cinémas et les établissements publics où l'on joue de la musique et où se donnent des représentations théâtrales.

Sous réserve des droits acquis des communes où des tarifs supérieurs sont fixés par une loi, la taxe municipale ne peut excéder 50 p. 100 de l'impôt d'État.

Les entrepreneurs et organisateurs de spectacles visés devront, vingt-quatre heures avant l'ouverture des établissements, faire une déclaration sur timbre à la recette buraliste la plus proche de leur commune.

Art. 89. — La taxe prévue à l'article précédent ne s'applique pas aux représentations organisées au profit exclusif : 1° des établissements publics et des œuvres reconnues d'utilité publique ayant un caractère de bienfaisance ; 2° des sociétés de secours mutuels, également reconnues d'utilité publique ou approuvées, et des associations d'étudiants reconnues d'utilité publique ; 3° des œuvres de guerre autorisées par arrêté ministériel dans les conditions prévues par la loi du 30 mai 1916 ; 4° sur l'avis conforme de l'Office national des sports, des fédérations et des sociétés dont les recettes sont exclusivement réservées à leur propre fonctionnement, dans le but de contribuer au développement du sport, de l'éducation physique et de la préparation au service militaire ; 5° des associations amicales des réformés, mutilés et veuves de guerre ; des associations amicales d'anciens combattants, des associations d'éducation populaire qui ont fait la déclaration prévue par la loi du 1er juillet 1901 et qui ne poursuivent la réalisation d'aucun bénéfice commercial ou financier. Pour bénéficier de l'exonération, les organisateurs des représentations doivent justifier, auprès de l'administration des contributions indirectes, que la totalité des recettes a bien été affectée, sous la seule déduction des frais, à l'œuvre, au profit de laquelle la représentation est donnée.

Pour les représentations à bénéfices et pour les représentations de gala organisées dans un but de bienfaisance, lorsque le prix d'entrée est majoré, l'impôt est calculé d'après le tarif normal des places.

Sont exemptés de l'impôt établi par l'article 88 du présent décret les salons organisés par les sociétés reconnues d'utilité publique qui ne poursuivent qu'un dessein d'encouragement aux beaux arts et aux belles-lettres, ainsi que les concours, expositions et foires agricoles, organisés par les sociétés et les comices.

Sans préjudice de la disposition ci-dessus sont exonérées de l'impôt les manifestations agricoles, commerciales et industrielles, dites « foires », lorsqu'elles sont subventionnées par une collectivité publique et qu'il n'y est donné aucune attraction payante.

Sont exemptées de l'impôt les places offertes gratuitement aux blessés de guerre hospitalisés, aux mutilés et réformés de guerre ; peuvent être exemptées, dans les conditions déterminées par l'administration, les places occupées par les personnes tenues d'assister au spectacle en raison de l'exercice de leurs fonctions ou de leur profession, ainsi que celles offertes gratuitement aux élèves des facultés, écoles, pensionnats, etc., assistant en groupe aux représentations.

Ne sont pas soumis à l'impôt les spectacles dont l'entrée est gratuite ou ceux ne comportant pas de place dont le prix est supérieur à 5o centimes, s'il s'agit de représentations théâtrales ou cinématographiques enfantines ou scolaires, et à 25 centimes, s'il s'agit de tous autres spectacles.

Dans les théâtres et concerts symphoniques qui étaient subventionnés par l'Etat ou les villes pendant la période des trois années antérieures au 1er août 1914 et auxquels sera allouée, pour l'avenir, une subvention, et pour les représentations du Théâtre national populaire et de la Société nationale de musique, il ne sera perçu aucune taxe sur les places dont le prix est inférieur, droit des pauvres et autre taxe communale compris, à 12 fr. pour Paris et 6 fr. ailleurs ; la subvention devra, dans tous les cas, résulter de contrats ou cahiers des charges contenant des obligations réciproques, et, en ce qui concerne les théâtres subventionnés par les villes, le total des exemptions d'impôts ne pourra dépasser le montant de la subvention.

Art. 90. — Les conditions d'application des deux articles qui précèdent, notamment en ce qui concerne le classement des établissements de spectacles soumis à la taxe dans l'une ou l'autre des catégories prévues à l'article 88, le mode de perception, par voie d'exercice ou par abonnement, la communication de la comptabilité des établissements assujettis à l'impôt et, d'une manière générale, toutes les mesures nécessaires pour assurer l'application de la loi seront déterminées par voie de décrets.

En cas de contestation pour la fixation du montant des abonnements prévus au paragraphe précédent, le conseil de préfecture sera appelé à statuer, sauf recours au Conseil d'Etat.

Art. 91. — Les sociétés autorisées à organiser des courses de chevaux, conformément aux prescriptions de la loi du 2 juin 1891, sont passibles d'une taxe au profit de l'État sur le montant annuel brut des recettes pour entrées et stationnement qu'elles perçoivent sur les champs de courses ou par voies de cotisations et d'abonnements.

Cette taxe est de :

7,20 p. 100 sur la partie des recettes qui dépassera 500.000 fr. et ne sera pas supérieure à 3 millions ;

2 p. 100 sur la partie des recettes qui dépassera 3 millions et ne sera pas supérieure à 6 millions ;

18 p. 100 sur la partie des recettes qui dépassera 6 millions et ne sera pas supérieure à 10 millions ;

24 p. 100 sur la partie des recettes qui dépassera 10 millions.

Les sociétés auront le droit de récupérer le montant de cet impôt sur le public, dans les conditions qui seront déterminées par un décret contresigné par les ministres des Finances et de l'Agriculture.

L'impôt, qui sera calculé en sus des recettes des sociétés de courses, sera constaté et perçu dans les conditions qui seront déterminées par le même décret.

Pénalités.

Art. 92. — Toute infraction aux dispositions des articles précédents ou à celles des décrets prévus pour leur exécution, de même que toute manœuvre ayant pour but ou ayant eu pour résultat de frauder ou de compromettre l'impôt édicté par les articles précités, sera punie, en outre du quintuple des droits fraudés ou compromis, d'une amende de 500 fr. au moins et de 2.000 fr. au plus. La fermeture provisoire des établissements pourra être ordonnée par l'administration en cas d'empêchement ou de résistance à l'action des agents chargés de la constatation, ou en cas de retard dans le payement des droits.

Art. 93. — La perception du droit des pauvres au profit des établissements d'assistance publique, établie par la loi du 7 frimaire an V et les lois postérieures, reste fixée aux tarifs indiqués par ces lois. Cette perception est effectuée dans les conditions de l'article 88 du présent décret.

Les contraventions en matière de droit des pauvres ; de même que toute manœuvre ayant pour but ou ayant eu pour résultat de frauder ou de compromettre le droit, seront punies des pénalités prévues à l'article 92. Le recouvrement des droits sera opéré comme en matière de contributions indirectes ; les contraventions seront constatées et les poursuites exercées suivant les formes propres à cette administration qui, en cas de contravention commune, sera exclusivement chargée du soin de transiger ou de poursuivre.

Décret du 5 août 1920.

ARTICLE PREMIER. — Vingt-quatre heures avant l'ouverture ou la réouverture des établissements visés à l'article 92 de la loi du 25 juin 1920 ou avant toute séance isolée ou représentation exceptionnelle, les directeurs, propriétaires de salles et organisateurs doivent sur une feuille de papier timbré à 2 francs, déclarer à l'administration générale de l'Assistance publique, pour la ville de Paris, à la recette buraliste des contributions indirectes, en tout autre lieu, la nature de l'établissement ou le genre de réunion ou de représentation. Cette déclaration doit être renouvelée, en ce qui concerne les établissements ambulants, dans chaque commune où des représentations sont données.

Une nouvelle déclaration doit également être effectuée dans le cas où un changement dans le caractère de l'établissement ou la nature du spectacle devra entraîner une modification du taux de l'impôt applicable.

ART. 2. — L'impôt est perçu, à l'entrée des spectacles en même temps que le prix des places, par les soins des directeurs d'établissements ou des organisateurs de réunions et doit être versé par eux au Trésor. Le droit est dû par toutes les personnes autres que celles bénéficiant de l'exonération prévue à l'article 93 de la loi du 25 juin 1920, lorsqu'elles pénètrent dans la partie de l'établissement à laquelle donne accès le contrôle.

Chaque entrée payante, gratuite ou à prix réduit, est constatée par la remise d'un billet, extrait d'un carnet à souches délivré à la caisse au moment du payement de la place et avant l'entrée dans la salle de spectacle. Ce billet comporte deux parties dont l'une reste entre les mains du spectateur et dont l'autre est retenue au contrôle. Chacune de ces parties ainsi que la souche restant attachée au carnet, doivent porter d'une façon apparente et imprimés : le nom de l'établissement, le numéro d'ordre du billet, la catégorie de la place à laquelle il donne droit et le prix global payé par le spectateur ou, s'il y a lieu, la mention de gratuité. Au passage au contrôle, la partie du billet réservée au spectateur est annotée du numéro de la place et le coupon de contrôle adhérent est retenu ; les coupons doivent être classés séance tenante, par catégorie et numéro, et remis à l'agent de perception au moment de l'arrêté des comptes.

Chaque carnet de billets à place entière, à prix réduits ou gratuits ne peut être utilisé que pour la catégorie de places qui y est indiquée et, sauf pour les loges, avant-scènes, baignoires, lorsque celles-ci ne sont pas divisées, un billet doit être délivré pour chaque spectateur.

Les carnets de billets doivent être numérotés suivant une série ininterrompue et utilisée dans l'ordre numérique ; lorsque, exceptionnellement, cet ordre n'est pas suivi, ou que la série est achevée, l'agent de perception doit être prévenu ; à défaut de quoi, les droits sont exigibles sur tous les billets manquants.

Les règles prévues ci-dessus pour la délivrance des billets aux entrées sont applicables aux billets pris en abonnement ou en location pour lesquels des carnets spéciaux doivent être utilisés. Une série de carnets doit être affectée pour la location afférente à chaque représentation (matinée ou soirée) donnée aux différents jours de la semaine, ceux utilisés un jour ne pouvant servir que pour le même jour de la semaine suivante.

Les billets pris en abonnement ou en location doivent indiquer la date pour laquelle ils sont valables et cette date doit être inscrite à la souche et au coupon de contrôle. Une feuille de location ou un plan servant uniquement à la location et indiquant les places louées doit être remis, à l'ouverture des bureaux, à l'agent de perception.

Si, après la délivrance d'un billet, un spectateur désire changer de place et que ce changement entraîne une augmentation de prix, le complément doit être constaté par la délivrance, à la caisse, d'un billet supplémentaire extrait d'un carnet numéroté établi dans les mêmes conditions que les autres carnets et portant imprimé, tant à la souche qu'au volant et au coupon de contrôle, le montant du supplément encaissé.

Dans les cinématographes réalisant plus de 50 000 francs de recettes mensuelles, dans les théâtres, concerts, music-halls, les perceptions faites après l'arrêté des comptes de la représentation doivent être constatées, pour chaque catégorie de places, au moyen de carnets, dits de petite recette, affectés spécialement à ces recettes et dont le décompte est arrêté à la représentation suivante. Les billets extraits de ces carnets doivent porter la mention : « Petite recette. »

Sur leur demande, les établissements pourront être autorisés à faire usage, pour la délivrance des billets, de distributeurs automatiques, l'Administration restant seule juge de l'admission des demandes et des conditions auxquelles, dans chaque espèce, sera subordonnée l'autorisation toujours révocable en cas d'abus.

D'une manière générale, les prescriptions relatives au contrôle de la perception du droit des pauvres, prévues par les arrêtés du préfet de la Seine ou des maires, sont applicables à la perception de l'impôt d'État en ce qu'elles n'ont rien de contraire aux prescriptions de la loi du 25 juin 1920, de l'article 39 de la loi du 31 juillet 1920 et du présent décret.

ART. 3. — Les établissements qui en feront la demande peuvent être autorisés à employer des carnets journaliers, comprenant, par catégories de places, un nombre de billets égal à celui des places susceptibles d'être occupées.

Les établissements qui emploient ce système de billets doivent préalablement fournir à l'Assistance publique, à Paris, ou au bureau de la régie, en province, un relevé certifié présentant l'indication exacte du nombre de places disponibles.

Chaque billet destiné au spectateur doit indiquer la catégorie et le numéro de la place à laquelle il donne droit, la date d'emploi et le prix global payé par le spectateur. Ces indications sont reproduites à la souche et au coupon de contrôle.

La même série journalière ne peut être simultanément utilisée pour la location et pour le bureau, lorsque les prix de location et de bureau sont différents.

Les entrées gratuites ou à tarifs réduits ne peuvent donner lieu à la délivrance de billets extraits des carnets journaliers affectés aux places à tarif normal. Pour ces entrées on doit utiliser des billets extraits de carnets ordinaires, à série ininterrompue, établis dans les conditions fixées à l'article précédent. Il en est de même des billets de petite recette et des suppléments provenant de changements de places. Les billets qui, dans la série journalière, correspondent aux places gratuites ou à tarif réduit doivent être annulés et rester attachés à la souche. Après chaque représentation, les carnets afférents à cette représentation, qui doivent renfermer les billets non délivrés, sont enliassés e conservés par l'établissement.

ART. 4. — Pour les représentations occasionnelles, telles que concerts, réunions, bals de société, etc., il ne peut être dérogé aux règles fixées par les articles 2 ou 3 qu'après autorisation du service. Dans tous les cas, il doit être fait déclaration des cartes d'entrée établies. Celles-ci doivent porter un numéro, le prix d'entrée et être munies d'un coupon détachable portant imprimé le numéro de la carte, la catégorie et le prix. Ce coupon doit être retenu au contrôle. L'impôt est perçu d'après le nombre de cartes émises, déduction faite des cartes invendues qui sont représentées.

Dans les bals où les assistants sont tenus de verser une somme à chaque danse, ainsi que dans les manèges, carrousels, chevaux de bois, etc., tout versement doit être constaté par la remise d'un ticket portant un numéro d'ordre et le prix payé par le spectateur ces tickets sont extraits de carnets à souche.

Les appareils automatiques, tels que orchestres mécaniques, dioramas, vues, tirs, phonographes, etc., fonctionnant à l'aide de l'introduction d'une pièce de monnaie ou d'un jeton en tenant lieu, doivent être scellés par le service, de telle façon que leur ouverture ne puisse être effectuée qu'en présence de l'agent de perception qui assiste au comptage de la recette et prélève immédiatement le montant de l'impôt dont il donne quittance.

. . . .

Art. 6. — Les contrôleurs du droit des pauvres, commissionnés à cet effet par l'Administration des contributions indirectes et les agents de cette administration sont chargés de la surveillance des établissements de spectacles.

Une place leur est réservée au contrôle et un bureau doit être mis à leur disposition pour l'arrêté des comptes ; ils ont accès dans la salle pour toutes vérifications utiles.

Ils établissent, d'après les coupons de contrôle et d'après les souches de carnets, un relevé récapitulatif des entrées. Ils procèdent à tous rapprochements utiles avec les billets, invitations, au vu desquels les places gratuites ou à prix réduits sont accordées, les feuilles de location et d'abonnement, les bordereaux des guichets de vente et le plan sur lequel sont marquées les places occupées.

Ces différents documents — coupons de contrôle, souches de carnets, feuilles de location, d'abonnement, bordereaux et plan — doivent être tenus à leur disposition et conservés par la direction de l'établissement jusqu'à la vérification des comptes par un agent supérieur, sans que ce délai puisse excéder un an.

Art. 7. — Dans tous les établissements de spectacles, ainsi que pour toute séance isolée ou représentation exceptionnelle, l'impôt doit être versé, à l'issue de chaque représentation et au vu du relevé prévu à l'article précédent, à l'agent chargé de la perception qui en délivre quittance...

. . . .

Art. 8. — Les directeurs des établissements ou organisateurs de réunions et séances exceptionnelles pourront, sur leur demande, et si l'Administration y acquiesce, être dispensés des formalités et obligations prévues aux articles 2 et 3, moyennant payement d'une somme forfaitaire payable par abonnement.

Le taux de l'abonnement est fixé d'après une évaluation de la recette moyenne correspondant au nombre de places, en se basant soit sur les résultats d'une période pendant laquelle les entrées auront été contrôlées, soit sur un comptage des spectateurs opéré par épreuve, soit, enfin, sur le nombre des places occupées, de manière à se rapprocher le plus possible des constatations faites à l'effectif.

Le montant de l'abonnement est payable d'avance et par mois ou par décade, au gré de l'Administration.

Les établissements abonnés restent soumis à la surveillance du service.

. . . .

ART. 11 — Pour l'application des tarifs d'impôt prévue à l'article 92 de la loi du 25 juin 1920, il doit être tenu compte à la fois et du caractère de l'établissement et de la nature du spectacle.

Sont considérés :

Comme théâtres, les établissements donnant des représentations lyriques ou dramatiques à l'exclusion de revues ou spectacles analogues, de spectacles coupés ou de spectacles comportant des attractions ou exhibitions ;

Comme cafés-concerts, les débits ouverts d'une façon permanente, durant la journée et dans lesquels est organisé accessoirement dans la même salle, à certaines heures, un concert vocal, pendant lequel la vente des consommations continue ;

Comme concerts symphoniques, les concerts dans lesquels sont exécutés ou interprétés soit des morceaux de musique classique ou religieuse, soit des œuvres de maitre ;

Comme cabarets d'auteur, les établissements dans lesquels les auteurs eux-mêmes déclament ou chantent leurs œuvres ;

Comme music-halls, les établissements où la salle de spectacle est accessible au public seulement pendant les heures de représentations et dans lesquels sont donnés soit des concerts, soit des exhibitions, attractions ou autres spectacles coupés, soit des revues ou des spectacles du même genre ;

Comme thés-concerts, soupers-concerts, thés-dancings, diners, dancings, soupers-dancings, les restaurants, hôtels, cafés, brasseries, maisons de thés, etc., dans lesquels un orchestre se fait entendre au cours du thé, des soupers ou diners visés ci-dessus, et ceux dans lesquels un bal est organisé pendant ou à l'issue des réunions.

Sont considérés comme bals occasionnels les bals n'ayant pas de caractère de périodicité, organisés à l'occasion de fêtes ou de réunions ; comme bals forains, les bals ambulants qui se déplacent de localités en localités ; comme bals de sociétés, les bals exceptionnels organisés par des sociétés locales.

Lorsque, dans un même établissement où il est perçu un droit d'entrée général, il est donné des spectacles différents pour lesquels un droit distinct est encaissé, l'impôt doit être successivement appliqué aux entrées de l'établissement et aux entrées ou

H. Béchet

17

aux prix payés pour chaque attraction ou divertissement considéré isolément et au tarif qui lui est propre.

. . . .

Décret du 21 juin 1921.

ARTICLE PREMIER. — Sont considérées comme entrées à titre gratuit, imposables, en vertu de l'article 92 de la loi du 25 juin 1920, au prix normal de la place occupée, les places délivrées à titre personnel, telles que celles qui sont attribuées sur présentation d'une carte d'invitation, ou qui sont accordées à des personnes ne bénéficiant pas des exonérations prévues à l'article 10 du décret du 5 août 1920. Rentrent dans cette catégorie, les places attribuées aux actionnaires, propriétaires d'établissements, concessionnaires, les billets d'auteur, les entrées délivrées en rémunération d'un service rendu (rémunération partielle ou totale du personnel, du service de publicité, d'affichage, etc.).

ART. 2. — Sont considérés comme billets à prix réduit, imposables à ce prix, les billets répondant à un procédé régulier d'exploitation, c'est-à-dire les billets à caractère commercial, délivrés sans considération de la personne qui en est bénéficiaire, et à condition que la somme déboursée ne soit pas inférieure à celle qui serait payée pour la même place, au seul titre d'impôts, droits et taxes, par le porteur d'un billet gratuit.

ART. 3. — Les bons, cartes, etc., donnant droit à des entrées gratuites, doivent porter d'une façon apparente les mots « Entrée gratuite », ou « Invitation », ou « Entrée de faveur » ; ils peuvent mentionner le nom du bénéficiaire.

Les billets, cartes, etc., à prix réduit, doivent indiquer ce prix et porter, d'une façon apparente, la mention « Entrée à prix réduit », sans désignation de la personne qui doit en bénéficier.

Les entrepreneurs de spectacles doivent, lors des arrêtés journaliers, indiquer séparément les entrées gratuites et les entrées à prix réduit. Celles-ci sont constatées, au moment où les spectateurs acquittent le prix de leur place, par la délivrance de billets distincts, dans les conditions fixées par l'article 2 du décret du 5 août 1920.

Arrêté du Directeur général
de l'Assistance publique de Paris

approuvé par le préfet de la Seine, réglementant la perception du droit des pauvres à Paris.

. . . .

ART. 2. — Le droit de 25 % pourra être abaissé au dixième en sus pour les concerts non quotidiens, autres que les concerts d'artistes, pour les cinématographes, les jeux, divertissements, salons et expositions diverses et autres attractions.

ART. 3 — Le droit de 25 % pourra être abaissé à 15 % en sus quand l'administration appréciera qu'il s'agit de réunions dansantes n'ayant pas un caractère permanent et qu'il n'entre, dans l'organisation de ces réunions, aucune idée de spéculation.

Dans les mêmes cas, et s'il n'y a pas perception de la taxe d'État, le droit sera de 15 % de la recette augmentée de la valeur représentative des entrées gratuites.

ART. 4. — Il pourra être accordé des reductions jusqu'à un minimum de 5 % de la recette augmentée de la valeur représentative des entrées gratuites pour les représentations ou réunions dansantes données au profit exclusif des œuvres ci-après, à condition qu'elles en aient fait la demande avant la représentation :

1° Établissements publics et œuvres reconnues d'utilité publique ayant un caractère de bienfaisance ;

2° Sociétés de secours mutuels reconnues d'utilité publique ou approuvées par arrêté ministériel ;

3° Œuvres de guerre autorisées par arrêté ministériel dans les conditions prévues par la loi du 30 mai 1916.

Les œuvres intéressées devront, à l'appui de leur demande, justifier, par la production d'un document officiel, qu'elles rentrent dans une des catégories précitées. Elles devront également prouver que la représentation, déduction faite des frais, produit un bénéfice qui leur est régulièrement et exclusivement affecté, et qui est au moins égal, en sus de la reduction prévue, au montant de l'impôt abandonné.

. . . .

ANNEXE II

Modèle de procès-verbal.

L'an..... le..... à... heures, à la requête de M. le Conseiller d'État, Directeur général des Contributions indirectes, dont les bureaux sont... et du Maire de la commune de... président de la commission administrative de (hospices ou bureau de bienfaisance)....., poursuites et diligences de M..., directeur des Contributions indirectes pour le département de... lequel élit domicile...

Nous, soussigné....., préposé des Contributions indirectes et contrôleur du droit des pauvres, demeurant....., ayant prêté serment en justice et porteur de notre commission ;

Certifions que le...., à... heures......

. . . .

Attendu la contravention de M..., directeur du théâtre...., aux articles...., nous lui avons déclaré procès-verbal.

Nous l'avons ensuite prévenu que nous rédigerions le présent procès-verbal au service de... le... à... heures, le sommant de s'y trouver pour assister à la rédaction de notre acte, y faire insérer ses dires et le signer, M.... a répondu...

Rendus au dit lieu, aux jours et heure indiqués, nous avons rédigé le présent procès-verbal en } présence / absence { du contrevenant qui a déclaré :.....

. . . .

Clos le présent acte les jour, mois et an qu'en tête, à... heures.

Signatures : du verbalisant, du contrevenant (ou « a refusé de signer »).

Modèle de contrainte.

Il est dû à } la Régie des Contributions indirectes. / la commission administrative des (hospices ou bureau de bienfaisance) par M..., demeurant, suivant le détail ci-après, savoir :...

. . . .

Au paiement de laquelle somme de... M...., sera contraint par toutes les voies de droit. A...., le...

Le Receveur :

Vu par nous, Juge de paix du canton de.... la contrainte d'autre part, pour être mise à exécution suivant la loi. A.... le,....

L'an,.... en vertu de la contrainte d'autre part, nous, soussigné, nous sommes transporté au domicile de M....., lui avons notifié la dite contrainte, avec commandement de payer immédiatement à M..., et non en d'autres mains, la somme de.... pour les causes mentionnées en ladite contrainte, lui déclarant que, faute par lui de satisfaire à la présente sommation, il y sera contraint par toutes les voies autorisées par la loi, à l'effet de quoi nous lui avons laissé, en parlant comme dessus, copie tant de la contrainte ci-devant relatée que de la présente signification dont le coût est....

TABLE DES MATIÈRES

PREMIÈRE PARTIE

Traité théorique.

TITRE PREMIER

NOTIONS GÉNÉRALES.

TITRE TROISIÈME

TITRE QUATRIÈME

DEUXIÈME PARTIE

Traité pratique.

ANNEXE I

ANNEXE II

www.ingramcontent.com/pod-product-compliance
Lightning Source LLC
LaVergne TN
LVHW021639060726
842527LV00003B/729